本课题受山东省体育局资助

项目名称：山东省体育竞赛表演产业发展意见编制项目

项目编号：BJZC-201903

2019年
山东省体育竞赛表演产业发展报告

孙冰川 刘远祥 著

九州出版社
JIUZHOUPRESS

图书在版编目（CIP）数据

2019年山东省体育竞赛表演产业发展报告 / 孙冰川，刘远祥著. -- 北京 : 九州出版社, 2021.7
ISBN 978-7-5225-0358-5

Ⅰ. ①2… Ⅱ. ①孙… ②刘… Ⅲ. ①体育表演－体育产业－产业发展－研究报告－山东－2019 Ⅳ. ①G812.752

中国版本图书馆CIP数据核字(2021)第152834号

2019年山东省体育竞赛表演产业发展报告

作　　者　孙冰川　刘远祥　著
责任编辑　李　荣
出版发行　九州出版社
地　　址　北京市西城区阜外大街甲 35 号（100037）
发行电话　(010)68992190/3/5/6
网　　址　www.jiuzhoupress.com
印　　刷　北京旺都印务有限公司
开　　本　710 毫米 ×1000 毫米　16 开
印　　张　18.25
字　　数　215 千字
版　　次　2021 年 7 月第 1 版
印　　次　2021 年 7 月第 1 次印刷
书　　号　ISBN 978-7-5225-0358-5
定　　价　78.00 元

目　录

1. 项目背景

在政策东风、群众需求、资本驱动的多维因素下，全国体育产业总规模和增加值快速增长，从 2014 年到 2018 年，体育产业总规模从 1.35 万亿增长到 2.65 万亿，体育产业增加值占国内生产总值的比重达到 1.1%。体育竞赛表演业是体育产业的核心产业，正逐步成为可以提高举办城市的知名度、吸引外资、繁荣体育市场、提供就业机会以及促进社会健康发展的一项重要社会资源。快速推进大型体育赛事运作管理现代化不仅是体育改革的重大命题，同时也是实施体育强国战略与促进体育产业高质量发展的核心举措。体育竞赛表演产业，以其强大的辐射功能和影响力，在体育产业整体市场中占据重要地位，正成为塑造城市形象、提升城市品位、增强城市凝聚力、拉动经济发展的关键要素资源。社会的进步和经济的发展已经使得大型体育赛事的价值愈发凸显，体育赛事的发展也得到了前所未有的关注。2018 年全国体育竞赛表演产业总产出 292 亿元，增加值 103 亿元。体育赛事产业规模将在未来 5 年达到 2400 亿元。

山东省作为体育强省，积极引进和培育具有时代特色的体育赛事，体育竞赛表演业蓄势待发。近年来，山东省积极贯彻落实《国务院关于加快发展体育产业促进体育消费的若干意见》，制定《山东省政府关于加快发展体育产业促进体育消费的实施意见》《关于进一步加强体育标准化工作的意见》《山东省体育领域黑名单管理办法（试行）》《山东体育服务业品牌培育创建管理办法》《关于促进体育消费十项措施的通知》等政策，将体育产业增列为全省重点发展的产业进行定位、布局和谋划，体育产业工作成效显著。在体育竞技水平、赛事资源、场馆资源、产业规模等方面有了显著的提高。2018 年山东省体育产业实现总产出 2466.55 亿元，创造增加值 968.58 亿元，增加值占全省 GDP 比重达到 1.45%。其中体育竞赛表演产业总产出 8.82 亿元，增加值 4.37 亿元，分别占全省体育产业总产出和增加值的比重达到 0.4% 和 0.5%。

为进一步贯彻落实《体育强国建设纲要》《关于促进全民健身和体育消费推动体育产业高质量发展的意见》《国务院办公厅关于加快发展体育竞赛表演产业的指导意见》，加快促进山东省体育竞赛表演产业高质量发展。山东省体育局统筹安排，成立体育竞赛表演产业专项调研组，就山东体育竞赛表演产业情况进行了专题调研。调研组采取实地考察、问卷调查、资料调度、座谈交流等形式，广泛调研了各类赛事主办方、承办方、协办方的问题困难和政策诉求，征询了 16 地市体育产业主管部门、各运动项目管理中心、体育协会意见建议，各环节之间互相衔接、互相补充、互相验证。在对山东省 2019 年体育赛事供给情况全面调研的基础上，系统总结了山东省体育竞赛表演业发展取得的成绩，找出了制约山东省体育竞赛表演业发展的问题短板，剖析了问题成因，为制定山东省体育竞赛表演产业高质量发展的政策措施提供决策依据。

1.1 政策持续发力，体育竞赛表演业蓄势待发

2014 年 10 月，国务院颁布《关于加快发展体育产业促进体育消费

的若干意见》(国发〔2014〕46号)，指出：大力发展多层次、多样化的各类体育赛事。推动专业赛事发展，打造一批有吸引力的国际性、区域性品牌赛事。加强与国外体育赛事合作，引进精品体育赛事。2016年10月，中共中央、国务院印发了《健康中国“2030”规划纲要》(以下简称《纲要》)，该《纲要》以提高人民健康水平为核心，以体制机制改革创新为动力，从广泛的健康影响因素入手，以普及健康生活、优化健康服务、完善健康保障、建设健康环境、发展健康产业为重点，群众体育基础得到改善，体育参与热情空前高涨。近年来，各类促进体育产业的政策文件不断出台，为体育赛事发展提供了前所未有的政策红利，促使众多有意于体育赛事产业的市场与社会主体试水体育赛事产业，极大地诱发了体育赛事的市场需求与供给。随着北京冬奥会、杭州亚运会的日益临近，我国体育竞赛表演业的发展又将迎来新的机遇和挑战。

(1) 2018年12月21日国务院办公厅印发《关于加快发展体育竞赛表演产业的指导意见》(国办发2018〔2018〕121号)，提出要形成产品丰富、结构合理、基础扎实、发展均衡的体育竞赛表演产业体系，到2025年我国体育竞赛表演业产值要达到2万亿元，要积极促进体育竞赛表演业与文化和旅游、娱乐、互联网等相关产业深度融合，推进体育竞赛表演业专业化、品牌化、融合化发展。要建设若干具有较大影响力的体育赛事城市和体育竞赛表演产业集聚区，推出100项具有较大知名度的体育精品赛事，打造100个具有自主知识产权的体育竞赛表演品牌，培育一批具有较强市场竞争力的体育竞赛表演企业，体育竞赛表演产业成为推动经济社会持续发展的重要力量。

(2) 2019年9月2日国务院办公厅印发《体育强国建设纲要》，部署推动体育强国建设，强调建立中国特色现代化竞赛体系，提出到2035

年要将体育产业打造为国民经济支柱性产业。构建多部门合作、多主体参与的金字塔式体育竞赛体系，畅通分级分类有序参赛通道，推动青少年竞赛体系和学校竞赛体系有机融合。推进竞赛体制改革，建立适应社会主义市场经济、符合现代体育运动规律、与国际接轨的体育竞赛制度，支持全国性单项体育协会举办高水平体育赛事活动，鼓励社会力量举办形式多样的系列赛、大奖赛、分站赛等，建立中国特色现代化竞赛体系。推进职业体育发展。建立体育经纪人制度，积极探索适应中国国情和职业体育特点的职业运动员管理制度。完善职业体育联赛体制机制，充分发挥俱乐部的市场主体作用，培育形成具有世界影响力的职业联赛。

（3）2019 年 9 月 17 日国务院办公厅印发《关于促进全民健身和体育消费推动体育产业高质量发展的意见》，指出："体育产业在满足人民日益增长的美好生活需要方面发挥着不可替代的作用。"要求完善赛事管理服务机制，建立跨部门的体育赛事活动综合服务机制或例会制度。开发体育赛事活动安全许可预受理系统，为赛事活动承办方申请许可提供便利。改进商业性体育赛事活动的安全管理措施。推动公共资源向体育赛事活动开放。着力发展现有职业联赛，鼓励有条件的运动项目举办职业赛事，合理构建职业联赛分级制度。支持成立各类职业联盟。支持校际体育赛事发展，探索商业化运营模式。发展体育经纪人队伍，挖掘体育明星市场价值。

（4）山东省细化政策体系，释放体育产业政策效能。山东省作为全国体育强省，为贯彻落实国家体育产业的相关政策文件，省政府、省体育局先后印发了《关于贯彻国发〔2014〕46 号文件加快发展体育产业促进体育消费的实施意见》（鲁政发〔2015〕19 号文件），提出全面提升体育产业发展水平。提出要设立体育产业专项资金并制定其管理办法以推动体育产业稳步发展。2018 年 6 月山东省财政厅、省体育局联合印发了《山东省体育产业发展专项资金管理办法》，设立专项资金，用于支持全省体育产业发展。体育产业发展专项资金重点支持体育本体（核心）产业——体育竞赛表演产业发展，积极扩大市场主体规模，有效促进体育健身休闲消费示范引领作用强的项目。2019 年支持 12 项重点赛事活动开展，撬动社会资金投入体育赛事效果显著。2019 年省级体育产业专项引导资金投入 2000 万元，扶持了 68 个优质体育项目，截至 2019 年底累计投入资金 1.77 亿元，扶持了 400 多个优质体育产业项目，在吸引社会资本投入方面发挥了很好的作用。

顶层设计相继跟进，作为体育产业核心业态和促进体育消费重要抓手的体育竞赛表演业得到各地方政府部门、办赛机构和社会各界广泛关注。

1.2 发达国家和先进地区的镜鉴，体育竞赛表演业核心地位不断凸现

1.2.1 发达国家，体育赛事经济已经成为经济发展的核引擎

美国是世界上体育赛事产业最为发达的国家，尤其是职业体育，最著名的是美国四大职业体育联赛，近年来四大联盟收入不断攀升（详见图 1）美国还积极举办各种大型的、一次性的体育赛事，20 世纪 80 年代以来，美国先后于 1984 和 1996 年举办了两届夏季奥运会，2002 年还在盐湖城举办了第 19 届冬季奥运会。除此之外，还有美国网球公开赛、F1 汽车大奖赛、芝加哥马拉松赛、波士顿马拉松赛等一大批国际知名赛事。2014 年美国体育产业核心竞赛表演业的收入为 605 亿美元。北美四大职业联赛场均观众人数 25382 人。体育竞赛表演市场较为成熟，涌现出一

批规模较大、具有国际竞争力的竞赛表演企业。被誉为“美国春晚”的“超级碗”，是当下吸金能力最强的体育赛事之一，单从广告定价和收入可见一斑。2020 年“超级碗”30 秒的广告位定价达到 560 万美元。在美国地区有 1.03 亿人收看，巅峰是中场秀的环节，收视率达到了 31.49%，是美国最近十年来收视率最高的节目，没有之一。体育竞赛表演产业对美国 GDP 的贡献率达 0.5%。[①]

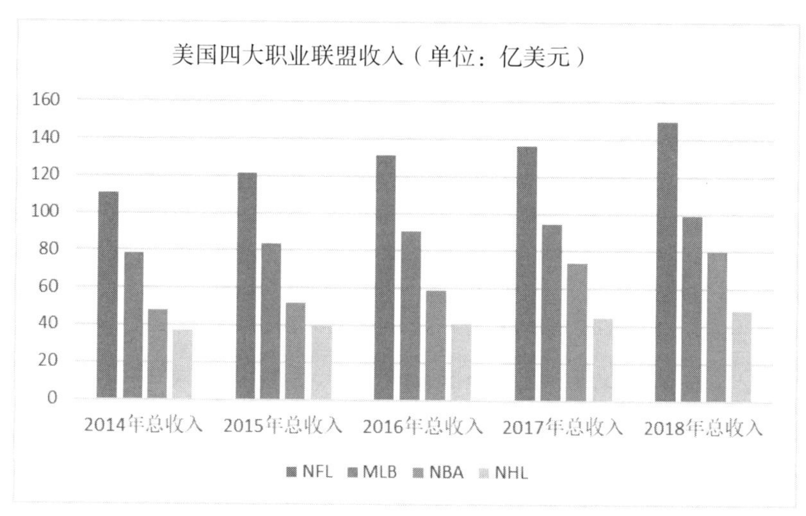

图 1　2014—2018 年美国四大职业联盟收入

英国的体育赛事产业在世界上一直久负盛名，很多世界顶级赛事都与英国有着渊源。目前，英国除了著名的足球职业联赛外，温布尔顿网球公开赛、伦敦马拉松赛、F1 英国大奖赛以及高尔夫球英国公开赛等都是世界尤为著名的体育赛事。2012 年夏季奥运会的举办对英国体育赛事产业的发展起到了积极推进作用，还带动了相关产业的发展。随着赛车

---

① 李颖川 . 中国体育产业发展报告（2019）[M]. 北京 : 社会科学文献出版社, 2019.12.

运动的中心转移到了英国，在以牛津郡为中心的地带渐渐形成赛车产业集群，也被称为“赛车业的硅谷”，这个聚集着成百上千的与赛车有关的公司和组织的赛车业谷，现在俨然已经成为赛车产业的“杰出技术中心”、“赛车制造中心”和“人才中心”。以英超为代表的欧洲五大足球职业联赛，不管联赛的品牌价值，还是营收都远大于中超联赛（详见表 1、图 2）。英国在奥运周期前 8 年和 8 年中经济分别增长了 3.5% 和 0.8%。到 2020 年，奥运会引发的经济效益总额高达 410 亿英镑，伦敦奥运会的 11 家顶级赞助商提供了 11 亿英镑的赞助，奥运会还使 40 家英国公司赢得 1.5 亿英镑的巴西世界杯和里约奥运会的赞助合同。[①] 奥运会使 2011—2012 年期间英国游客增加了 348 万，相关活动产生 21 亿英镑的额外消费，以体育为主的贸易已经扩展到了巴西、日本、俄罗斯和卡塔尔等国家。伦敦奥运会期间，英国博彩业收入约为 170 亿英镑，电视转播收入约 19.12 亿英镑。2013 年收看英国赛马大会电视直播的观众达 890 万人，赛马会期间还举办演唱会，年营业额达 1.71 亿英镑。[②]2011—2012 赛季，英超各俱乐部总收入为 23.6 亿英镑，继续保持世界足球俱乐部赛事收入领先地位，英超一个赛季的国内电视实况转播权已卖到 10 亿英镑以上，价格暴涨了近 70%。

表 1　欧洲五大足球联赛及中超收入（亿欧元）

五大联赛收入	英超	德甲	西甲	意甲	法甲	中超
2017—2018 赛季总收入	54.4	31.68	30.73	22.17	16.92	2.33
2016—2017 赛季总收入	52.97	28.54	27.93	20.75	16.34	-5.097

① Economic Value of Sport in England[EB/OL]. http://www.sportengland.org/news-and-features/.

② Outlook for the Global Sports Marketin North America through 2019[EB/OL]. http://www.pwc.com/us/en/industry/.

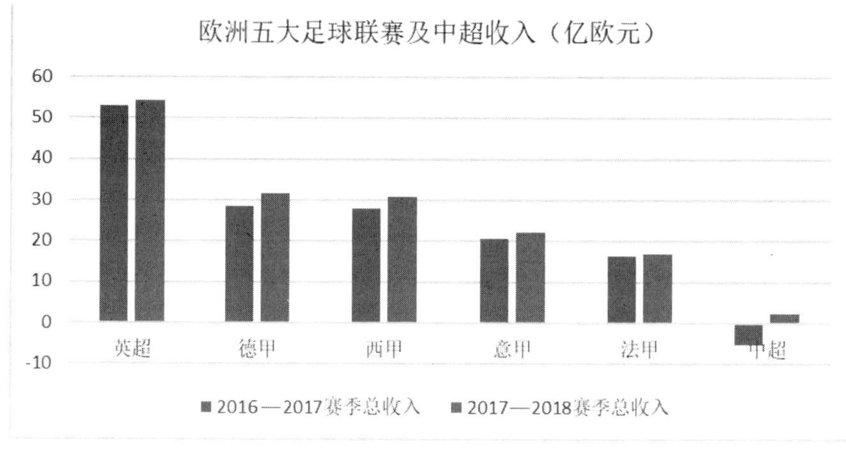

图2 欧洲五大联赛与中超营收比较

日本作为2020东京奥运会的承办国，早在1966年设立体育节，为了纪念1964东京奥运会成功举办，同时鼓励所有体育组织、社会团体、学校和企业，在此时组织群众参加各种体育运动。奥运会也成为日本战后经济迅速腾飞的催发剂，1967年超英法、1968年超西德，成为当时仅次于美国的世界第二大经济强国。2012年日本体育产业总产值1033.96亿美元，其中体育赛事产业产值25.77亿美元，占体育产业总产值的2.5%。①

1.2.2 先进地区，体育赛事已经成为城市的新名片

在经济发达地区，如北京、上海、江苏、广东等城市都将培育打造体育竞赛表演产业作为新时期体育产业发展重要任务，通过设立专项扶持资金（详见表2）、打造产权交易平台、制定发展规划等方式，促进体育竞赛表演业的发展。如北京、上海提出打造国际体育赛事中心和国际

① 郑和明，尚志强，薛林峰．日本体育产业发展现状、发展方式及启示[J]．首都体育学院学报，2020,32(2):116—121.

体育赛事之都，积极培育中国网球公开赛、北京马拉松、F1 中国大奖赛、上海 ATP1000 网球大师赛、国际田联钻石联赛等顶级品牌赛事。如江苏、广东、安徽、浙江定期评定本省品牌赛事，建立赛事名录库，充分挖掘优质体育资源，为体育竞赛表演产业及赛事运营机构搭建了良好的商务平台，取得了积极成效（详见表 3）。

（1）北京早在 2003 年提出了建设国际化体育中心城市的目标，而举办各类体育赛事、发展体育赛事产业就是其中的一个重要举措。2007 北京市颁布了《关于促进体育产业发展的若干意见》(京发〔2007〕15 号)(以下简称“若干意见”)，在重点任务中指出，要“积极申办、培育国际级的大型体育品牌赛事”，并提出了实施财政支持政策的措施，从财政预算中设立 5 亿元体育产业发展引导资金，用于资助大型国际体育品牌赛事等具有良好市场潜力和社会影响的优质项目。《北京市“十二五”时期体育产业发展计划》提出将北京打造成国际体育赛事中心的思路，并在加快体育竞赛表演产业发展的重点任务中指出，“积极申办高水平国际体育赛事。发挥奥运举办城市的国际影响力，积极引进和申办高等级重大国际体育赛事”。北京继 2008 年成功举办第 29 届奥林匹克运动会后，又于 2015 年获得 2022 年第 24 届冬奥会的承办权，这也创造了奥林匹克历史，成首个“通吃”夏奥会、冬奥会的城市。除奥运会外，北京还积极主办、承办一系列国际级的大型体育品牌赛事，如世界斯诺克中国公开赛、中国网球公开赛、北京国际马拉松赛、意大利超级杯赛、国际场地自行车邀请赛、国际铁人三项联盟世界杯等。由北京市、天津市、河北省三地体育局共同建设的京津冀体育产业资源交易平台在北京产权交易所于 2019 年 4 月正式上线，由北京举办的百队杯足球赛、中国环塔(国际)拉力赛，天津举办的亚洲女排俱乐部锦标赛、摩托艇系列赛，河北举办的横山湖国际铁人三项大奖赛、河北省体育舞蹈锦标赛等赛事纷纷在该平台进行权益招商。北京每年还会举办中超、中国篮球职业联赛、中国气排球、乒超等赛事。

（2）上海是除了北京之外国内的又一大体育赛事中心城市。2018年12月为贯彻落实市政府建设全球著名体育城市的战略方针，上海市体育局出台了《建设国际体育赛事之都三年行动计划（2018—2020年）》，该行动计划围绕“国际体育赛事之都建设”提出22项体育赛事发展任务，以提升本地区竞赛表演产业品牌形象、质量效益和辐射影响。经过数年的努力，上海市体育赛事发展迅速，城市国际化水平不断提升，在全球体育城市排行榜中处于中上游位置。近年来举办了一系列具有影响力的大型单项体育赛事，如第四十八届世界乒乓球锦标赛、摩托GP锦标赛、短池世界游泳锦标赛、上海网球大师杯赛、一级方程式汽车大奖赛、世界沙滩排球锦标赛、A1中国大奖赛等等，常年举办170项左右的体育赛事，国际体育赛事占比超过40%，初步形成了“十二大品牌赛事”。体育赛事已经成为上海城市重要的名片。根据上海体育官网公布2019年本市拟举办的国际国内重大体育赛事表数据显示，全年举办国际性比赛40个项目88次，全国性（含埠际）41个项目93次，合计55个项目181次比赛。然而，上海举办的单项体育赛事除F1中国大奖赛外，其他赛事的级别、知名度仍与单项顶级赛事有较大差距，赛事的综合影响远远比不上男子足球世界杯、四大网球公开赛、世界马拉松六大满贯和高尔夫球四大满贯等世界上最高荣誉、最高规格、最高竞技水平、最高知名度单项体育赛事，距离全球著名体育城市还有一定的差距。

（3）江苏省提出“按照培育品牌、专业运作、扩大参与、提升水平的思路，大力拓展竞赛表演市场。在优先发展竞赛表演等本体产业领域中，积极鼓励引入影响力大的高端赛事，创办自主知识产权赛事”。江苏省政府自 2011 年设立省体育产业发展引导资金至今，9 年累计安排 7.966 亿元支持 1009 个项目，带动社会投资 278 亿元。[①]2019 年全省体育产业总规模 4620.42 亿元，增加值 1570.94 亿元，占全省 GDP 1.58%（总规模约占全国 1/7 左右）；全省城乡居民体育消费总规模 1971 亿元，人均体育消费 2442 元。根据江苏省体育局公布数据显示，2019 年江苏省举（承）办省级以上体育竞赛活动名录数据显示全年举办省级及以上赛事 496 场，其中国际级赛事 63 场，全国赛事 128 场、省级赛事 264 场，马拉松赛事 41 场。

（4）广东省体育竞赛表演业发展增速显著。2019 年，广东省印发《广东省体育局关于体育赛事和活动审批事项管理办法》《关于进一步明确体育场地设施和体育赛事活动有关事项的通知》，减少微观事务管理，切实压缩和规范审批事项，鼓励社会力量举办体育赛事和活动。2018 年广东省体育产业总规模（总产出）为 4912 亿元，增加值为 1655 亿元，占同期广东省地区生产总值 1.7%。体育竞赛表演活动总产出 46 亿元，增加值 16 亿元，分别占体育产业总产出和增加值的 0.9% 和 1.0%。深圳市提出要创建国际著名体育城市；涉及奥运会参赛资格或积分的世界锦标赛、杯赛、公开赛等国际性高水平单项体育赛事，可分别给予每次不超过 1500 万元、500 万元资助。对有国际最高水平队伍或运动员参加的国际性高水平单项体育赛事，可分别给予每次不超过 800 万元、300 万元资助。作为全球女子网坛的年终压轴赛事，WTA 年终总决赛从 2019 年起落户深圳，举办权为 10 年，这也是该赛事历史上首次落户中国。

① http://www.sport.gov.cn/n14442/c974732/content.html.

2019国际篮联第二届篮球世界杯在中国8座城市举行，其中深圳赛区承办10场比赛。

（5）浙江省，体育产业已成为经济发展的新增长点。浙江省体育局2017年颁布了《加快推进全省品牌体育赛事培育工作的指导意见》，实施全省品牌体育赛事培育工程。日渐增多的体育赛事活动，推动了体育竞赛表演产业的发展，也成为体育产业向纵深不断深入、不断发展的一个新引擎。据《2017年浙江省体育产业公报》显示，2017年浙江省体育产业总产出1843亿元，增加值593亿元，占GDP的比重为1.15%。其中体育竞赛表演产业总产出约397亿元，约占总产出的21.5%。2018年浙江省体育产业发展引导资金规模从5000万元增加到1亿元，其中5000万元用于品牌赛事的发展培育中。2019年举办国际级赛事59场、国家级赛事233场、省级赛事289场，体育赛事种类多元化趋势显著，展示出了巨大潜力。已形成以杭州马拉松、横店马拉松、女排世俱杯、钱塘江国际冲浪对抗赛、WTCR世界房车锦标赛等国际大赛为引领，浙江省首届生态运动会、浙江省自行车联赛、浙江省足球超级联赛等区域知名品牌赛事为支撑，杭州毅行大会、莫干山跑山赛、义乌国际电子竞技大赛、神仙居高空扁带挑战赛等一系列特色赛事，初步形成了“一市多品牌”的赛事体系。

表 2 部分省市体育竞赛表演产业政府资助情况一览表

地区	年度	扶持金额	赛事数量	资助部分赛事
北京	2012	25000 万元	22 项	中国网球公开赛、环北京职业公路自行车赛、中国马球公开赛、世界斯诺克中国公开赛、意大利超级杯赛、北京马拉松等
上海	2018	最大支持 1000 万元	14 项	上海 ATP1000 大师赛、国际田联钻石联赛上海站、环崇明岛国际自盟女子公路世界巡回赛、上海环球马术冠军赛、世界斯诺克上海大师赛、环法上海巅峰赛等
江苏	2015	2750 万元	22 项	环太湖国际公路自行车赛、世界斯诺克世界杯比赛、生态四项国际户外运动精英赛、苏州吴中“环太湖”国际竞走和行走多日赛、无锡国际马拉松赛等
浙江	2017	A（100 万元以上）、 B（60—100 万）、 C（30—60 万）、 D（30 万以下）	60 项	杭州马拉松、浙江省足球超级联赛、环浙江自行车公开赛、国际（杭州）毅行大会、WBC 世界拳王争霸赛、千岛湖国际铁人三项赛、宁波山地马拉松、CBSA 海宁斯诺克国际公开赛等
福建	2017	3190 万元	114 项	第一届世界杯武术套路比赛、第二届世界大学生三对三篮球联赛、福建省第五届汽车山地越野锦标赛暨第一届海峡两岸四地汽车越野邀请赛、2016 年“超级杯”全国气排球联赛总决赛等

表 3　部分省市 2017 年体育竞赛表演业发展一览表（单位：亿元）

	体育产业		体育竞赛表演活动		体育竞赛表演业占体育产业比重	
	总产出	增加值	总产出	增加值	总产出 (%)	增加值 (%)
全国	21987.7	7811	231.4	91.2	1.1	1.2
山东	2348.01	770.41	98.83	62.43	4.2	8.1
广东	3998.03	1321.86	12.63	8.84	0.31	0.67
浙江	1842.73	593.08	13.16	6.24	0.71	1.05
上海	1266.93	470.26	56.93	32.96	4.49	7.01
江苏	3585.64	1219.58	-	-	-	-

1.3　山东省体育产业发展基础不断夯实

近年来，山东省抓住承办大型体育赛事和各地市产业转型升级的机遇，统筹规划、政策引领，积极推进体育场地设施建设，为体育产业发展奠定了坚实的物质基础。自山东省自 2012 年设立体育产业发展引导资金以来，累计投放近 2 亿元，先后重点支持的泰山国际登山节、威海铁人三项、东营马拉松等赛事活动，有效提升了赛事品牌价值、规模，丰富了赛事内容。2019 年省级体育产业专项引导资金投入 2000 万元，扶持了 68 个优质体育项目，其中重点支持 12 项重点赛事活动开展，撬动社会资金投入体育赛事效果显著。有效激发了社会力量投资创办体育产业的投资热情和积极性。初步形成了泰山登山节、济南航空节、威海铁人三项、东营黄河口马拉松等知名赛事品牌。2020 年山东省体育局为深入贯彻落实《国务院办公厅关于加快发展体育竞赛表演产业的指导意见》，进一步促进山东省体育竞赛表演业发展，释放体育消费潜力，打造经济增长新引擎，培育有影响、有规模、有特色、可持续发展的优质赛事，率先开展了省级精品赛事评选活动。评选自 2020 年 6 月中旬启动，共有 49 个国际级赛事、42 个国家级赛事，总计 1140 余个赛事项目参与其中。经过初选、网络评选、各市体育部门投票、专家评审等环节，最终 30 项体育赛事荣膺“十大精品体育赛事”“十大自主知识产权体育赛事”和“十大马拉松赛事”，另有 34 项体育赛事分别获评特别奖、特色体育赛事奖。首届精品体育赛事评选活动是山东省体育服务业品牌建设的重要举措，极大地促进优质赛事供给，为山东省体育产业高质量发展注入新动力。

1.3.1 体育产业规模不断扩大，产业结构趋于优化

山东省体育产业规模不断扩大，体育产业结构趋于优化。根据山东省体育局公布数据显示，2018 年山东省体育产业总规模（总产出）为 2466.55 亿元，增加值为 968.58 亿元，体育产业增加值占当年全省 GDP 比重为 1.45%。从体育产业内部结构看，体育服务业继续保持良好发展势头，增加值为 713.98 亿元，占山东省体育产业增加值比重为 73.7%；体育用品及相关产品制造增加值为 249.46 亿元，占山东省体育产业增加值比重为 25.8%；体育场地设施建设增加值为 5.14 亿元，占山东省体育产业增加值比重为 0.5%。数据显示，2018 年山东体育产业呈现稳步增长、稳中向好的发展态势，体育服务业拓展提升，体育制造业实力增强，体育贸易业繁荣活跃，产业结构趋于合理。

1.3.2 体育场地设施日益完善

截至 2019 年底，山东省体育场地 20.75 万个，体育场地面积 2.36 亿平方米，山东省人均体育场地面积 2.35 平方米。山东省体育场地 20.75 万个。其中，篮球场地 4.37 万个，占 21.07%；全民健身路径场地 7.84

万个，占 37.79%；乒乓球场地 2.02 万个，占 9.72%；羽毛球场地 7059 个，占 3.40%；田径场地 1.77 万个，占 8.54%；健身房 8366 个，占 4.03%；足球场地 6568 个，占 3.17%；排球场地 7827 个，占 3.77%；健身步道 4032 个，占 1.94%；游泳场地 766 个，占 0.37%；其他场地 1.29 万个，占 6.20%。山东省全民健身路径 7.84 万个，场地面积 661.47 万平方米。山东省健身房 8366 个，场地面积 884.17 万平方米。山东省健身步道 4032 个，长度 1.08 万公里，场地面积 4390.36 万平方米，有效保障了群众体育活动和体育赛事的组织开展。

1.3.3 体育消费转型升级

体育消费作为健康消费方式，被赋予了释放内需潜力、推动经济转型升级、保障和改善民生的重要意义。根据国家统计局公布数据显示，2018 全年全国居民人均消费支出 19853 元，比上年增长 8.4%。2013 年、2014 年、2015 年体育消费的人均支出额分别为 593 元、645 元、926 元，平均年增幅 28%，体育消费支出增幅明显高于人均消费支出。2020 年，山东省成立山东省城乡居民体育消费调查课题组，面向全省 16 地市 137 个县市区开展了城乡居民体育消费调查。根据调查结果统计，2019 年全省城乡居民体育消费支出为 2049.8 元，居民体育消费呈现出多元化、个性化、品质化的趋势，居民体育消费结构日趋合理。

2. 调研目的

体育竞赛表演产业是体育产业的核心产业。尽管我国竞赛表演业迎来了良好的发展环境和政策支持，体育竞赛表演产业发展势头迅猛。但目前其发展仍存在众多问题，比如区域发展不平衡、赛事资源不充分、品牌赛事影响不足、场地资源分散利用率低、赛事转播和宣传滞后，甚至在竞赛表演业发展政策和法规的制定方面，也有所缺失。国内学术界对体育竞赛表演产业已经开展了卓有成效的研究工作，并取得了一定的研究成果。山东省作为体育强省，多年来体育竞赛表演产业也获得长足发展，获得了良好的社会和经济效益，但同经济发达地区相比还有差距，山东省体育竞赛表演产业发展取得了哪些成效、存在哪些不足？如何改变？

基于以上问题，本书对山东省体育竞赛表演产业开展情况进行研究，从影响竞赛表演业发展的宏观和微观因素入手，通过对山东省体育竞赛表演产业发展现状进行描述性分析，系统总结取得的成绩及存在的问题，从而找出我国竞赛表演业发展中存在的问题及影响因素，并提出解决措施，为竞赛表演业的发展提供思路和参考。

2.1 挖掘体育竞赛表演产业高质量发展内涵，探索山东省体育竞赛表演产业高质量发展路径

随着我国经济社会的快速发展和居民生活水平的不断提高，群众参与体育赛事的热情逐步高涨，体育竞赛表演产业发展较快。山东省作为全国体育强省，体育竞赛表演产业近年来取得了一定的成绩，在同类城市当中具有典型性与示范性，但在赛事举办过程中仍然存在一些问题和不足。对山东省体育竞赛表演业进行调研，收集各类赛事举办承办主体的在赛事组织运营中的掣肘和政策诉求，了解山东省承办大型体育赛事的组织过程、承办赛事存在的优劣势、赛事发展趋势以及体育竞赛表演产业对城市发展产生的作用与影响，准确识别大型体育赛事活动在运作管理过程中存在的问题和影响因素，提出针对性的改善赛事供给的对策及建议，为政府及体育主管部门制定赛事组织措施和体育产业高质量发展的系列政策提供决策依据。有助于优化山东省体育赛事的供给结构，提高民众对赛事的喜爱度、认可度、参与度，提高赛事的供给质量和供给效率，创造良好的体育文化氛围与和谐的社会生活环境，引导并吸引市民积极地参与全民健身活动，促进山东省体育竞赛表演产业实现高质量发展。

2.2 建立体育赛事信息数据库，培育建设山东省体育赛事品牌

近年来，山东省每年都举办一系列具有影响力的国际、国内大型体育赛事，也取得了一定成效，但体育赛事品牌的总体层次还有待于提高，具有持久影响力、广泛知名度、自主知识产权、良好市场运作能力的顶

级品牌体育赛事仍相对缺乏。对山东省省级及以上的体育赛事进行汇总，建立山东省体育竞赛表演业的信息数据库，摸清山东省体育赛事供给的现状，有助于全面掌握山东省体育赛事资源，挖掘培育山东省品牌赛事。在对山东省 2019 年体育赛事发展现状进行数据整理与汇总的基础上，分析研究体育竞赛表演产业发展存在的不足，提出针对性的对策措施，为促进山东省创建更多的体育品牌赛事提供参考与借鉴。

2.3 优化体育产业引导资金运行，提高引导资金的运行绩效

借鉴兄弟省市体育产业发展引导资金在赛事培育、引导、扶持中的先进做法和经验，提升山东省体育产业引导的规模、丰富体育产业引导扶持形式，完善引导资金的运行机制，探索提高省级体育产业发展专项资金效益的办法，进一步发挥体育产业发展引导资金对山东省品牌体育赛事塑造和发展的重要作用。

分析和研究山东省体育竞赛表演产业发展现状和趋势，挖掘并打造有影响、有特色的体育赛事品牌，积极探寻加快发展切合省情的体育竞赛表演产业道路，提升体育产业经济效益和发展质量，对促进山东省体育产业全面、均衡、持续、高质量发展有着十分重要的意义。

3. 调研方式与对象

3.1 调研方式

成立由山东省体育局经济处、体育产业发展服务中心、高等院校、赛事执行公司的管理者、学者、企业家共同组建的专题调研组，通过座谈、实地考察、专项调度等方式开展调研。主要调研各类赛事活动的指导单位、主办、承办、协办、执行单位的负责人，全面收集体育竞赛表演活动的开展情况。通过全方位深入的调查与收集材料，厘清了山东省体育赛事的组织机构、形式特点和演变趋向。

3.1.1 访谈法

通过与地方体育部门工作人员、地方体育社会组织工作人员和赛事组织人员等对象的访谈了解当地群众体育赛事开展与供给情况。采取分层抽样的方法对不同类型、不同层次、不同区域的赛事活动主体进行调查，针对不同赛事的办赛模式、赛事组织与管理、赛事运营及赛事亮点与品牌打造等问题进行深度访谈与交流，重点收集举办承办主体在赛事活动组织运营中的掣肘和政策诉求为本研究提供有价值的参考。

3.1.2 调查法

通过对体育赛事活动的运作主体、赛事观众、主管部门的负责人等群体进行调查，收集山东省大型体育赛事运作管理的战略目标、执行过程、体育赛事运作内外部运作环境的各种信息，从供需视角分析山东省体育赛事运营中取得成绩与存在的不足，总结经验、丰富赛事供给，为政府及体育主管部门制定赛事组织措施和体育产业高质量发展的系列政策提供依据。

3.1.3 案例分析法

选取山东省所举办的国内有影响力的不同类别赛事进行案例剖析，重点围绕 2019 年山东省十大精品赛事的赛事发展概况、发展环境及赛事发展创新进行分析。结合代表性强的国际体育赛事进行个案分析，从赛事申办、组织筹备、赛事宣传推广和赛事运营多个方面对部分赛事进行深入的研究和分析，以获得本书所需要的结论或依据。

3.2 调研对象

面向山东省登记、备案的企业、事业单位、社会团体及其他社会组织，各类赛事活动的主办、承办、协办单位进行调研。（部分调研单位见表 4）

表 4 调研单位一览表

类别	单位名称
运动项目管理中心（协会）	青岛基地、武术院、田管中心、泳管中心、拳击跆拳道运动管理中心、举摔柔管理中心、体操运动管理中心、足管中心、排管中心、篮管中心、乒羽运动管理中心、棋类中心、冬季运动管理中心、水上运动管理中心、射击自行车运动管理中心、跳水运动管理中心、马术协会、击剑运动协会、登山运动协会、健身气功运动协会、小球运动联合会
地市体育局	青岛市体育局、淄博市体育局、东营市体育局、烟台市体育局、潍坊市体育局、泰安市体育局、威海市体育局、济宁市体育局、日照市体育局、滨州市体育局、菏泽市体育局
赛事执行运营单位	山东广播电视台、济南阳光体育赛事策划有限公司、济南奥泰体育赛事策划有限公司、滨州方煜网络科技有限公司（牛啦智能健身）

4. 体育竞赛表演业的概念及分类

4.1 核心概念界定

核心概念与概念体系是构建理论的基石。对概念的准确把握，也是准确认识问题的逻辑起点。

4.1.1 体育赛事

体育赛事是一种提供竞赛产品和相关服务产品的特殊事件，其规模和形式受竞赛规则、传统习俗和多种因素制约，具有项目管理特征、组织文化背景和市场潜力，能够迎合不同参与体分享经历的需求，达到多种目的与目标，对社会和文化、自然和环境、政治和经济、旅游等多个领域产生的冲击和影响，能够产生显著的社会效益、经济效益和综合效益。

4.1.2 体育赛事产业

体育赛事产业，亦称为体育竞赛产业、竞赛表演业、运动竞赛业。定义具有狭义和广义之分，狭义的体育赛事产业主要针对某次具体的体育赛事进行投入产出分析；广义的体育赛事产业就是为体育赛事提供服务的企业经济活动的集合。2018 国务院办公厅发布的《关于加快发展体育竞赛表演产业的指导意见》中，指出体育竞赛表演产业是体育产业的重要组成部分，表现为体育竞赛表演组织者为满足消费者运动竞技观赏需要，向市场提供各类运动竞技表演产品而开展的一系列经济活动。体育竞赛表演产业作为以体育项目为内容，以竞赛为形式，以健身娱乐为目的的一种体育活动形态已成为社会文化的一个组成部分，它以其本身巨大的影响力和强大的边际效应在体育产业中占据着重要的位置，对于满足社会的体育文化需求，促进体育产业发展具有不可忽视的作用。由于体育赛事产业在体育产业中占据核心地位，其不仅为体育产业的中介产业和外围产业提供了广阔的市场，还促进了其他行业产业的快速发展，如建筑业、制造业、保险业、餐饮住宿业、旅游业等。

2015 年国家体育总局公布了《国家体育产业统计分类》，2019 年又对《体育产业统计分类（2019）》进行了修订，将我国体育产业分为体育管理活动、体育竞赛表演活动、体育健身休闲活动等 11 大类，其中体育竞赛表演活动分为职业体育竞赛表演活动和非职业体育竞赛表演活动，包含了商业化、市场化的职业体育赛事活动的组织、宣传、训练、职业俱乐部和运动员展示、交流等活动和指非职业化的专业或业余运动项目比赛、训练、辅导、管理、宣传、运动队服务、运动员交流等活动，以及赛事承办者和相应推广机构等组织的活动。

4.2 体育竞赛表演业的构成要素

4.2.1 体育赛事的构成要素

体育赛事的构成要素包括人力、物力、财力、技术要素。

（1）体育赛事构成的人力要素，人力要素既是体育赛事构成要素的基本要素，又是首要要素。主要由以下元素构成：主办组织、主办地区、赞助商和经费提供者、供应商、媒体、工作团队、竞赛直接参与者和观众。

（2）物力要素是体育赛事必须具备的条件，物力要素的完善与否直接影响体育赛事举办的效果。物力要素构成包括：运动竞赛场馆及设施、设备、交通运输设施、安全保卫设施、医疗卫生设施和设备、餐饮住宿设施、媒体转播设施和设备。

（3）财力要素，体育赛事的顺利举办也同样不能与经济基础相脱离。体育赛事的财力要素主要由赞助性资金和非赞助资金两大部分构成。

（4）技术要素，体育赛事越来越离不开高科技的支持，一次体育赛事的成功与否在一定程度上是由技术要素决定的。现代化的体育赛事无不需要网络、计算机以及无线通信的有力支持。通过大量的高科技设备，不但使广大观众在第一时间内欣赏到比赛现场的精彩画面，而且给赛事组织者带来极大的便捷。技术要素主要包括：网络技术、通信技术和相关软件技术等。

4.2.2 体育赛事资源

赛事可利用和可开发的资源十分丰富，简单分类有：

（1）赛事本体资源。如冠名权、特许权、专有权、赛事项目开发、无形资产开发等；

（2）赛事载体资源。如场馆广告开发、户外广告开发等；

（3）媒介经营资源。如媒体经营开发、文化活动开发等；

（4）派生产业资源。如派生产品开发、相关产业开发等。

4.2.3 体育竞赛产业链

体育竞赛市场产业链指在一定范围内，围绕赛事开展形成的，使赛事与相关联产业紧密联系、相互依托，达成一种长期稳定的战略合作关系。产业链中每个节点都独立存在，同时又与其他节点相互关联，力求实现最为专业化的发展，环环相扣。因此，发展赛事产业必须综合考虑各个相关企业利益，从整体角度出发。体育赛事的运作包括策划、营销、开发、筹备、生产和服务等多个环节，通过这些不同环节的生产和经营活动的相互配合，为顾客提供赛事观赏服务，这些为顾客创造价值的不同环节构成了一个系统而又复杂的产业链。通过对体育赛事产业链的梳理，将体育竞赛产业链分为赛事策划、赛事营销、赛事市场开发、赛事筹备、赛事生产和赛事服务六个环节（如图 3 所示）。

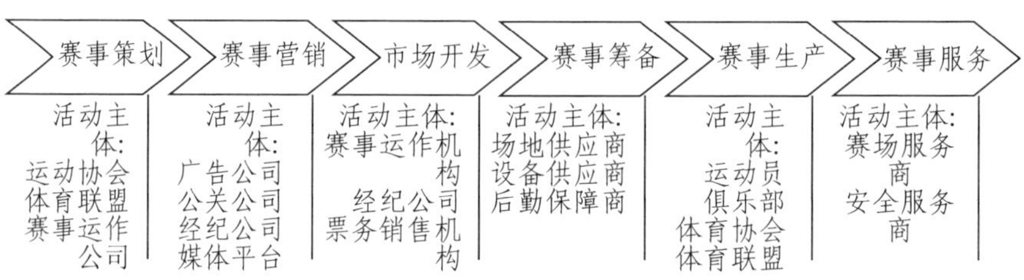

图 3　赛事价值链及其价值链中主体

（1）赛事策划指对赛事的目标、赛事实施方案和具体措施进行整体安排设计和计划。具体包括赛事主体的确定，赛事流程设计和对参赛主体、比赛地点、比赛场地的选择等方面。赛事策划工作主要是由赛事运作组织、体育协会和赛事联盟等机构负责。

（2）赛事营销和赛事开发都是对赛事营销资源的运作，但是他们是赛事运作过程中的 2 个不同环节。赛事营销是向赛事目标消费群体推荐赛事的过程和活动，包括赛事自身的广告、公关，目的是引起目标消费群对赛事的关注。

（3）市场开发是赛事运作者通过对赛事资源的开发和销售获得收入，

例如赞助、转播、特许等形式。简单地讲，赛事营销是投入，市场开发是产出。赛事营销环节的主要活动主体包括对赛事进行宣传推广的广告公司、公关公司、经纪公司和各种媒体。赛事开发环节主体主要有赛事开发部门、经纪公司和门票销售代理商，他们负责对赛事无形资产和预期产品的销售，为赛事带来收入。由于体育观赏服务产品有着消费生产同时性的特点，因此对于赛事产品来讲，在生产开始之前大量的营销和市场开发工作就开始了；因此，在赛事的价值链中，营销和市场开发环节在赛事筹备和赛事生产环节之前。

（4）赛事筹备是指为赛事生产提供必要的生产要素和软硬件条件的相关活动。例如邀请参赛主体、预定场地、准备比赛器材、安排现场服务和筹备交通饮食等后勤事项等工作。这个环节上涉及的主体主要有场地商、器材商和后勤服务保障商等。

（5）赛事生产是直接为观众提供赛事观赏服务的活动。赛事生产的主体包括运动员或者球队和体育协会或者体育联盟。一个完整的赛事观赏服务产品的生产，需要在一定竞赛规则下有对抗性的运动员或者球队的参与。体育竞赛观赏服务的前提是必须具备对抗性，也就是说一支球队或者单独的运动员是没有办法完成体育观赏服务的生产，必须有若干个球队或者运动员一起生产，因此，单个球队和运动员类似产品生产中的车间不可或缺；但是不能单独提供产品，必须经过体育协会或者联赛的安排组装才能最终生产出产品。另外，协会或者联盟主要职责还在于制定修改赛事规则、提供裁判员，保证赛事的公平公正和竞争性平衡，保证比赛竞争激烈、提高赛事的精彩程度，因此，在生产环节中，协会和联赛类似最终产品的组装生产者，而俱乐部和运动员相当于零部件生产者。

（6）赛事服务是指赛事生产同时的现场服务，这些服务的承担者主要包括现场安全保障者、现场保洁公司、售卖公司等。

4.3 体育赛事的分类

4.3.1 按照赛事的性质和目的分类

体育赛事的性质和规模是区分不同赛事的最为重要指标，本书结合国办发〔2018〕121 号文中对于赛事活动的分类，选择赛事性质、赛事级别、比赛项目对赛事进行分类。赛事级别，将赛事划分为以下国际、国内两个层次，其中国家赛事分为 A、B、C 三个类别、国内赛事分为国家级、省级、市级、区县及以下赛事；赛事性质，将赛事分为职业赛事、业余精品赛事、冰雪赛事、表演赛事、锦标赛、冠军赛和校园推广赛事七个类别；比赛项目，分为综合赛事和单项赛事。（详见表 5）

表 5 体育赛事分类表

层次	类别	指标解释
国际赛事	A	（1）由国际体育组织主办的国际综合性运动会、世界锦标赛、世界杯赛、亚洲锦标赛、亚洲杯赛；涉及奥运会、亚运会资格、积分的比赛 （2）由体育总局主办或参与主办的重要国际体育赛事 （3）由体育总局相关单位或所属运动项目协会主办的跨省（区、市）的国际体育赛事，以及举办涉及海域、空域及地面敏感区域等特殊领域的国际体育赛事
	B	由体育总局相关单位或所属运动项目协会主导，与地方共同主办或交由地方承办的国际体育赛事
	C	（1）地方自行举办的国际体育赛事 （2）由地方主导，体育总局相关单位或所属运动项目协会参与主办、协办的国际体育赛事

续表

层次	类别	指标解释
国内赛事	职业赛事	足球、篮球、排球、乒乓球、羽毛球、冰球、围棋等职业联赛
	业余精品赛事	马拉松、武术、搏击、自行车、户外运动、航空运动、极限运动等项目赛事
	冰雪赛事	高山滑雪、跳台滑雪、冬季两项、速度滑冰、短道速滑、花样滑冰、冰球、冰壶、雪车雪橇等各类冰雪体育赛事
	表演赛事	各类体育庙会、表演赛、明星赛、联谊赛、对抗赛、邀请赛等
	冠军赛	多由各单项运动项目管理中心或运动项目协会主办，用于选拔优秀运动员
	锦标赛	指不同地区或竞赛大组的优胜者之间的一系列决赛之一，是排名在一定水平上的人才可以参加，对参赛选手数量进行限制，赛事级别一般高于冠军赛
	校园推广赛事	与教育厅联合主办，组织在校生参加的赛事活动，主要在校园内推广，项目主要包括校园足球、校园篮球等

（1）国际赛事

国家体育总局 2014 年 12 月 24 日发布的《在华举办国际体育赛事审批事项改革方案》，将国际体育赛事按照主办方、比赛性质和重要程度分为 A、B、C 三类。

A 类国际体育赛事。包括：①由国际体育组织主办的国际综合性运动会、世界锦标赛、世界杯赛、亚洲锦标赛、亚洲杯赛；涉及奥运会、亚运会资格、积分的比赛。②由体育总局主办或参与主办的重要国际体育赛事。③由体育总局相关单位或所属运动项目协会主办的跨省（区、市）的国际体育赛事，以及举办涉及海域、空域及地面敏感区域等特殊领域的国际体育赛事。

B 类国际体育赛事。包括由体育总局相关单位或所属运动项目协会主导，与地方共同主办或交由地方承办的国际体育赛事。

C 类国际体育赛事。包括：①地方自行举办的国际体育赛事。②由地方主导，体育总局相关单位或所属运动项目协会参与主办、协办的国际体育赛事。

（2）国内赛事

按照国务院办公厅关于《加快发展体育竞赛表演产业的指导意见》分为职业赛事、业余精品赛事、冰雪赛事、表演赛事、冠军赛、锦标赛、校园推广赛事七类。

职业赛事：是指商业性比较强，通常以体育俱乐部为基础，运作模式相对比较固定，通常采用主客场制，赛事持续时间相对较长，项目单一，有较为固定的比赛模式的赛事。包括足球、篮球、排球、乒乓球、羽毛球、冰球、围棋等职业联赛，鼓励网球、自行车、拳击、赛车等赛事。

业余精品赛事：社会力量举办业余体育赛事，参赛主体以广大群众为主，该类赛事内容丰富、形式多样、群众参与性强，如马拉松、武术、搏击、自行车、户外运动、航空运动、极限运动等项目赛事。

冰雪赛事：为筹办北京冬奥会、冬残奥会，大力发展的高山滑雪、跳台滑雪、冬季两项、速度滑冰、短道速滑、花样滑冰、冰球、冰壶、雪车雪橇等各类冰雪体育赛事。

表演赛事：以观赏性较强的运动项目为突破口，创作开发体现中华优秀文化、具有中国特色的体育竞赛表演精品。包括各类体育庙会、表演赛、明星赛、联谊赛、对抗赛、邀请赛等，和武术、围棋、象棋、龙舟等具有民族特色的体育竞赛表演品牌项目。

冠军赛：多由各单项运动项目管理中心或运动项目协会主办，用于选拔优秀运动员。

锦标赛：指不同地区或竞赛大组的优胜者之间的一系列决赛之一，是排名在一定水平上的人才可以参加，对参赛选手数量进行限制，赛事级别一般高于冠军赛。

校园推广赛事：与教育厅联合主办，组织在校生参加的赛事活动，主要在校园内推广，项目主要包括校园足球、校园篮球等。

4.3.2 按照赛事级别分类

体育赛事的人力、物力、财力投入程度和赛事运作管理复杂程度反映了体育赛事的规模，竞赛表演水平反应体育赛事对参与者的直接吸引力，规模和水平往往成正相关关系，规模和水平结合在一起构成了不同的体育赛事。为进一步推进“放管服”改革，便于统计各地市、各运动项目管理中心的赛事资源，本项目按照赛事的级别进行分类，可以分为国际级、国家级、省级、市级、区县及以下五个级别。

5. 山东省体育竞赛表演业的发展现状

近年来，山东省体育产业规模保持稳定增长，全省体育产业规模由 2015 年的 1980.79 亿元增加至 2018 年的 2466.55 亿元，平均年增幅 8.17%；体育产业增加值由 2015 年的 606.74 亿元增加至 2017 年的 968.58 亿元，2018 年体育产业增加值占当年全省 GDP 比重为 1.45%。山东体育产业呈现稳步增长、稳中向好的发展态势，体育服务业拓展提升，体育制造业实力增强，体育贸易业繁荣活跃，产业结构趋于合理。体育竞赛表演产业发展迅速，2018 年，实现总产出 8.82 亿元、增加值 4.37 亿元，正成为拉动体育产业发展的核心引擎。

5.1 山东省 16 地市体育赛事活动的数量统计分析

近年来，山东省着力推进体育赛事供给侧结构性改革，积极吸引社会力量参与举办各类体育赛事活动，推进政府引导、市场运作、社会参与的新模式，凝聚体育社会组织、企业、有关高校和科研机构等各方力量，扩大多层次多样化的体育赛事供给。经过多年的发展，山东省体育赛事项目种类丰富齐全，赛事数量、赛事级别等明显提升，竞赛产业规模不断扩大。2019 年全省共举办各级各类赛事 2205 场（详见附件 1），其中省级及以上赛事 881 场，国际赛事 115 场（详见表 6）。

表 6　2019 年山东省 16 地市举办不同级别赛事统计表

级别＼地市		济南	青岛	淄博	枣庄	东营	烟台	潍坊	济宁	泰安	威海	日照	滨州	德州	聊城	临沂	菏泽	合计
国际级	A类	0	12	1	0	1	6	3	0	4	8	1	1	0	0	3	0	40
	B类	6	6	0	0	0	2	2	0	0	3	2	1	0	0	0	3	25
	C类	4	6	5	6	2	3	1	1	7	6	6	0	0	2	1	0	50
国家级		19	59	14	7	9	17	10	6	11	31	54	7	6	13	17	14	294
省级		59	43	44	17	23	26	36	27	29	26	60	17	24	6	27	8	472
地市级		122	109	20	12	17	33	41	15	17	38	112	26	37	30	20	60	709
区县级及以下		30	103	60	23	35	39	123	18	16	4	35	62	14	14	16	23	615
合 计		240	338	144	65	87	126	216	67	84	116	270	114	81	65	84	108	2205

赛事类别不断丰富，举办赛事涵盖职业赛事、业余精品赛事、冰雪赛事、表演赛事、锦标赛、冠军赛、校园推广赛事所有类别，各类别赛事统计详见表 7。

表 7　2019 年山东省 16 地市举办不同类别赛事统计表

类别＼地市	济南	青岛	淄博	枣庄	东营	烟台	潍坊	济宁	泰安	威海	日照	滨州	德州	聊城	临沂	菏泽	合计
职业赛事	10	20	3	1	0	4	2	1	3	19	30	23	6	4	2	10	138
业余精品赛事	151	198	70	40	53	72	149	30	48	54	105	42	36	29	58	50	1185
冰雪赛事	5	0	1	0	1	1	0	0	0	2	1	2	1	0	0	0	14

续表

类别 \ 地市	济南	青岛	淄博	枣庄	东营	烟台	潍坊	济宁	泰安	威海	日照	滨州	德州	聊城	临沂	菏泽	合计
表演赛事	49	57	39	9	10	20	18	12	6	11	62	16	13	6	12	27	367
锦标赛	13	33	17	5	8	15	16	4	9	17	31	9	6	3	2	6	194
冠军赛	3	5	4	1	3	7	0	3	6	2	7	2	0	0	5	1	49
推广赛	9	25	10	9	12	7	31	17	12	11	34	20	19	23	5	14	258
合 计	240	338	144	65	87	126	216	67	84	116	270	114	81	65	84	108	2205

5.1.1 赛事数量不断攀升

随着体育领域放管服的不断深入，以及体育竞技水平和民众参与体育热情的不断提高，全国各地对举办体育赛事热情逐渐高涨，举办赛事数量不断攀升。根据不完全统计，山东省16地市共举办省级及以上赛事活动881项，包括国际赛事115项。举办赛事活动场次高于浙江省、上海市、广东省等省市，略低于北京市、江苏省、广东省。各省举办赛事数量与体育竞赛表演业产值基本一致。（详见图4）

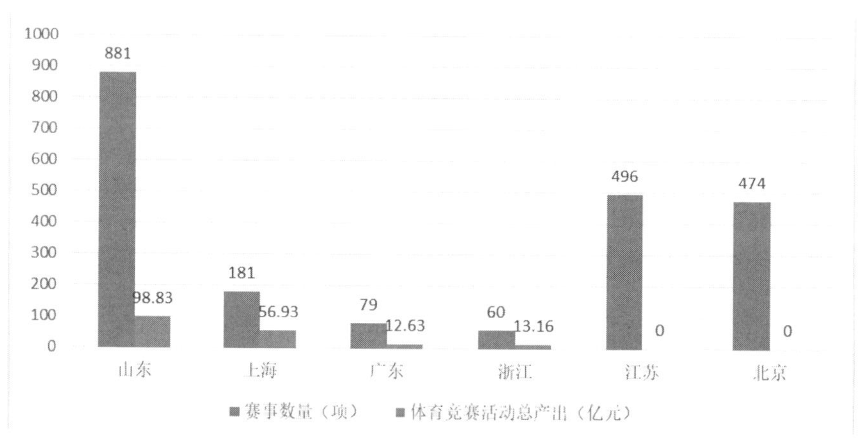

图4 山东与部分省市举办赛事数量与体育竞赛表演业总产出统计图

注：统计赛事数量为省级及以上赛事；江苏、北京未公布体育竞赛表演产业总产出值

5.1.2 赛事级别不断提升

山东省在实现体育赛事规模扩张的同时，积极提升拓展赛事层级。2019 年山东省 16 个地市承办的省级及以上赛事活动中，国际赛事 115 场，占赛事数量的 5.2%。其中，国际 A 类赛事 40 项，B 类赛事 25 项、C 类赛事 50 项。地区经济发展水平决定了国际体育赛事的承办能力，从 16 地市承办的国际赛事数量可以看出，经济发展水平较高的青岛、济南、烟台、威海等地，不管是国际赛事的数量、还是赛事的级别，均位居全省前列，而济宁、滨州、德州、聊城、菏泽等地市举办国际赛事数量较少，其中德州为零。（详见图 5）

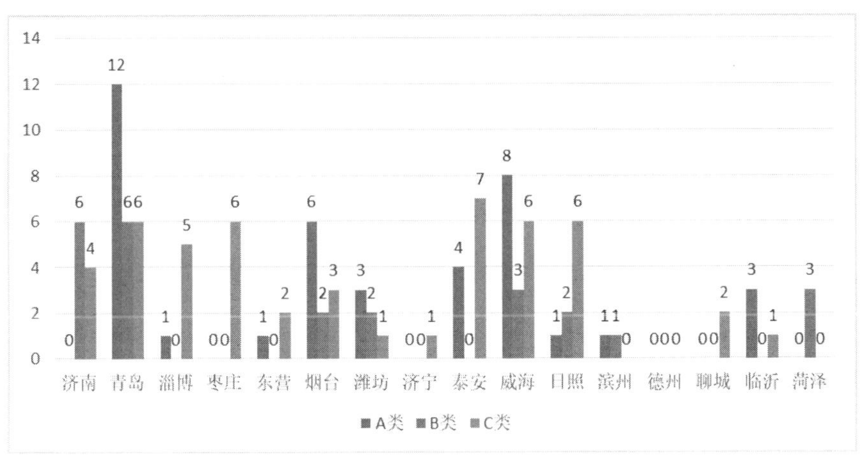

图 5　山东省 16 地市举办不同类别国际赛事项次统计图

在 115 项国际赛事中，B 类赛事占比最低，究其原因，是三类国际体育赛事的申办条件有所不同，B 类赛事多为申办引进并融为长期举办的常驻型大型国际体育赛事，对赛事与主办城市的结合更为紧密，多为持续不间断举办的固定大型国际体育赛事；A 类国际体育赛事对主办城市要求更高，并求申办条件更为严格，申办与承办周期长；而 C 类赛事，申办及举办条件较为宽松，申办与筹办周期较短，规模也略小于前两者，更容易于主办方的申办引进操作与组织筹办，所以该类型赛事才会出现长足发展赛事数量迅猛提高，在三类总体占比中属于最大比重。（详见图6）

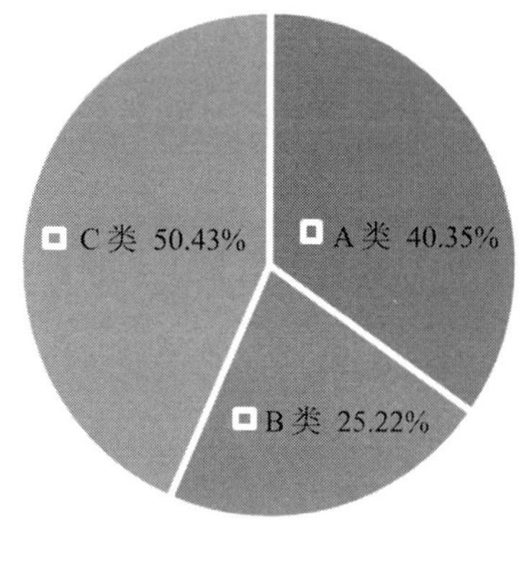

图6 山东省承办国际赛事不同级别的数量统计

C类赛事所含运动项目也是三大类国际体育赛事中占比最高的，这也充分体现了C类赛事更加丰富多样，在A类大型国际体育赛事带头搞竞技运动水平的同时，C类起到了更加重要的普及与推广作用。促进更多项目赛事多层次、多样化发展，做到各个项目都有国际赛事引领，提高各运动项目的国际影响力。

5.1.3 **赛事种类不断丰富**

从赛事种类上看，2205项赛事活动，主要集中在业余精品赛事和表演赛事，两类赛事占到了全部赛事活动的70.38%（详见图7）。究其原因，一是群众性赛事和商业性赛事审批权取消、二是业余精品赛事的界定标准还不具体，将居民广泛参与的群众性赛事活动都纳入到了业余精品赛事范畴。排在第三位的是校园推广赛事，这也反映了体育部门积极联合教育部门，为积极发展青少年体育运动，在全省范围积极开展系列校园赛事活动，取得了积极成效。

分析发现，全省冰雪赛事和职业赛事发展相对滞后，冰雪赛事受场地影响较大，职业赛事的滞后也反映了体育文化氛围和体育消费环境有待进一步营造和优化。赛事分布的不均衡，也制约了体育竞赛表演产业的高质量发展。

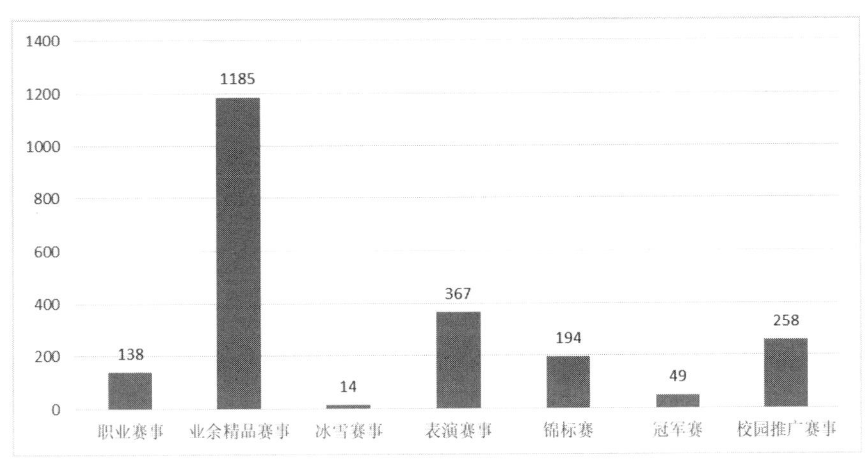

图 7 山东省 7 大类别赛事统计表

5.1.4 赛事项目覆盖面广泛

从项目上看，山东省举办的赛事除除曲棍球外，涵盖了奥运会的其他所有比赛项目，具有较强观赏性的民族特色项目武术运动、群众基础较好的广场舞运动都有涉及。除综合性赛事外，按照项目统计，排在前五位的运动项目依次为田径、足球、篮球、乒乓球、自行车，排在后五位的项依次为曲棍球、举重、现代五项、射击、赛艇（详见图 8、图 9）。按照比赛项目进行的赛事数量统计，可以反映基础大项和市场开发较为成熟的项目，举办的赛事数量就多，反之就少。

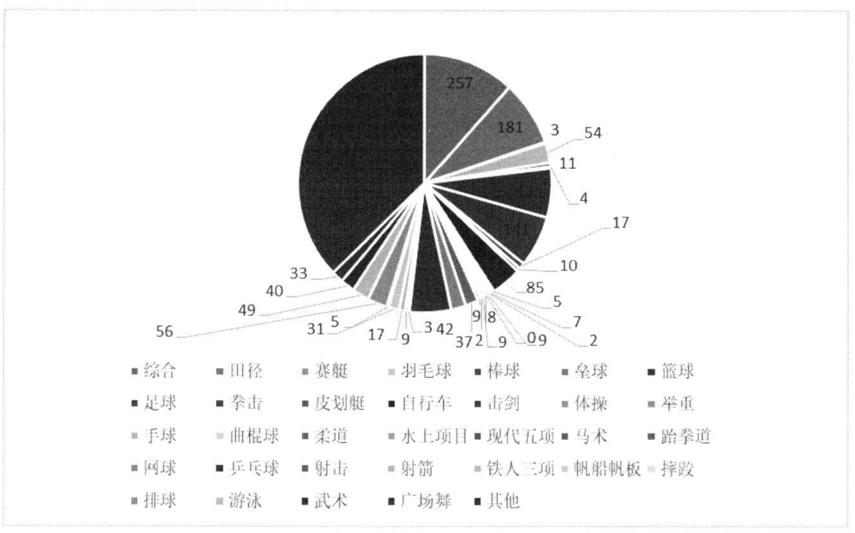

图 8　2019 年山东省举办不同项目的赛事数量统计图

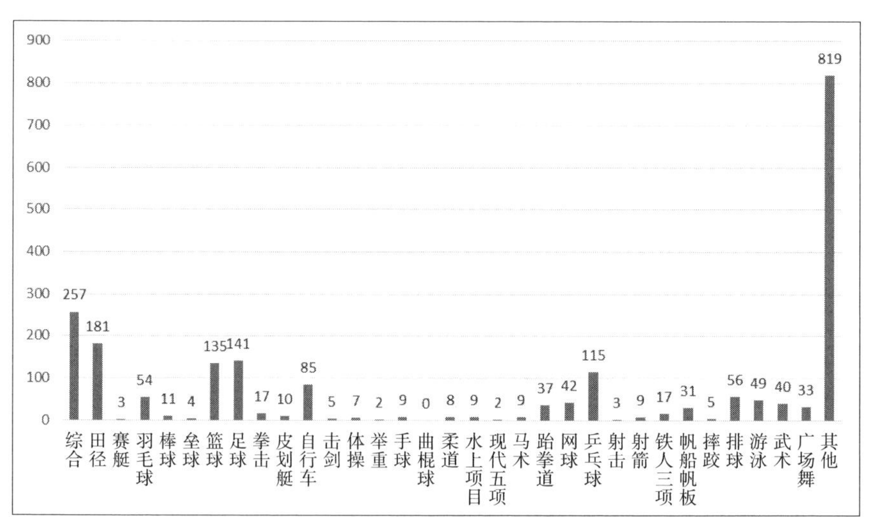

图 9　2019 年山东省举办不同项目的赛事数量统计图

5.2 山东省四类重点赛事发展现状

为全面贯彻落实国务院办公厅关于《加快发展体育竞赛表演产业的指导意见》，重点发展意见中提出的职业赛事、业余精品赛事、冰雪赛事、表演赛事四类赛事活动，也为更好的建设山东省具有较大影响力的体育赛事城市和体育竞赛表演产业集聚区，建设100项具有较大知名度的体育精品赛事和打造100个具有自主知识产权的体育竞赛表演品牌，将体育竞赛表演产业培育成为推动山东省经济社会持续发展的重要力量。现将山东省2019年度上述四类赛事的分析如下：

5.2.1 山东省16地市职业赛事发展现状

职业体育市体育全球化进程中最活跃的单元，职业体育的发展决定了体育竞赛表演产业发展的核心竞争力。职业体育赛事是指商业性比较强，通常以体育俱乐部为基础，运作模式相对比较固定，通常采用主客场制，赛事持续时间相对较长，项目单一，有较为固定的比赛模式的赛事。包括足球、篮球、排球、乒乓球、羽毛球、冰球、围棋等职业联赛，鼓励网球、自行车、拳击、赛车等赛事。中国职业足球联赛是我国目前职业体育发展最为成熟的项目，关注度不断提升。山东泰山（原山东鲁能泰山）俱乐部的主场的场均上座率达到41.3%。

2019年全省共举办职业赛事138场，共涉及22个大项，项目主要集中在篮球、网球、乒乓球、足球、羽毛球等职业联赛发展较为成熟的项目。而垒球、击剑、体操、举重、曲棍球、柔道、现代五项、跆拳道、射击、武术、广场舞等11个项目未开展职业赛事（见图10）。

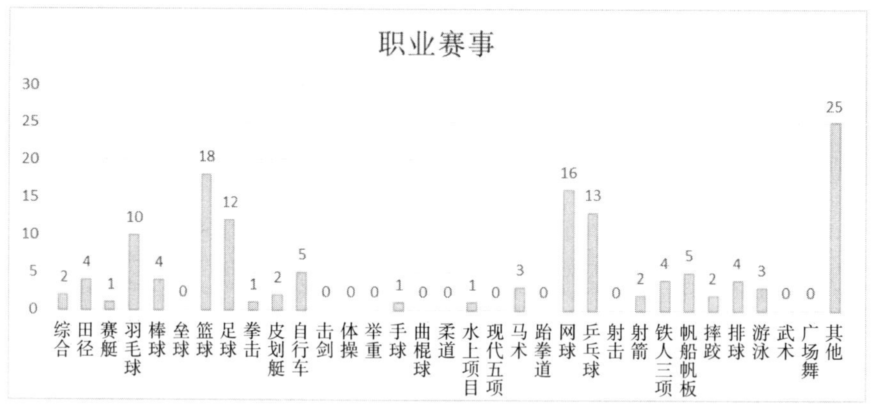

图10　2019年山东省举办不同项目的职业赛事数量统计图

按照地域统计分析可以发现，日照、滨州、青岛、威海、济南举办职业赛事较多，排在了16个地市中的前五位，而东营、枣庄、济宁、潍坊、临沂职业赛事资源匮乏，举办职业赛事数量较少（详见图11）。

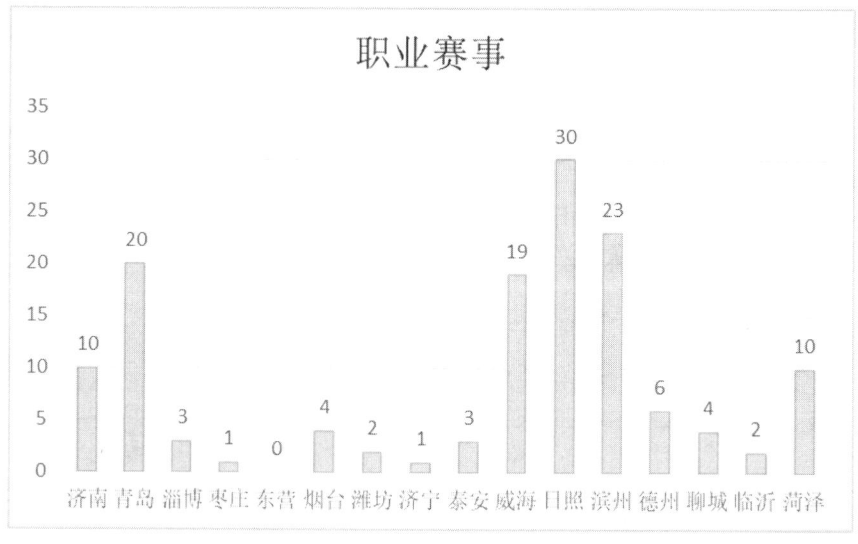

图11　2019年山东省16地市举办职业赛事数量统计图

5.2.2 山东省 16 地市业余精品赛事发展现状

业余精品赛事是社会力量举办业余体育赛事，参赛主体以广大群众为主，该类赛事内容丰富、形式多样、群众参与性强。如马拉松、武术、乒羽赛事、自行车、户外运动等项目赛事。随着我国大众逐渐提高对健康生活的重视程度以及国家对“全民健身”的大力提倡，马拉松、乒羽赛事、棋牌等参与门槛较低、大众普及度较高的赛事已经在我国国内如火如荼地展开。2019 年全省共举办业余精品赛事 1185 场，占全部赛事的 53.74%，共涉及 28 个大项，项目主要集中在综合运动会、田径、足球、乒乓球、篮球，说明这些运动项目群众基础较好，对于场馆资源要求不高，多与旅游资源相融合，各地市均有开展，这也与该类赛事在全国范围普遍发展趋势相一致。而赛艇、举重、手球、曲棍球、现代五项等 5 个项目未开展赛事，说明这些项目群众基础较差、办赛条件相对苛刻，影响了赛事举办（见图 12）。

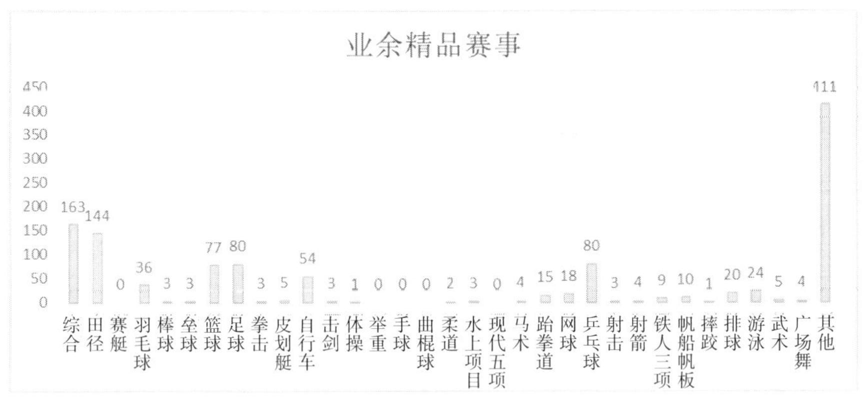

图 12 2019 年山东省举办不同项目的业余精品赛事数量统计图

按照地域分析可以发现，青岛、济南、潍坊、日照、淄博举办业余精品赛事较多，排在了 16 个地市中的前五位，而聊城、济宁、德州、枣庄、滨州开展赛事较少（详见图13）。

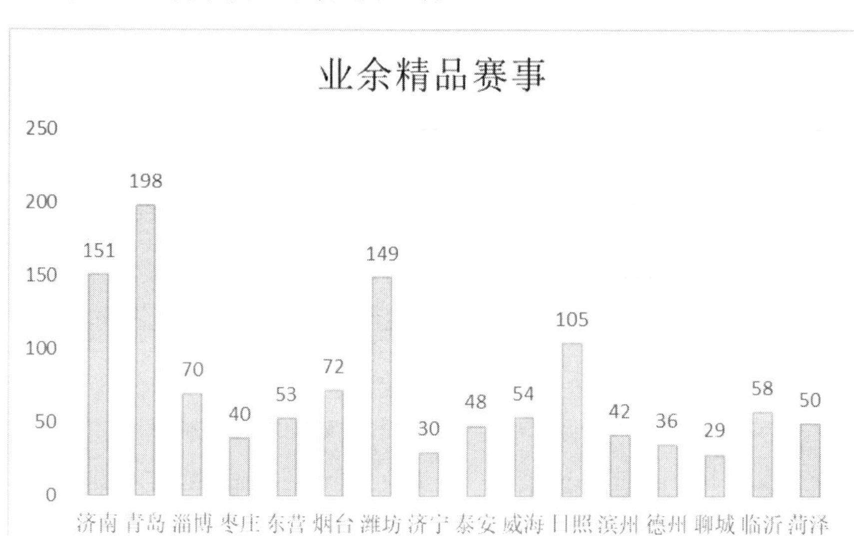

图13　2019年山东省16地市举办业余精品赛事数量统计图

5.2.3　山东省16地市冰雪赛事发展现状

冰雪赛事是为筹办北京冬奥会、冬残奥会，大力发展的高山滑雪、跳台滑雪、冬季两项、速度滑冰、短道速滑、花样滑冰、冰球、冰壶、雪车雪橇等各类冰雪体育赛事。为实现申办北京冬奥会时的“三亿人上冰雪”的承诺和夯实冰雪运动的群众基础，近年来国家大力发展冰雪运动，国家体育总局制定了两个冬季项目发展规划，布局了大众冰雪的发展规划。冬奥脚步越来越近，冰雪运动五年间走出山海关，南展西扩东进。山东省也积极推动大众冰雪运动发展，扎实开展各级各类冰雪赛事活动，大众对于冬季健身运动的参与度和热情也越来越高，尤其是青少年这一群体已经成为参与冰雪运动的主力军。2018年举行的山东省第二届冬季全民健身运动会上，比赛持续时间、比赛项目、参赛人数创造了新高。随着冰雪运动的普及开展，冰雪经营场所数量和客流量、冰雪运动消费、装备配置、从业人数等冰雪产业发展指标均有所提升，冰雪产业发展态势良好。2019 年共举办冰雪赛事 14 项。从地域分布来看，山东省冰雪赛事发展不均衡，主要集中在了济南、威海等地，而青岛、枣庄、潍坊、济宁、泰安、聊城、临沂、菏泽 8 个地市未举办冰雪赛事（见图 14）。为更好夯实全省冰雪运动的发展基础，山东省体育局积极组织举办了全省冰雪项目的青少年锦标赛，青岛市的短道速滑比赛，U 系列青少年冰球比赛等赛事活动，带动群众参与的积极性，不断扩大冰雪项目的群众基础和影响力。

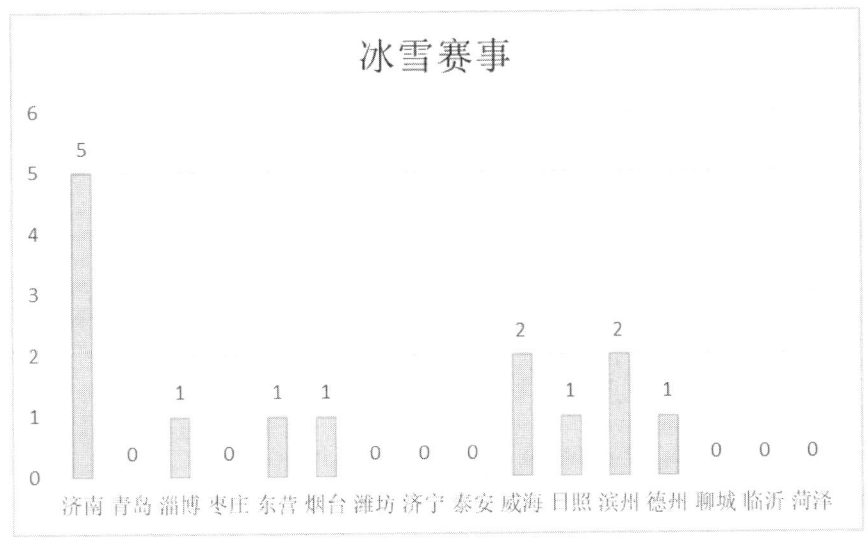

图 14　2019 年山东省 16 地市举办冰雪赛事数量统计图

5.2.4　山东省 16 地市表演赛事发展现状

体育表演赛事是以观赏性较强的运动项目为突破口，创作开发体现中华优秀文化、具有中国特色的体育竞赛表演精品。包括各类体育庙会、表演赛、明星赛、联谊赛、对抗赛、邀请赛等，和武术、围棋、象棋、龙舟等具有民族特色的体育竞赛表演品牌项目。

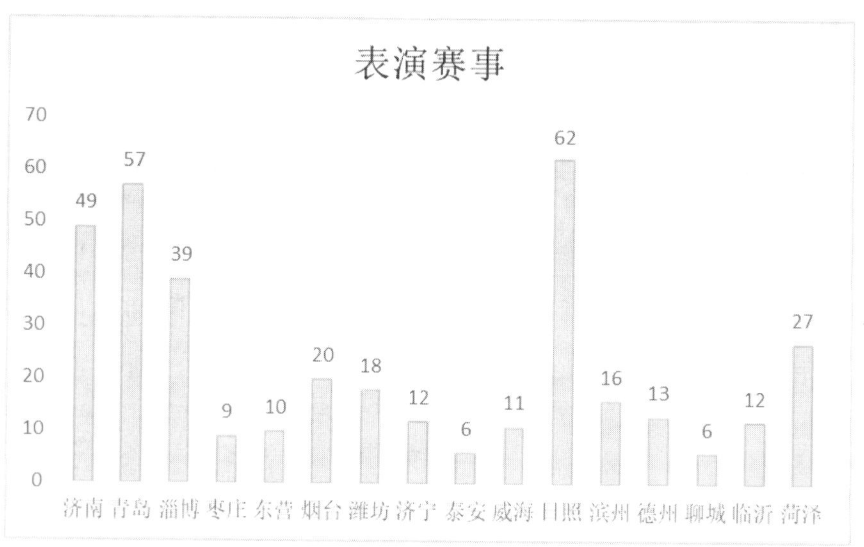

图 15 2019 年山东省 16 地市举办表演赛事数量统计图

上述分析可以发现，山东省体育赛事发展还未达到应有的“百花齐放、百家争鸣”状态，尤其是冰雪赛事、赛艇、击剑等项目赛事还需要进一步引进开发，区域发展差异较大，有待统筹均衡发展。

5.3 山东省体育赛事运作模式的统计分析

赛事运营是体育竞赛产业链的核心，整个体育产业都围绕体育赛事的运营展开，按照赛事的运营主体和办赛的经费来源不同划分市场主导、政府主导的运营模式以及混合型模式。在政策东风、社会需求的共同驱动下，催生了大量体育赛事执行公司，社会力量办体育已是大势所趋，市场主导的赛事活动数量不断增加。根据不完全统计 16 地市举办的省级及以上赛事活动的办赛经费来源，65% 以上的赛事活动都在市场主导下进行了市场开发（详见表 8、图 16）。调研发现，政府主导型的运行模式举办赛事以政府为主导，赛事运作的社会化、市场化程度比较低，基本上是在亏本办赛，需要政府支持并进行外部供血。

5.3.1 政府主导型的运作模式

政府主导型：政府作为赛事运营管理的主体，举办城市政府利用其特殊的权利、资本、制度、信誉等资源要素，以市场为依托，实现城市政府运营赛事的目标。在赛事运营管理时，一般是优先考虑赛事的社会效益，兼顾赛事的经济效益。该模式主要特点是政府投资、主管部门经营、财政补贴亏损。这种运行模式能够保证体育赛事的顺利进行，但政府耗资巨大，政府运作困难。

5.3.2 市场主导型的运行模式

市场主导型：通过市场化的方式来运作，企业、体育中介公司等商业性组织为赛事运营管理的主体。在赛事运营管理时，一般是优先考虑赛事的经济效益，兼顾赛事的社会效益。这种方式减少了政府的资金投入，经济效益明显，但也存在缺陷：其一，过于追求经济利益可能会抑制体育赛事的教育功能和其他社会功能的发挥。体育赛事是一种公益性的组织活动，用商业化的手段确保体育赛事的顺利进行是必要的，但过度的商业化会掩盖、削弱甚至损害体育赛事的真正目的。其二，企业公司举办体育赛事主要是为了经济利益，加之其经济实力有限，因而其往往难以保障体育赛事的顺利举办。

表8：山东省16地市体育赛事数量及办赛主要资金来源统计

山东省16地市		济南	青岛	淄博	枣庄	东营	烟台	潍坊	济宁	泰安	威海	日照	滨州	德州	聊城	临沂	菏泽
体育赛事数量		-	171	15	11	3	22	32	2	7	2	21	12	6	5	23	8
办赛资金主要来源统计	政府主导	-	88	4	5	2	11	10	1	3	2	9	6	6	4	10	0
	市场主导	-	105	13	8	3	19	20	2	7	2	12	0	0	4	13	8

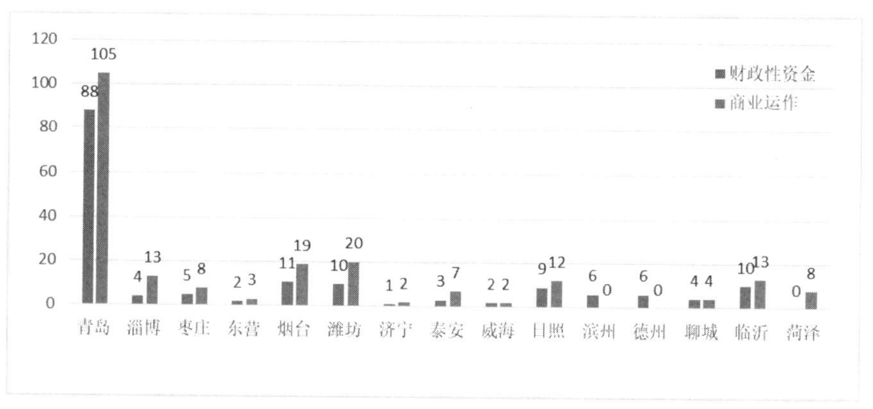

图16 山东省16地市体育赛事经费来源分类统计

社会力量办体育是大势所趋，政府不再是大包大揽，权力下放使得更多的社会资源参与体育竞赛表演产业的发展中。以黄河口（东营）汽车场地越野赛为例，本次比赛的承办单位有自驾e族山东总会、越野e族东营分队、赛车视界（深圳）科技发展有限公司、鹏程赛车、东营市简居木业有限责任公司、垦利区徒步运动协会、东营同德江西五十铃、山东睿音文化传播有限公司、山东北温带文化传媒有限公司、东营市瑞驰文化传媒有限公司、嘉禾兴产润滑油，11家企业作为本次比赛的承办单位。

5.4 山东省 16 地市体育赛事的区域分布

5.4.1 区域经济发展水平与体育赛事发展呈正相关关系

城市经济是大型体育赛事举办的基础、核心、前提条件，城市经济承载力决定了城市经济系统是否具备举办大型体育赛事的条件。城市经济为体育赛事提供场馆、劳动、资本支持，承办一个大型体育赛事所需要的投入是巨大的，提出申办大型赛事的城市都在申办报告中不断强调自身的经济实力。另一方面，经济基础雄厚的城市，同时具备完备的基础设施、现代化的服务水平、通达便利的交通枢纽，国际交往密切，能够保障国际高水平赛事的举办。

数据统计显示，除日照外，体育赛事的举办几乎随着地区生产总值的高低而起伏，地区的经济实力越强，区域内所承办的赛事就越多；地区经济实力越弱，区域承办的赛事越少。说明举办赛事的数量、规模与城市经济发展水平成正相关性，即经济发展越快，承办的赛事数量越多、规模越大。（详见表 9、图 17）

表 9　山东省 16 地市 GDP 与举办赛事数量统计表

	济南	青岛	淄博	枣庄	东营	烟台	潍坊	济宁	泰安	威海	日照	滨州	德州	聊城	临沂	菏泽
GDP（亿元）	8862.21	12001.5	5068.3	2402.4	4152.5	7832.6	6156.8	4930.6	3651.5	3641.5	2202.2	2640.5	3380.3	3152.2	4717.8	3078.8
人口（万人）	883.94	939.48	470.2	392.73	217.21	712.18	937.3	834.59	564.0	283	293.03	392.25	581	606.43	1062.4	876.5
赛事数量	240	338	144	65	87	126	216	67	84	116	270	114	81	65	84	108

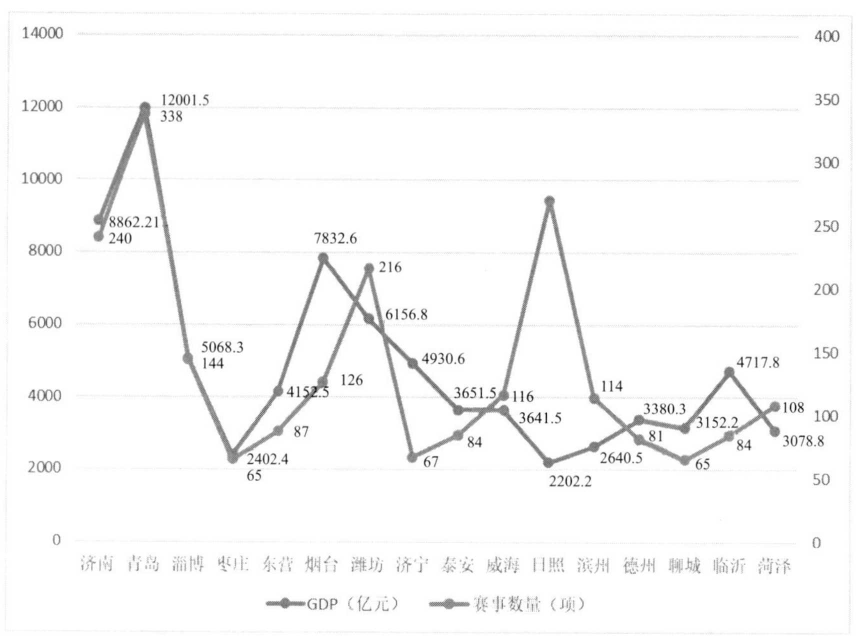

图 17 山东省 16 地市 GDP 发展与赛事数量的统计图

通过对比经济实力较薄弱的日照等地的峰值可以发现，这个区域为旅游胜地，良好的旅游环境为城市赢得更多的赛事举办。同时，赛事的举办也促进了城市经济收益，日照以体育为媒介，提高城市综合承载力，提升城市品质，把体育打造成为城市最亮丽的名片和最具活力的因子，将体育事业纳入城市“一三五”总体发展战略和“生态之城、创新之城、活力之城、旅游之城、蓝色之城”五城同创，将体育作为打造活力之城的重要组成部分。根据优美的环境、广阔的海域等自然条件而打造的品牌赛事。以筹办 2022 年山东省第 25 届运动会为契机，创建全国全民运动健身模范市，12 月初承办了全国运动休闲特色小镇建设研讨会，来自全国近千名代表参会，日照正在全力打造世界知名海滨体育城市。经济虽薄弱，却以举办大型赛事塑造体育品牌效应，以此带动旅游业及其他方面的经济发展。

5.4.2 区域竞技体育发展水平与赛事竞赛项目分布相耦合

竞技体育指标的背后是体育综合实力的体现，它反映了一个地区的体育管理水平，体育人才的储备与培养情况，运动项目的普及程度，体育产业的发展水平，而这些都是举办体育赛事的重要依托条件。统计数据也反映了城市竞技体育发展水平与体育赛事数量之间的正相关关系。

（1）全运会。项目的举办与区域性优势项目相互耦合，具有区域优势性项目的地区，首先其项目的场馆较为完善，裁判员、管理员较多，便于赛事的开展。其次区域优势性项目通常是由文化导致的居民喜爱的体育运动项目，赛事在这些地方举行会吸引更多人的关注，收视率也会更高。再次，区域性优势项目通常与自然地理环境有关，如帆船帆板需在有水域地方进行，冰球、滑雪等项目通常在北部寒冷有冰雪地区举办，这些地区的项目群众基础大，自然环境适合举行这些对项目环境有要求的赛事，拥有地理资源通常项目优势与地理有关，对地理环境有要求的赛事选择在这些地方。（见表 10）

表 10 “十三届全运会”山东省优势项目与项目赛事场次

<table>
<tr><td>项目</td><td>柔道</td><td>田径</td><td>皮划艇</td><td>激流回旋</td><td>游泳</td><td>射击</td><td>摔跤</td><td>赛艇</td><td>帆船</td><td>射击</td><td>拳击</td><td>篮球</td><td>三人篮球</td><td>沙滩排球</td><td>排球</td><td>跳水</td><td>举重</td><td>武术</td><td>小轮车</td><td>公路自行车</td><td>场地自行车</td><td>山地自行车</td><td>体操</td><td>橄榄球</td><td>现代五项</td><td>铁人三项</td><td>乒乓球</td><td>羽毛球</td><td>跆拳道</td><td>手球</td></tr>
<tr><td>奖牌</td><td>14</td><td>13</td><td>13</td><td>1</td><td>10</td><td>7</td><td>7</td><td>7</td><td>4</td><td>4</td><td>3</td><td>3</td><td>2</td><td>1</td><td>3</td><td>2</td><td>2</td><td>2</td><td>2</td><td>2</td><td>5</td><td>1</td><td>2</td><td>2</td><td>2</td><td>2</td><td>1</td><td>1</td><td>1</td><td>1</td></tr>
<tr><td>赛事数量</td><td>8</td><td>181</td><td colspan="2">10</td><td>49</td><td>3</td><td>5</td><td>3</td><td>31</td><td></td><td>17</td><td colspan="2">135</td><td colspan="2">56</td><td>0</td><td>2</td><td>40</td><td colspan="4">85</td><td>7</td><td>3</td><td>2</td><td>17</td><td>115</td><td>54</td><td>37</td><td>9</td></tr>
</table>

（2）省运会。在竞技体育中，运动会奖牌的数量在一定程度上能够体现一个地区竞技体育发展的水平。山东省运会是山东省规模最大、项目最全的综合性体育盛会，每四年举行一届，其竞技项目、竞技规则等诸多方面与奥林匹克运动会相吻合。山东省第二十四届运动会于 2018 年在青岛召开，比赛共设 29 个大项、840 个小项，来自全省 16 地市的 1.2 万名运动员参赛（莱芜数据并入济南），参加决赛的运动员将近 9 千人，分析省运会奖牌区域布局可以发现，整体呈现出“东强西弱”的格局，16 地市获奖牌数量与举办赛事数量基本一致，省运会获得奖牌数较高地市，如青岛、济南、淄博、烟台等城市举办赛事数量也多。而获得奖牌数较少的德州、聊城、临沂、枣庄等城市举办赛事数量相对也较少（详见表 11、图 18）。

表 11　第二十四届山东省运动会 16 地市奖牌数量与赛事数量统计

	济南	青岛	淄博	枣庄	东营	烟台	潍坊	济宁	泰安	威海	日照	滨州	德州	聊城	临沂	菏泽
奖牌	501	592	469	51.5	42.5	399.5	189.5	122	111	70	50.5	124.5	13	17	41	72
赛事	240	338	144	65	87	126	216	67	84	116	270	114	81	65	84	108

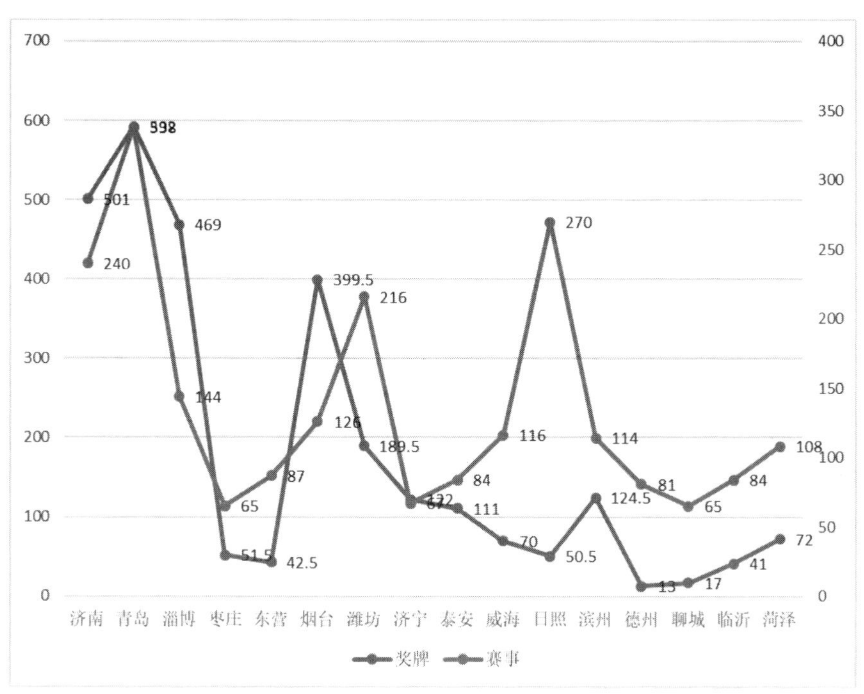

图 18 山东省 16 地市省运会奖牌数量与举办赛事数量间的关系

5.4.3 区域体育场馆数量与体育赛事数量间的关系

体育场馆的数量及现代化水平是举办各类体育赛事的前提和保障，也是决定体育赛事表演产业区域竞争力的主要指标，其完善程度对体育产业的发展水平具有决定性作用。场地设施的物质基础保障了赛事的基础体验，体育场馆的建造为体育比赛的举办提供了物质保障，同时，作为城市的基础公共设施，还可以更好地提供城市居民生活所需，丰富城市居民的休闲生活，活动范围更加广域，项目种类更加多样。

在体育竞赛表演市场中，场馆场地数量的多少和规格高低将直接影响赛事的数量及质量，体育传媒的赛事转播、广告以及体育彩票的销售则与其有着间接关系。与体育竞赛表演业息息相关的体育场馆服务业和体育场地设施建设，2017 年总产出分别占山东省体育产业总产出的 1% 和 0.4%，总量位于体育产业 11 大类后两位，说明体育场馆服务水平和建设规模有待提升。场馆场地供给数量和质量，直接影响了体育竞赛表演业的总规模。不同地区间拥有的场馆资源、规格差距巨大，很多地区不足以承担国际级大型体育赛事，直接降低地区体育赛事表演产业的竞争力。统计数据显示了场馆数量与举办的赛事数量之间的关系，拥有场馆数量最多的济南、青岛、烟台等地市举办赛事数量也多（详见表 12、图 19）。而济宁市拥有场馆数量排在全省第三位，但举办赛事数量却排在了倒数第三位，一方面是因为筹办第 23 届省运会新建了大量场馆，另一方面也是因为承办了省运会后，办赛热情出现下滑。

表 12　山东省 16 地市体育场馆数量与赛事数量统计表

	济南	青岛	淄博	枣庄	东营	烟台	潍坊	济宁	泰安	威海	日照	滨州	德州	聊城	临沂	菏泽
场馆数量	11237	8100	7247	4947	4123	9742	7806	9181	5481	4648	2974	7231	3552	4364	6299	4233
赛事数量	240	338	144	65	87	126	216	67	84	116	270	114	81	65	84	108

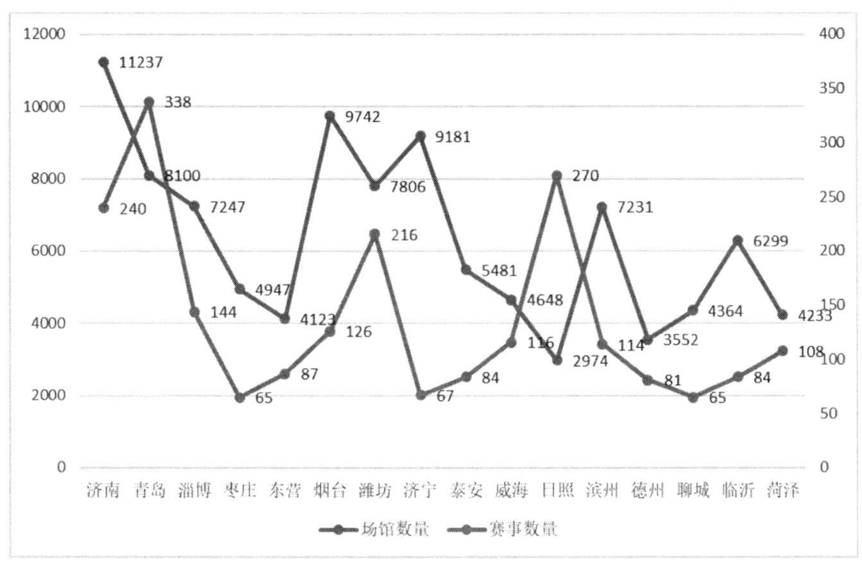

图 19 山东省 16 地市体育场馆数量与赛事数量统计图

5.4.4 区域体育产业组织数量与体育赛事数量间的关系

稳定的体育组织，特别是体育俱乐部，是体育竞赛表演产品和服务的具体提供者，也是体育赛事发展的重要保障。因此，一个地区体育组织的竞争力状况，直接影响着该地区体育竞赛表演产业竞争力水平。统计表 13、统计图 20 描述了体育产业组织与赛事间的关系。拥有的体育俱乐部数量最多的青岛、济南、潍坊三市，举办的赛事活动也分别排在了全省的第一、第三、第四位；反之，拥有俱乐部数量最少的枣庄市，举办赛事活动数量也是最少。

表 13　不同地市体育组织数量与举办赛事统计表

	济南	青岛	淄博	枣庄	东营	烟台	潍坊	济宁	泰安	威海	日照	滨州	德州	聊城	临沂	菏泽
体育俱乐部	138	387	88	31	44	98	122	99	80	58	58	76	34	28	109	34
体育产业单位	2176	3268	862	427	290	1512	1417	1078	646	2028	610	685	712	363	992	811
赛事数量	240	338	144	65	87	126	216	67	84	116	270	114	81	65	84	108

注：数据来源于四经普清查阶段数据

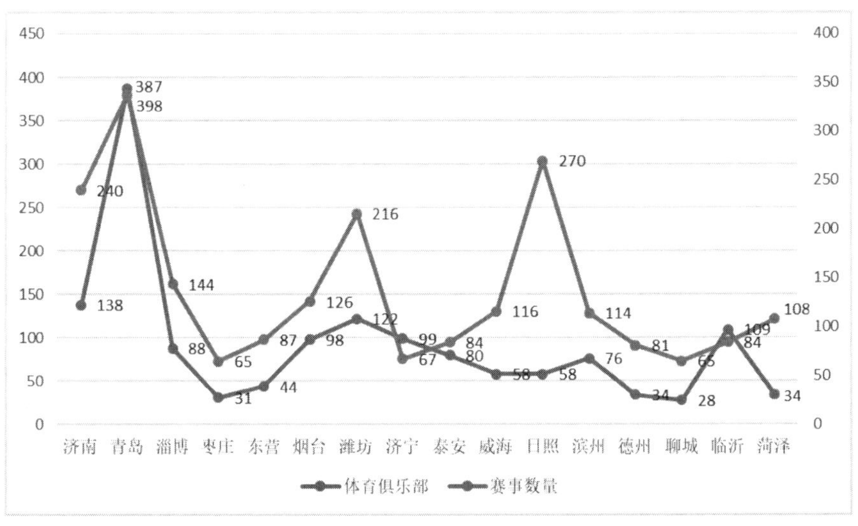

图 20　山东省 16 地市体育俱乐部数量与举办赛事数量统计图

作为体育强省，近年来山东省体育产业单位主体数量显著增长，乐陵、东大、英派斯多个国家体育产业示范单位落户山东，在推动体育用品制造业发展的同时，也为体育竞赛表演产业发展提供了保障。统计图

21 反映了 16 地市体育产业单位数与举办赛事活动数量之间的关系，拥有体育产业单位最多的青岛、济南、威海、烟台、潍坊，举办赛事活动数量也分别排在了全省第一、第二、第七、第六、第五位。

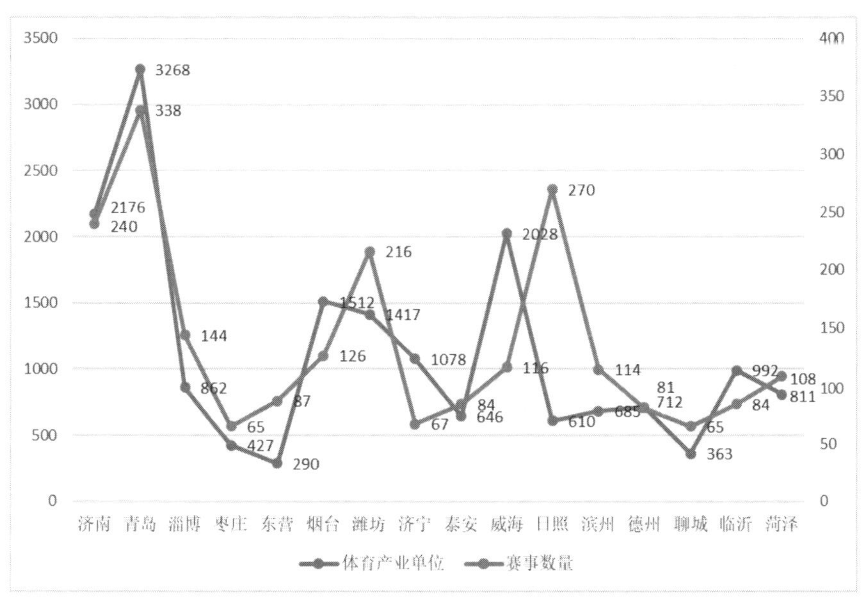

图 21 山东省 16 地市体育产业单位数量与举办赛事数量统计图

5.4.5 区域住宿餐饮业竞争力与体育赛事数量间的关系

体育竞赛表演产业作为一种集中性的节庆事件，短期内会对当地的吃住行业产生极大的依赖和持续性影响。因此，良好的吃住条件是保障赛事产业持续运作的重要保障。经过多年的积累和发展，山东省已有较好的住宿餐饮承载能力，但从区域比较看，不同区域的住宿接待能力存在较大差距。如菏泽、滨州、德州、枣庄部分城市酒店的承载能力有限，严重制约了体育赛事活动的开展和体育竞赛表演产业的发展。（见表 14、图 22）

表14 山东省16地市三星级及以上酒店与赛事数量的统计表

	济南	青岛	淄博	枣庄	东营	烟台	潍坊	济宁	泰安	威海	日照	滨州	德州	聊城	临沂	菏泽
酒店	55	96	23	18	22	88	38	37	33	55	20	14	16	22	28	12
赛事	240	338	144	65	87	126	216	67	84	116	270	114	81	65	84	108

注：酒店为三星及以上酒店；数据来源2017年山东省旅游业统计公报及山东省文化和旅游厅官网整理

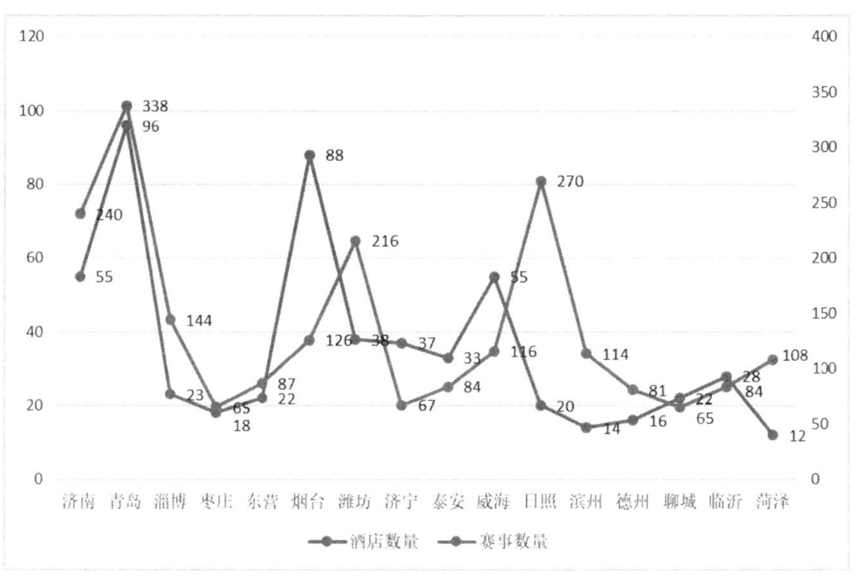

图22 山东省16地市三星级及以上酒店数量与举办赛事数量统计图

6. 山东省体育竞赛表演产业的成绩及经验

6.1　山东省推进体育竞赛表演产业发展的措施

山东省作为全国体育强省、经济强省，为贯彻落实国家加快发展体育产业的指导意见，加强顶层设计，科学谋划、多措并举，从供需双侧发力，推动体育产业发展。

6.1.1　加强规划引领，释放政策效能

2014 年以来，围绕一系列国家宏观指导政策和发展运动项目寒夜、促进居民体育消费、鼓励民间资本投资发展体育产业等专项扶持政策，山东省政府积极响应、科学研制相关政策，深入落实国务院体育产业相关政策文件，先后出台《关于贯彻国发〔2014〕46 号文件加快发展体育产业促进体育消费的实施意见》《山东省体育产业发展“十三五”规划》《关于进一步加强体育标准化工作的意见》《山东省体育领域黑名单管理办法（试行）》《山东体育服务业品牌培育创建管理办法》《关于促进体育消费十项措施的通知》等政策，从供需双侧的多个角度、多个领域规划引领体育竞赛表演产业的发展，基本形成了中央与地方政策有效衔接、相互促进的局面。通过相关政策的出台与实施，有效推动了山东省体育

产业的发展，政策效能逐步显现。

6.1.2 夯实发展基础，推进产业发展

山东省政府、省体育局先后通过投放体育产业发展引导资金、体育消费券等方式，为体育产业注入活力。2012年山东省设立体育产业发展引导资金，自设立以来累计投入近2亿元，有效撬动社会资金投资创办体育产业发展，促进了体育竞赛表演产业发展，为山东省体育产业发展提供了重要支撑。为鼓励市民体育消费行为、扩大体育消费活动、提升体育惠民消费健身场所的经营和服务水平，山东省财政安排资金专门用于居民体育消费，采取省级直补、市级配套和商户优惠的形式，掀起了全民健身热潮，实现了体育消费的提质扩容。

为解决好“去哪儿健身”的问题，山东省继续加大体育场馆设施建设力度，保障体育设施用地，满足居民健身需求。山东省各部门出台关于全民健身、公共体育场地、国民体质监测等规范性文件，体育场馆建设成效显著，夯实了体育产业发展基础。截至2019年，全省共有体育场地20.75万个，人均体育场地面积2.35平方米，高于全国0.27平方米。全民健身路径7.84万个，健身房8366个，健身步道4032个，长度1.08万公里，充分发挥了体育场地设施对体育竞赛表演产业发展的吸附作用。

与此同时，积极推进各类公共体育场馆以及现有社会、学校体育场馆向群众低收费或无偿开放。自2014年中央出台关于推进大型体育场馆免费低收费开放的政策以来，山东第一时间响应，制定《山东省体育场馆免费低收费开放省级补助资金管理暂行办法》，围绕体育场馆公共服务标准、免费低收费开放等要求，积极筹资支持大型体育场馆免费低收费向社会公众开放。2014—2016年，山东省财政已累计筹集资金12369万

元。2020 年，山东省财政厅提前下达公共文化体育场馆免费（低收费）开放补助资金 2.06 亿元，推动场馆提高运营管理能力和公共服务水平，更好满足人民群众日益增长的多层次文体活动需要。并加强监管，保障体育设施用地，缓解居民日益强烈的体育健身需求与体育场馆资源供给不足之间的矛盾，持续推动体育场馆惠民开放，为体育竞赛表演产业发展提供重要保障。

6.1.3 统筹各类资源，打造动力引擎

山东省积极搭建体育产业发展服务平台，促进体育竞赛表演产业发展。在全国率先建成了山东体育产业公共服务平台、山东体育产业资源交易平台、山东体育知识产权大数据平台，主动对接政府、企业、社会组织、公众的多元需求，提供政策建议、项目策划、信息服务、资源对接、人才培养等多样化体育产业发展促进服务。山东省体育局与山东产权交易中心联合设立山东体育产业资源交易平台，与山东广播电视台联合设立山东体育产业公共服务平台，拓宽行业合作渠道，共同搭建开放共赢的综合产业发展平台。通过组织平台发布、赛事推介会、高端体育论坛和峰会等形式，发布体育赛事资源交易信息。

成立山东省体育产业资源交易公司，为资源交易各方提供一站式服务。山东体育产业资源交易平台自上线以来，致力于体育赛事的市场开发、策划方案征集及招商，场馆运营、管理及广告招商，职业俱乐部教练员、运动员转会，体育传媒、体育培训、体育康复的策划方案征集及招商等服务，有效促进多方参与主体共同发展。截止到 2019 年 11 月山东体育产业资源交易平台共有 27 个项目进行了项目的发布，其中有 20 个项目在资源交易平台上进行长期的招商或推介。这些项目中，既有山东省乒乓球队这样的隶属于省体育局直属训练单位的招商项目；也有单

项体育协会的招商项目，如山东省篮球协会；还有以泰山国际登山节、青岛国际海洋节、济南奥林匹克体育中心等优质赛事或场馆的项目招商推介。这不仅对提升赛事服务质量有帮助，也可以有效缓解政府的赛事管理成本压力，同时也为群众体育赛事从一元管理走向多元治理提供了动力源泉，激发社会组织参与群众体育赛事的热情，提升群众体育赛事的治理效果。

积极培育领航型体育企业，打造链条一体化产业生态。成立了山东省体育产业联合会，首批会员510家。推动签署了《国家体育总局 山东省人民政府共同推进体育技术创新和产业发展战略合作协议》。有效整合了各类资源，推进了体育产业发展。成功举办首届山东（临沂）体育用品博览会，创新开展中国体育智能制造创新大赛、山东体育产业资源推介会、体育产业高峰论坛等活动。创建了16个国家级、77个省级体育产业示范基地（单位、项目）。

表 15　山东省现有国际级体育产业基地一览表

序号	类型	名称	授予时间
1	示范基地	乐陵国家体育产业示范基地	2010
2		日照经开区国家体育产业示范基地	2016
3		威海核心蓝区国家体育产业示范基地	2018
4		庆云国家体育产业示范基地	2019
5		惠民李庄镇体育产业示范基地	2020
6	示范单位	青岛英派斯健康管理有限公司	2016
7		泰山体育产业集团也有限公司	2017
8		济南奥林匹克体育中心	2017
9		济南力生体育用品有限公司	2018
10		山东英吉多健康产业有限公司	2019
11		山东一诺威聚氨酯股份有限公司	2020
12		齐鲁酒地文化发展股份有限公司	2020
13	示范项目	青岛国际帆船周青岛国际海洋节	2017
14		中国郓城会盟武术交流项目	2017
15		青岛•崂山 100 公里国际山地越野挑战赛	2018
16		“远东杯” 国际帆船拉力赛	2019
17		威海铁人三项赛	2019
18		莱州中华武校武术创意表演项目	2020

6.1.4　培育品牌赛事，引领产业高质量发展

积极开展精品赛事评选，通过品牌赛事引领体育竞赛表演产业高质量发展。为深入贯彻《国务院办公厅关于印发体育强国建设纲要的通知》《国务院办公厅关于加快发展体育竞赛表演产业的指导意见》、落实《山东体育服务业品牌培育创建管理办法》文件精神，不断完善体育竞赛的体制机制，高度重视品牌体育赛事打造。发挥精品体育赛事活动的引领、

带动作用，培育精品赛事，通过品牌赛事建设引领山东省体育竞赛表演产业发展，进一步做强山东体育竞赛表演产业，推动山东省体育竞赛表演产业高质量发展，山东省体育局开展了全省高端精品、自主知识产权和马拉松品牌赛事评选和体育服务综合体评选。开展了春节黄金周和十一黄金周体育旅游精品线路评选。全省有3个项目入选国家体育旅游示范基地和精品赛事，培育打造了日照“海滨山岳行”、环泰山徒步线路、临沂“蒙山国家登山健身步道”等知名体育旅游精品线路。打造了泰山国际登山节、潍坊国际风筝节、东营国际马拉松赛、莱芜国际航空体育节、青岛帆船周、临沂红色运动会、“起源地杯”国际青年足球锦标赛、全国健步走马拉松等一批具有一定规模和美誉度的特色品牌体育赛事。

2020年，山东省体育局体育产业发展服务中心联合山东网络广播电视台、山东省体育记者协会发起“山东省十大高端精品体育赛事”“山东省十大自主IP体育赛事”“山东省十大马拉松赛事”评选活动。评选自2020年6月中旬启动，共有49个国际级赛事、42个国家级赛事，总计1140余个赛事项目参与其中。经过初选、网络评选、各市体育部门投票、专家评审等环节，最终30项体育赛事荣膺“十大精品体育赛事”“十大自主知识产权体育赛事”和“十大马拉松赛事”，另有34项体育赛事分别获评特别奖、特色体育赛事奖。首届精品体育赛事评选活动是山东省体育服务业品牌建设的重要举措，全面挖掘全省优秀体育赛事活动，创新了体育赛事举办模式，极大地促进品牌体育赛事优质供给，为山东省体育产业高质量发展注入新动力，推动全省体育产业高质量发展。（详见表16）

表 16　2019 年山东省十大精品体育赛事

序号	赛事名称	赛事主办单位	赛事承办单位
1	第三十三届泰山国际登山比赛	中国登山协会、山东省体育局	泰安市体育局 泰安市泰山风景名胜区管理委员会 泰安市旅游局 泰安市体育总会 泰安传媒集团
2	2019 年威海铁人三项世界杯赛	中国铁人三项运动协会、山东省体育局、威海市重大体育赛事组委会	
3	2019“哥德杯中国”世界青少年足球赛（青岛）	青岛市人民政府、世界青少年足球联合会	青岛市体育局、城阳区人民政府、哥德杯中国赛事公司
4	2019 第十一届青岛国际帆船周·青岛国际海洋节		
5	2019 中国围棋大会（日照）	中国围棋协会、山东省体育局、日照市人民政府	日照山海大象建设集团
6	2019 年国际泳联游泳世界杯（济南站）	国际游泳联合会	中国游泳协会、济南市人民政府、山东省体育局
7	2019 年济南网球公开赛	中国网球协会	
8	2019 国际划联皮划艇静水世界冠军挑战赛（临沂）	中国皮划艇协会、临沂市人民政府	临沂市体育局、临沂市城市管理综合服务中心
9	2019 青岛·崂山 100 公里国际山地越野挑战赛	青岛市体育局、青岛市体育总会、青岛市崂山区文化和旅游发展委员会	青岛崂山旅游集团有限公司、青岛心同步文化体育产业有限公司
10	2019“愉悦杯”环滨州黄河风情带国际公路自行车赛	中国自行车运动协会、山东省体育局、滨州市人民政府	山东省自行车运动协会、滨州市体育局、滨州交通发展集团有限公司

表17 2019年山东省十大自主知识产权体育赛事

序号	赛事名称	赛事主办单位	赛事承办单位
1	2019"起源地杯"国际青年足球锦标赛（淄博）	淄博市人民政府主办	山东省足球运动协会、淄博市体育局、临淄区政府、山东鸿成教育科技有限公司
2	2019泰山国际户外挑战赛	泰安市体育局、泰山景区管理委员会、泰山索道运营中心、泰山区人民政府、山东省登山运动协会	山东夫如体育文化发展有限公司
3	SCBA全国体育院校篮球联赛（山东体院）	国家体育总局科教司、中国篮球协会、全国运动训练竞赛联盟	山东体育学院（国家篮球学院）、山东外国语职业技术大学
4	2019年中国大运河（台儿庄）国际龙舟赛	枣庄市体育局、枣庄市人民政府台湾事务办公室、台儿庄区人民政府	台儿庄区体育事业发展中心、台儿庄古城旅游集团有限公司
5	2019年中国·济南第7届冬季畅游泉水国际邀请赛	济南市政府	市体育局、市旅发委、市外侨办
6	"云峰对决"环球功夫大师争霸赛（烟台）	烟台市体育局、莱州市人民政府	烟台市武术协会、莱州中华武校
7	2019中国体育彩票"英雄会"国际搏击争霸赛（聊城）	聊城市教育和体育局、东昌府区全民健身运动会组委会	东昌府区体育运动服务中心
8	"齐鲁赛车英雄会"系列赛（省汽摩联）	山东省汽摩联合会	菏泽国际赛车场
9	2019年中国（日照）国民休闲水上运动会	山东省体育局、日照市人民政府	日照市体育局、日照市文化旅游集团有限公司
10	"孔子文旅"杯2019第二届朝圣之路210公里自行车挑战赛（济宁）	山东省体育局	济宁市自行车运动协会、曲阜市教育和体育局

表 18　2019 年山东省十大马拉松赛事

序号	赛事名称	赛事主办单位	赛事承办单位
1	2019 黄河口（东营）国际马拉松	中国田径协会、山东省体育局、东营市人民政府	山东省田径运动管理中心、东营市体育局
2	2019 青岛马拉松赛	中国田径协会、青岛市人民政府、中央电视台	青岛市体育局、青岛市体育总会、青岛市市南区人民政府、青岛市崂山区人民政府
3	2019 临沂国际马拉松赛	中国田径协会、山东省体育局、临沂市人民政府	山东省田径运动管理中心、临沂市体育局
4	2019 日照国际马拉松	中国田径协会、山东省体育局、日照市人民政府	山东省田径运动管理中心、日照市体育局、上海方由体育文化发展有限公司
5	2019 泉城（济南）马拉松	中国田径协会、山东省体育局、济南市人民政府	济南市体育局、济南文旅发展集团
6	2019 泰山国际马拉松赛	中国田径协会、山东省体育局、泰安市人民政府	泰安市体育局、泰山风景名胜区管理委员会、泰安市旅游经济开发区、泰山区人民政府、岱岳区人民政府等
7	2019 龙口国际马拉松	中国田径协会、龙口市人民政府	龙口市教体局
8	2019 荣成滨海国际马拉松赛	中国田径协会、山东省体育局、荣成市人民政府	山东省田径运动管理中心、威海市体育局、荣成市教育和体育局
9	2019 枣庄冠世榴园国际马拉松	中国田径协会和枣庄市人民政府	市体育局和峄城区人民政府
10	2019 菏泽（东明）黄河生态马拉松赛	中国田径协会、山东省体育局、菏泽市人民政府	菏泽市体育局、东明县人民政府、《山东商报》社

6.1.5　完善统计制度，发挥数字体育经济新效能

数据统计是体育产业发展的一项重要任务，是反映一个地区体育发展水平的“晴雨表”“风向标”。作为体现体育产业发展的核心指标，体

育产业统计数据对体育产业发展至关重要，它是了解产业现状、把握产业发展规律、查找存在问题、明确发展方向的工作基础。根据国家体育总局要求，山东省体育局以“产业状况靠数据体现、产业方向靠数据指引、产业成果靠数据评估”作为工作理念，进一步开阔思路，创新方法，完善统计制度，健全指标体系，利用各种资源和力量，不断提高体育产业统计工作的能力水平。全国首创省级体育产业统计范式，采取体育产业统计报表制度，实现省级对各市数据统一核算，并与国家产业统计并轨。

为准确判断当前我省居民体育消费特点和未来发展趋势，推动体育消费提质扩容，激发体育消费动能，实现全省体育产业高质量发展。2019 年开展了城乡居民体育消费调查，面向全省 16 地市 137 个县市区开展了山东省城乡居民体育消费调查，调研了解了山东省城乡居民的体育考费水平、消费结构、消费方式等需求的新变化和新动态。从供需双侧获取体育产业发展的基础数据，充分发挥大数据体育产业发展的驱动作用。

6.1.6 建立高端智库，健全决策咨询制度

成立山东体育产业研究院，研究院（中心）的设立顺应了国内外体育产业发展的潮流，响应了体育产业国家发展战略和山东省推动新旧动能转换的政策号召，呼应了体育与商业对接的发展趋势。研究院（中心）主动对接政府、企业、社会组织、公众的多元需求，提供政策建议、项目策划、信息服务、资源对接、人才培养等多样化体育产业发展促进服务。山东省体育产业研究院成立以来先后承办第十一届全国体育产业学术会议，与会专家、学者和研究生围绕体育消费、体育产业创新发展，区域体育产业发展，体育旅游、冰雪产业与产业融合发展，体育场馆，体育赛事、体育小镇建设，健身休闲业等主题，对体育产业领域里的最新研究成果进行了探讨。为培育壮大体育产业新动能，从体育产业入手

助推山东省新旧动能重大工程转换，以“体育产业：新旧动能转换的助推器为题”，积极承办山东社科论坛。来自国家体育总局体科所、北京体育大学、山东大学、山东财经大学、聊城大学、济南社会科学院等省内外高校及科研院所的与会代表，围绕“体育产业：新旧动能转换的助推器”这一主题进行了研讨，为进一步发挥体育竞赛表演业对对新旧动能的推动作用提供了理论指导和决策依据。

6.2 山东省体育竞赛表演产业发展的成效

近年来，山东省坚持把发展体育产业作为推动体育事业发展的重要工作来抓，通过大力推动体育赛事改革，取消商业性和群众性赛事审批，推进体育公共服务平台建设，加大激发了社会各界参办体育赛事热性，市场化运作的体育品牌赛事数量大幅增加，体育竞赛表演产业的引擎拉动作用日益凸显。根据山东省 2015—2017 年体育产业发展数据公告统计数据显示，体育竞赛表演业的总产出由 2015 年的 23.14 亿元提升至 2017 年的 98.83 亿元，增幅超过 327%；增加值由 2015 年的 12.59 亿元提升至 2017 年的 62.43 亿元，增幅超过 395%。（详见图 23）增速不仅高于全国平均增长速度（从 2016 年的 24.52% 上升到 2017 年的 39.2%。），也远高于体育产业和国民经济的发展增速。体育竞赛表演业总产出在体育产业总产出中的比重由 2015 年的 1.2% 提升至 2017 年的 4.2%，增加值由 2015 年的 2.1% 提升至 2017 年的 8.1%，体育产业结构不断优化。体育竞赛表演活动的总产出占体育产业总产出的比例，略低于上海市，居全国第二。（详见表 19）体育竞赛表演业已成为拉动山东体育产业发展的新引擎。

表 19 全国 6 省市 2017 年体育竞赛表演业发展一览表（单位：亿元）

	体育产业		体育竞赛表演活动		体育竞赛表演业占体育产业比重	
	总产出	增加值	总产出	增加值	总产出 (%)	增加值 (%)
全国	21987.7	7811	231.4	91.2	1.1	1.2
山东	2348.01	770.41	98.83	62.43	4.2	8.1
广东	3998.03	1321.86	12.63	8.84	0.31	0.67
浙江	1842.73	593.08	13.16	6.24	0.71	1.05
上海	1266.93	470.26	56.93	32.96	4.49	7.01
江苏	3585.64	1219.58	-	-	-	-

6.2.1 体育竞赛表演产业规模扩大

2014 年，国家取消“商业性和群众性”赛事审批权后，体育竞赛表演产业发展进入快车道。根据山东省 2015—2017 年体育产业发展数据公告统计数据显示，2015—2017 年山东省体育竞赛表演业发展增速显著。体育竞赛表演业的总产业已由 2015 年的 23.14 亿元提升至 2017 年的 98.83 亿元，增幅超过 327%；增加值由 2015 年的 12.59 亿元提升至 2017 年的 62.43 亿元，增幅超过 395%（见图 23）。山东体育竞赛表演产业发展不仅高于全国体育竞赛表演活动的平均增长速度（从 2016 年的 24.52% 上升到 2017 年的 39.2%。），也远高于体育产业和国民经济的增速，体育竞赛表演业已成为拉动山东省国民经济和体育产业发展的新引擎。

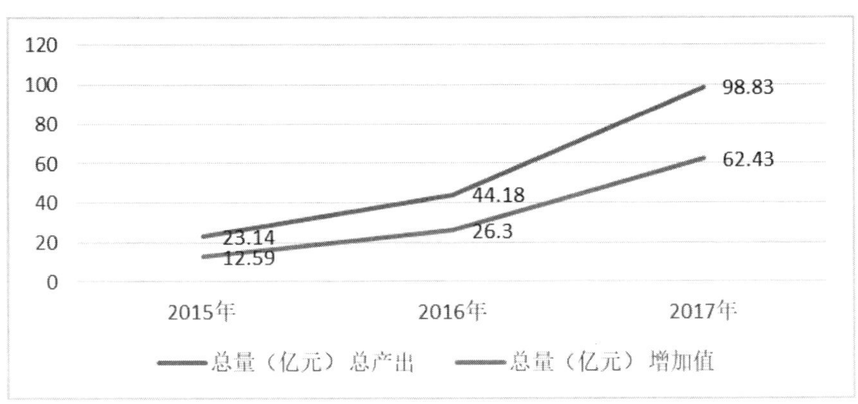

图 23 2015—2017 年山东省体育竞赛表演活动总产出、增加值增长趋势图

6.2.2 体育产业结构不断优化

随着体育赛事审批权下放，大众运动需求爆发，群众性、商业性体育赛事呈几何加速发展态势。体育竞赛表演产业所占比例持续增长，逐渐确立了体育产业主导产业的地位，进一步促进了体育产业的转型升级和结构优化。使得体育产业结构由制造业主导向服务业转型，居民体育消费结构由物质产品消费为主向以服务消费为主转型。

体育竞赛表演业是体育产业的核心产业，近年来山东省体育赛表演业的规模不断扩大，在体育产业中的比重不断加大、体育产业结构不断优化。体育竞赛表演业总产业在体育产业总产出中的比重由 2015 年的 1.2% 提升至 2017 年的 4.2%，增加值由 2015 年的 2.1% 提升至 2017 年的 8.1%，体育产业结构不断优化（详见表 20），体育竞赛表演业的主导产业地位得以确定。

表20 2015—2018年山东省体育竞赛表演产业总产出和增加值

体育竞赛表演活动	总量（亿元）		结构（%）	
	总产出	增加值	总产出	增加值
2015年	23.14	12.59	1.2	2.1
2016年	44.18	26.30	1.9	3.7
2017年	98.83	62.43	4.2	8.1
2018年	8.82	4.37	0.4	0.5

6.2.3 “体育竞赛＋”不断融合，体育产业关联效应凸现

体育竞赛表演产业作为体育产业的核心产业，具有较强的关联效应，能够融合一二三产业发展，有效带动健身休闲、户外旅游、新闻出版、餐饮住宿、交通运输等行产业的发展。尤其在助推新旧动能转换中，不断涌现出了“体育+”“+体育”的新产品、新模式、新业态，体育产业的发展空间不断拓展，辐射带动效应进一步释放，为经济增长提供支撑。在第32届泰山国际登山节投资合作洽谈会集中签约50个项目，总投资1720亿元，其中符合新旧动能转换重点发展的“十强”产业项目占到72%，体育赛事的拉动作用明显提升。

体育竞赛表演产业关联度高、融合性强，与康养、旅游、教育、文化、医疗、餐饮等产业具有较强的关联性，体育赛事在带来门票、广告、场地使用、纪念品或相关衍生品直接经济收入的同时，还能吸引企业投资，活跃投资和需求市场、对外贸易、资金和技术引进，促进文化、旅游、餐饮、传媒、零售、地产、通信等相关产业的发展，提升城市基础设施建设，带动区域经济增长，提高举山东省将体育竞赛表演与文化、旅游、会展、商贸等业态进行融合，不断拓展产业发展领域，推动“体育+”“+体育”融合发挥职能，形成了一批具有较大知名度的体育赛事

融合发展的品牌项目。扩大了举办地的知名度和影响力，为举办地带来积极的社会评价和长期的关联效应。

（1）“体育赛事 + 教育”

中央全面深化改革委员会《关于深化体教融合促进青少年健康发展的意见》的颁布为山东省进一步推动体教融合打下了坚实的基础。《意见》明确指出，深化体教融合促进青少年健康发展，要树立“健康第一”的教育理念，推动青少年文化学习和体育锻炼协调发展，加强学校体育工作，完善青少年体育赛事体系。

山东省作为体育强省需要更好的体育教育去支撑，体教融合可以为山东省体育事业源源不断地输送高水平后备人才，同时也促进了体育、教育质量的全面提升。体教融合在未来继续探索的道路上定将为山东省乃至全国竞技体育后备人才的培养和文化体育人才的培养起到应有的作用，促进山东省体育事业更好地发展，逐步形成“业余 + 职业”的阶梯融合机构。山东省每年联合举办足球、篮球、排球、乒乓球、羽毛球、田径、游泳等 7 个大项、358 个小项的全省大中小学体育联赛，年度参赛学生已超 20 万人。

（2）“体育赛事 + 旅游”

“体育 + 旅游”融合发展已成为一种趋势和潮流。随着人们强身健体意识的增强以及对体育赛事热情的高涨，体育旅游的市场逐年扩大。体育赛事旅游属于传统节事旅游 (事件旅游) 的一种，与传统的自然旅游资源、人文旅游资源相比较，具有自身的特点和优势。“体育赛事 + 旅游”市场，两方强势联合，产生了 1+1>2 的效果。体育赛事的黏性可以提升旅游重复率。运动员、球迷粉丝、工作人员将自己的成功、荣耀、激情、经历留在了举办地，这些珍贵回忆促成他们对举办地产生“场所依恋”进而故地重游，这是体育赛事留给举办地的无形资产。波士顿马拉松经历百年，它的参赛者 6 成以上都是重复参赛选手。他们在参赛和观赛结束后，大部分会就地开展旅游活动，或观赏名胜古迹，或品尝特色美食，或拜访老友故交，这有效提升了体育赛事的综合价值，促进了当地的旅游发展。[①]

大型的体育赛事给举办城市带来的旅游效应，不仅仅限于赛事举办期间所创造的效应部分。对于主办城市方来说，通过大型的体育赛事活动吸引各方旅客所带来的信息，往往能够从中发现很多的规律和商机，并由此进行新的旅游产品和项目的开发。山东省有 3 个项目入选国家体育旅游示范基地和精品赛事，培育打造了日照“海滨山岳行”、环泰山徒步线路、临沂“蒙山国家登山健身步道”等知名体育旅游精品线路。开展了春节黄金周和十一黄金周体育旅游精品线路评选。日照市通过举办系列体育赛事吸引旅游人数突破 1300 万人次，拉动旅游收入近 80 亿元，同比增长 14.3%。2019 年 9 月 7 日由泰安市人民政府主办的全国全民健身登泰山万人徒步行，12000 名参赛选手，带动的主要产业链有旅游、住宿、餐饮、娱乐，折合人民币约为 1 亿元。青岛 2019 世界休闲体育大会分为休闲体育大会、休闲产品博览会、休闲高峰论坛和休闲文化艺术节四大部分，会期横跨 6 个月，陆续举办 20 余项赛事活动，促进当地经济、文化、产业、旅游等产业协同发展。烟台葡萄酒马拉松、菏泽牡丹园马拉松、枣庄石榴园马拉松等对当地特色产业起到了重要的宣传推介作用。

（3）“体育赛事 + 文化”

体育就是新风尚、体育就是新时尚。体育赛事与文化深度融合，现

① 常任琪．“一带一路”背景下西安市体育赛事发展的机遇、问题与发展路径 [J]. 河北体育学院学报 ,2020,34(4).

代社会，文化对体育竞赛的影响也越来越深刻，甚至已全面渗透到体育比赛的申办和举办过程中。山东省将观赏性较强的运动项目作为突破口，创作开发了体现山东优秀文化、具有山东特色的体育竞赛表演精品。支持举办各类体育庙会、表演赛、明星赛、联谊赛、对抗赛、邀请赛等，推动体育竞赛与文化表演相结合，打造武术、围棋、象棋、龙舟等具有民族特色的体育竞赛表演品牌项目。如今，体育节目已成为最受欢迎的电视节目之一，体育栏目已成为网络、报纸等媒体最受关注的栏目之一。媒体凭借体育带来的受众群体的扩展进行市场运作，特别是围绕赛事转播和赛事新闻报道的广告产业的发展，为传媒产业带来了巨额财富。许多大型综合门户网站也都建立了自己的体育频道，利用互联网络提供相关的体育赛事资讯、进行重大体育赛事的直播和转播，并拥有很高的点击率。而现如今 5G 网络和智能手机 App 的不断普及，使得随时随地观看全球性、区域性的大型体育赛事成为可能，其受众资源丰富、信息传播方便、互动广泛迅速的优势特征更能迎合受众的体育消费需求，有效扩大了体育赛事的推广效应，并且向着规模更大的体育文化产业发展。山东省体育局与山东广播电视台联合签署战略合作协议，搭建海看体育平台，重点围绕体育赛事服务支撑、体育新媒体渠道的传播等方面开展战略合作。山东省 52 个项目获得中国体育文化。体育旅游博览会体育旅游精品项目。

（4）“体育赛事 + 娱乐。

体育赛事与娱乐的融合，观众看到的不再只有简单的身体碰撞，当踏入赛场的那一刻，热情洋溢的音乐、璀璨夺目的灯光、精彩绝伦的表演、紧张的赛事氛围的营造，让观众们完全享受其中。在体验经济时代，消费者都极其愿意为精神上的愉悦享受而买单，这也导致社会上的各类赛事层出不穷。

迷你马拉松在中国逐渐风靡，四季跑、Color Run 等带较强娱乐性质的体育赛事异军突起；徒步、龙舟赛、广场舞、轮滑等许多充满趣味性的赛事数目与日俱增；3V3 趣味篮球赛、五人制趣味足球赛等越来越受到欢迎；体育项目娱乐化的赛事让不具备专业或高水平运动项目技能的人参与体育。在工作压力大、生活节奏快的环境中，现代人希望通过参加娱乐性的体育活动来放松，在体育活动中添加娱乐性的元素来满足精神需求，彰显个性，追求休闲健康的生活方式。

（5）“体育 + 医养健康”

医养健康产业作为山东省新旧动能转换十强产业之一，是深化供给侧结构性改革，加快新旧动能转换的重要抓手，是满足人民群众对美好生活需要的重要保障。2019 年国务院发布《关于实施健康中国行动的意见》，提出加快推动从以治病为中心转变为以人民健康为中心，动员全社会落实预防为主方针，实施健康中国行动，提高全民健康水平。山东省积极开展体育康养示范点创建方案和标准研制工作，依托山东大学体育学院和省立二院、省中医二附院康复中心筹备成立山东省运动康养协会，目前意向会员已有 168 家。“体育 + 医养健康”的跨界融合，催生了健康管理、智慧医疗、健康旅游等新业态，也催生了诸多“体育 + 康养”的综合体，如日照中加国际健康管理中心，建成了国内首家中西医融合、体育结合的国际化医学干预健康管理机构。发展会员 7000 余人，在线慢病管理服务 30 万人次，线下干预 10 万余人次，服务乡村社区 563 个，健康教育覆盖人群 50 余万人次。

6.2.4 “放管服”改革不断深化

为深化“放管服”改革，省体育局积极搭建促进体育产业发展的各类服务平台，通过组织平台发布、赛事推介会、高端体育论坛和峰会等形式，发布体育赛事资源交易信息，有效推动了社会力量参办体育赛事活动。与山东广播电视台联合设立山东体育产业公共服务平台，提供体育运动场馆预定、全民健身赛事服务、精品赛事活动直播、点播、山东IPTV 海看体育专区等服务。省体育局与山东体育学院共建了山东省体育产业研究院、与山东产权交易中心联合设立了山东体育产业资源交易平台、主动对企业、社会组织、公众的多元需求，提供政策引领、项目指导、资金扶持、信息服务、资源对接等多样化的体育产业发展促进服务。2019 年启动山东省十大精品赛事评选活动，发挥了精品体育赛事活动的引领、带动、辐射作用。

（1）“放管服”改革不断深化，体育竞赛表演业的发展环境得到优化

国家体育总局发布《关于推进体育赛事审批制度改革的若干意见》，明确指出“体育行政部门要简政放权、转变职能、放管结合，取消群众性体育赛事审批权，让各种体育资源‘活’起来，让更多的社会主体参与群众赛事治理，适应群众多样化、个性化健身需求”。国务院办公厅《关于促进全民健身和体育消费推动体育产业高质量发展的意见》中提出：深化“放管服”改革，释放发展潜能。通过深化单项体育协会改革，将各协会主办的体育赛事活动资源、培训项目等，符合条件的都要通过公开方式交由市场主体承办。鼓励将赛事活动承办权、场馆运营权等通过产权交易平台公开交易。

（2）积极搭建体育产业发展服务平台，体育赛事执行公司不断涌现

随着我国体育管理体制的改革与完善，体育赛事正逐步由“政府办”向“社会办”的运行模式转变，体育赛事的办赛主体呈现多元化发展趋势，从以体育部门为主，向体育部门、行业协会、公司、其他组织、个

人等多元主体交叉联合、共同参与的方向发展。体育产业发展需要发挥市场配置资源的作用，培育多元市场主体，鼓励社会力量参与，打造一批具有国际竞争力的知名企业和国际影响力的自主品牌，扶持一批具有市场潜力的中小企业。在政策红利驱动下，社会力量办赛更加普遍，越来越多专业化的赛事运营公司和中机结构涌现出来。如济南阳光体育、亿泽辉、赛势、乐动体育赛事、奥泰、经纬体育赛事策划公司；笔者通过企查查平台，以体育产业为检索词，查询到 2094 家体育赛事相关公司，体育市场主体不断壮大。

6.2.5 体育产业发展引导资金的杠杆效应不断彰显

体育产业引导资金是政府根据体育产业发展的政策规划，以政府财政资金和体育彩票公益金为资金来源，旨在引导社会各类资本扶持具有市场前景和体现体育产业发展战略的企业或项目，通过间接参与市场化运作的方式，调节体育产业结构不合理和体育资源配置市场失灵的专项资金。山东省在全国较早设立了的体育产业发展引导资金，通过财经资金的杠杆效应，撬动社会力量投资参办体育产业，有效推动了体育产业的发展。山东省自 2012 年设立体育产业发展引导资金以来，累计投放近 2 亿元，先后重点支持的泰山国际登山节、威海铁人三项、东营马拉松等赛事活动，有效提升了赛事品牌价值、规模，丰富了赛事内容。2019 年支持 12 项重点赛事活动开展，撬动社会资金投入体育赛事效果显著。2019 年省级体育产业专项引导资金投入 2000 万元，扶持了 68 个优质体育项目，截至 2019 年底累计投入资金 1.77 亿元，扶持了 400 多个优质体育产业项目，在吸引社会资本投入方面发挥了很好的作用。

6.2.6 居民体育消费潜力不断释放

体育消费作为健康消费方式，被赋予了释放内需潜力、推动经济转型升级、保障和改善民生的重要意义。根据国家统计局公布数据显示，2018 全年全国居民人均消费支出 19853 元，比上年增长 8.4%。2013 年、2014 年、2015 年体育消费的人均支出额分别为 593 元、645 元、926 元，平均年增幅 28%，体育消费支出增幅明显高于人均消费支出（见图 24）。率先开展居民体育消费调查统计的江苏省数据显示，2018 年全省城乡居民人居体育消费支出 2382 元，相比 2017 年的 2028 元增长 17.5%。根据国家统计局公布的数据显示，全国居民人均体育健身活动支出同比增长高于医疗服务、旅游住宿、交通支出等增幅。

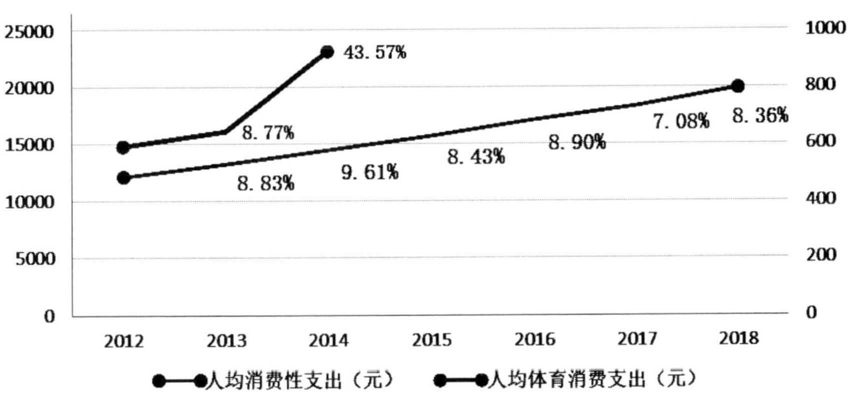

图 24　近年来人均消费支出与体育消费支出额及增幅折线图

体育消费水平是指按一定人口平均的体育实物消费资料和体育服务消费资料的消费数量，反映了一定时期内人们体育消费需要的实际满足程度，即人们实际消费的体育消费品数量的多寡和质量的高低。根据调查结果统计，2019 年山东省城乡居民体育消费支出为 2049.8 元，其中体育消费支出水平最高的是青岛市，为 2878.94 元；支出水平最低的是聊城市，为 1785.2 元。

7. 山东省体育竞赛表演业的问题与不足

伴随着山东长期的经济高速发展和全民健身的热潮，山东省体育赛事发展步入了快车道，取得了长足的发展。但是在快速发展的同时，也面临着不少问题，遭遇了一些困境。通过与发达国家和先进省市的对比分析，可以发现山东省体育竞赛表演业发展存在有效供给不充分、总体规模不大、办赛经费来源单一、办赛成本较高、大众消费不积极等发展瓶颈问题。笔者从宏观、中观、微观三个层面分析山东省体育竞赛表演产业发展存在的问题及原因，发现：在宏观层面，机制的障碍造成的有效供给不充分问题依然突出，世界著名品牌赛事依然较少，城市举办大型体育赛事的巨额直接成本、间接造成的安保风险、对居民正常生活的干扰等问题也需要改善。在中观层面，许多城市的体育竞赛表演产业市场开发仍以政府投入为主，缺少地方政府、相关职能部门、企业、社会组织、城市居民聚合的内生动力。体育竞赛表演企业研发和创新能力有限，经营管理水平不高，导致品牌附加值开发有限，以致无法有效服务市场。微观层面，公众体育消费意识仍有较大提升空间，养成稳定的观赛习惯、打造城市体育赛事发展氛围还有诸多问题需要破解。

7.1 赛事有效供给不充分，品牌赛事稀缺

体育竞赛表演业起步晚，体育竞赛表演产业总体规模不大，体育赛事经营管理水平不高，运营内容单一、对大众体育消费需求和体育市场的把握不准，可选择的能够满足个性化需求的体育消费项目不多。相比职业体育发达的国家，许多城市几乎天天有赛事，而我们仅有少数城市才有职业体育俱乐部，而且周末才有赛事，职业赛事数量少、质量不高。有效供给不充分，体育赛事办赛规模有限且比赛项目单一，很多运动项目还没有职业联赛。从调研情况看，全省还没有稳定的国际高端品牌赛事，大众可选择的能够满足个性化需求的体育消费项目不多。诸如世锦赛、世界杯等竞技水平高、品牌价值大、市场前景广的大型单项体育赛事少之又少。个别赛事活动甚至出现一些赛事活动报名人数过少，为充场面、撑门面，高价请选手、花钱请观众。低效无效体育竞赛表演产品供给盛行，有效供给严重不足，导致供需结构错位。

7.1.1 有效供给不充分，区域项目发展不平衡

相比中国老牌体育强省，山东省体育竞赛表演产品总体供给仍显不足。主要体现在以下几个方面：

（1）大型稳定性赛事数量不足。近年来，随着“互联网＋体育”的深化，以及体育赛事行政审批的取消，中国体育赛事的数量快速增长，民间资本、民间体育社团表现出极大的办赛热情，群众性体育赛事也发展迅速。例如，近年来快速发展的马拉松、自行车等大型群众性体育赛事的数量迅速增加，产业规模不断扩大。

山东省体育产业规模不断扩大，产业增加值不断增加。与之相呼应

的是以竞赛表演活动为核心的体育服务业所占比重显著增长，体育产业结构日趋优化。但是，山东省体育竞赛表演产业发展主体地位仍不够突出，在体育产业中所占比重不高，滞后于体育相关及外围产业发展。相比欧美发达国家城市依然滞后。体育产业结构失衡、竞赛表演产品与服务有效供给不足、关联产业融合度低等是削弱山东省体育竞赛表演业发展后劲的因素之一。

（2）缺乏地域性的职业联赛。提高一个城市体育竞赛表演业的竞争力，除了申办一些国际重大体育赛事外，打造高水平的职业体育俱乐部，提供长期稳定的职业体育赛事是非常必要的。因为大部分国际重大体育赛事的举办是流动性的，对举办城市的影响是短暂的。所以，真正对一个城市能产生稳定、持久影响的赛事还是职业体育赛事。笔者通过对山东不同类别赛事活动分析，目前山东缺乏职业联赛，影响了山东省体育竞赛表演产业的发展。

（3）区域项目发展不平衡。山东省体育竞赛表演产业的发展仍以青岛、烟台、威海、日照等沿海城市为主要依托，伴随经略海洋与海洋强省建设的推进，沿海地市海洋赛事蓬勃发展，与此同时，除东部沿海之外的地区体育竞赛表演产业发展较为滞后，无论是在赛事运作理念、赛事活动数量和规模，还是赛事运作机制的探索和完善等方面，均存在不小的差距，区域发展差异十分明显。2017年，我国体育产业的总规模为21988亿元，在国内生产总值中占比1%，其中体育健身休闲活动规模与体育竞赛表演活动规模的比例约为72比28，竞赛表演产业占比偏低，总量不大。此外，中国的体育体制主要以举国体制为主导，市场化程度有待提高。在这种体制下较容易偏重普及程度较高成绩较好的项目，其制度建设也会相应紧随，而普及不够好的项目受到冷落，相应制度建设也会滞后。目前国内除了足球、篮球等少数项目走上职业化发展道路外，其他项目尚未形成一定的职业市场。体育发达国家如美国约有 20 个体育项目进入市场，其棒球、篮球、美式橄榄球、冰球和足球 5 个项目拥有近 800 支职业队伍，其中参加五大联赛高水平竞赛的商业队伍就达到 131 支。相比之下，我国体育竞赛表演产业的市场化、产业化程度还较低，制约了体育竞赛表演产业健康、可持续发展。

7.1.2 品牌赛事稀缺，赛事影响力、吸引力有待提升

国际大型体育赛事作为城市发展与营销、推动城市建设、满足城市居民精神文化需求的重要方式，备受国内外政企高度关注。近年随着经济发展，国际知名体育赛事纷沓而至，将我国承举办大型体育赛事的热潮推向了新的顶峰，承举办国际体育赛事无论是数量还是办赛规模，都达到了前所未有的高度。山东作为体育强省，在赛事的承举办上名列前茅，赛事的级别也稳步提高，2019 年承办国际赛事 49 次。虽已形成了黄河口国际马拉松赛、潍坊国际风筝节、泰山国际登山节等一批自主特色品牌赛事，但存在品牌赛事数量少、赛事规模偏小、影响力不足等问题。山东省目前还没有稳定的国际知名品牌赛事，在职业体育联赛方面缺乏具有深厚传统底蕴和强竞争力的职业体育俱乐部，且在象征着城市和地区文化名片的自主品牌赛事方面与同类省市也存在着差距。大型流动性赛事办赛历史经验尚浅。山东省还没有举办过洲际运动会的历史，更没有举办过奥运会，各单项世锦赛的举办经历也是落后于广东、江苏等同类体育强省。2019 年上海举办的 12 项具有代表性的重大体育赛事如 F1 中国大奖赛、上海 ATP1000 大师赛、上海国际马拉松赛、汇丰冠军赛、国际滑联上海超级杯等共带来 30.9 亿元的直接消费，相关产业拉动效应超过 102 亿元，税收收入 7.56 亿元，12 项具有代表性的重大体育

赛事对第三产业的拉动效应达 61.08 亿元，占比 59.9%

体育竞赛表演企业自主创新能力不强，研发投入力度不足，品牌附加值低，缺乏品牌赛事引领。在体育赛事赞助价值评估课题组评选的 2019 年最有赞助价值的 100 项赛事中，国家级占 39 项，北京占 17 项，上海占 22 项，广州占 5 项，深圳占 9 项，成都 8 项，山东 0 项。（详见图 25）与国际品牌赛事比较，差距更是巨大。不管是福布斯最具品牌价值赛事榜单，还是英国 *SportPro* 最值钱的体育品牌赛事，本土赛事无一入选。

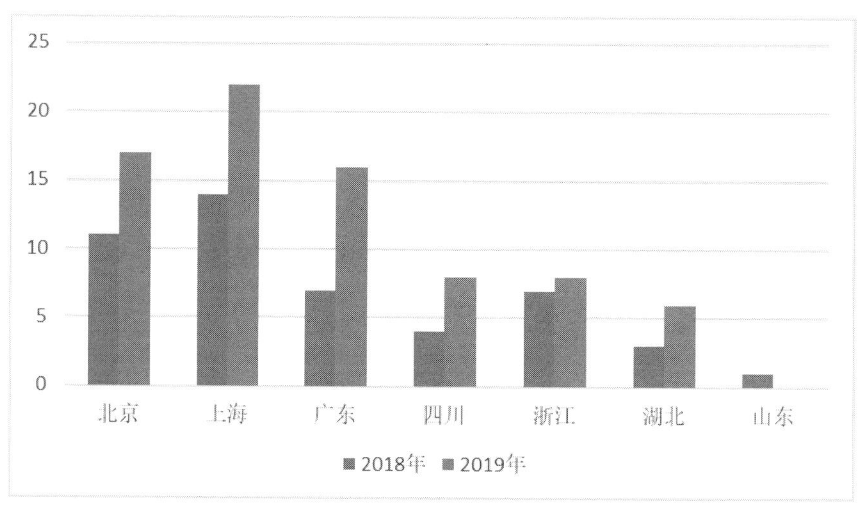

图 25　2018—2019 年不同省市入选最具赞助价值赛事的数量统计图

作为第一项取消商业赛事审批权的马拉松赛事，互联网和行政审批取消带来的是办赛成本的降低，供给侧的马拉松赛事规模增速显著。近年呈现出井喷式增长，赛事数量已由 2011 年的 22 场增长至 2019 年的近 2000 场。在最具赞助价值的马拉松单项赛事评选中，山东省入围 5 项，江苏省入围 17 项，浙江省入围 8 项，广东省入围 7 项。（详见图 26）统计数据可以看出，山东品牌赛事数量较为稀缺。

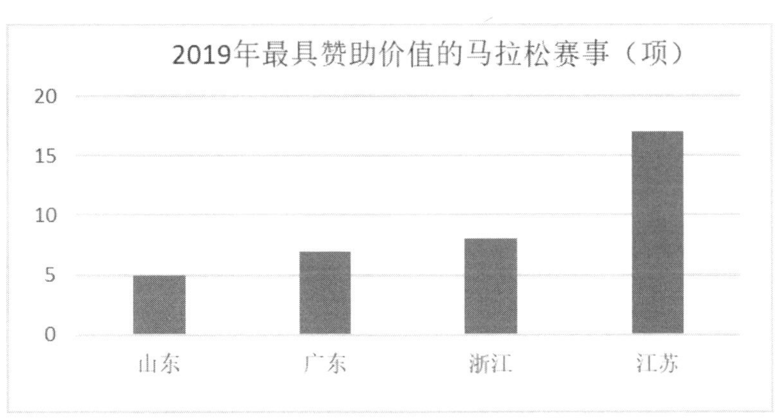

图 26　4 省市入选全国最具赞助价值的马拉松赛事数量统计图

2019 年山东省评选了 10 的精品赛事，但大多数赛事是群众性赛事活动，尚未纳入全国精品赛事的评价范畴，在全国的知名度和影响力仍有待提高。缺少国际顶级赛事，群众性体育赛事的引领性不强，与市场需求脱节严重，无法满足人民群众日益增长的多元化、个性化参赛、观赛的消费需求。

7.1.3　缺乏有竞争力和文化底蕴的职业俱乐部和知名运动员

山东世界级体育明星不足是制约山东省体育竞赛表演产业竞争力水平的一个非常重要的因素。因为目前中国体育赛事很大程度上还依靠明星来聚敛人气，需要知名运动员的参赛，提升比赛的观赏性，吸引新闻媒体、赞助商和观众的关注。如果赛事缺乏本土选手的参与，受关注的程度就会大大降低，从而导致赛事的商业价值大打折扣。相比大型流动性赛事对举办城市短期的影响而言，以本土职业体育俱乐部作为参赛主体的职业联赛发展对城市的影响会更加稳定和持久。国内开展职业联赛的几个运动项目，虽有山东泰山、山东西王等职业俱乐部参赛，乒乓球超级联赛的参赛队伍中曾一度有四分之一球队落户山东，但相比国际知名俱乐部而言，省内俱乐部的文化底蕴和核心竞争力有待加强，冠名权的经常性变动，也影响到俱乐部品牌价值。在广告和赞助上，各俱乐部没有发挥出自身的优势，使得地位被动，而赞助商的赞助时间短，经常更换，缺乏长期的经济资助。在开发体育产品上，俱乐部把主要精力都投入到了球队的竞技能力上，而忽视其外围的产品的开发，同时俱乐部管理人员缺乏经营意识，使得经营效果不佳。

7.1.4 文化内涵挖掘不足

体育竞赛表演业融合发展过程中，运动文化的渗透延伸价值易被忽视，造成运动文化内涵与赛事相脱节的现象，难以延用运动文化效应促进产业聚合。大多赛事只停留在比赛的生产举办环节，产业链过短，未重视运动文化内涵附加值，供应与营销环节中重经济轻文化的现象仍存在。赛事文化体验、观赛参赛型旅游、赛事金融产品等竞演业多功能性开发不足，与关联产业联系不紧密。

科技元素尚未全方位渗透到赛事推广、智能场馆、赛事信息处理系统及风险管理系统等方面，例如 NBA 联赛采用最新科技手段与赛事数据信息融合，呈现出赛事数字化、细节化和全面化特点，而 CBA 将现代科技嵌入数据分析的意识落后，没有建立利用高科技产品的数据分析库，赛事数据及查询系统有待完善；其次，竞演业科技产品形式单一、趣味性不强，协同供给还停留在初级阶段，导致智能赛事的消费需求还未真正打开。①

---

① 方萍，史署生．体育竞赛表演业融合发展的动力机制及实现路径 [J]. 体育文化导刊，2020,5.

7.2 收入来源结构单一，办赛成本较高

举国体制为促进我国体育竞赛表演业的快速起步和超常规发展发挥了至关重要的作用，这是我国体育竞赛表演业最大的竞争优势。但是，随着我国体育事业的不断发展和市场经济体制的逐步确立，原有体制的一些弊端也逐渐显露出来，如赛事只注重投入，不计较产出，只重视社会效益，不关心经济效益等。从市场化程度来看，体育竞赛表演产业尚处于起步阶段，市场发展不成熟，还没有形成稳定的盈利模式，虽然社会力量参与办赛的热情很高，但是行业体育竞赛表演产业的市场化运行机制不健全。能够直接盈利的赛事凤毛麟角，众多赛事自身造血能力不强。山东省体育竞赛表演业面临着可持续发展的问题。赛事运营中，相当部分运营内容单一，运营机构缺乏市场意识、经营意识，忽视市场规律、观众需求。

7.2.1 收入来源单一，以财政拨款为主

转播权、广告赞助以及门票和衍生品销售是职业和竞技体育赛事的三大收入来源。结合我国和山东省赛事发展现状来看，目前大部分赛事仍处于花钱买转播的境遇，电视转播收入缺失；现场观看比赛观众少，场馆上座率低，门票收入整体偏低，山东省赛事收入主要依靠商业赞助，收入来源单一。影响力较弱的赛事为了寻求企业赞助，还要自掏腰包请电视台转播以满足提升赞助商知名度的诉求，竞演业资金链自主创造能力偏低，造成过度依赖赞助商的窘迫局面。

根据海外经验，转播权在体育赛事运营收入中占比通常最高。以英超、温网、NBA 等不同领域的顶级体育赛事为例，转播权收入的占比往

往在40%—50%之间，其次是赞助收入和门票及衍生品销售。转播权、广告赞助、门票和衍生品销售通常呈现出4:3:3或5:3:2的营收占比格局。与之不同的是，我国的体育赛事收入绝大部分来自于广告赞助收入，占比一般在70%以上，而转播权收入占比通常不超过10%，收入结构非常不均衡。相比国外电视转播40%的收入占比，而国内却是负数。赞助收入约占总体收入的30%，国内占比高达70%，门票占比跟国内相当。(详见统计图27)根据2017年足协公布2016赛季中超财务概况，剔除球员交易后，中超俱乐部收入构成就有了更明显的体现，商业赞助几乎占了中超俱乐部的绝大部份收入，占比为72%，球票以及赛事收入总共仅占总收入的20%，收入来源单一。2019赛季山东鲁能泰山足球队到目前为止已经经历了九个主场，上座率可以说并不高。九个主场，156230人次，场均17358人。济南奥体中心体育场有6万坐席，平均每场空座率达71.07%。现场观看比赛观众少，门票收入水平较低。同期广州恒大淘宝队的场均上座人数约为4.5万人，场馆容量为6万人，上座率达到75%，位列中超第一，放眼世界足坛所有球队中，广州恒大的场均上座人数排名第26，观赛人数众多。除去安全考虑限制观赛人数外，且在鲁能球票价格更低的条件下，鲁能主场上座率低于恒大的主要因素为比赛的精彩程度，球迷群体的消费能力、观赛体验及天气环境等。具有极强观赏性的竞赛表演赛事版权的开发价值严重被低估，与体育旅游、媒介、广告、会展、影视等相关业态融合的衍生品不丰富，利用网络宣传平台的互动交流未形成，耦合城市重要事件、节庆活动与赛事进行多样化的运作较少，无法吸引受众形成稳定的消费习惯。仅仅依靠“赞助商投入+门票收入”的单一盈利模式亟待升级，市场资源未能有效衔接，难以形成合力。

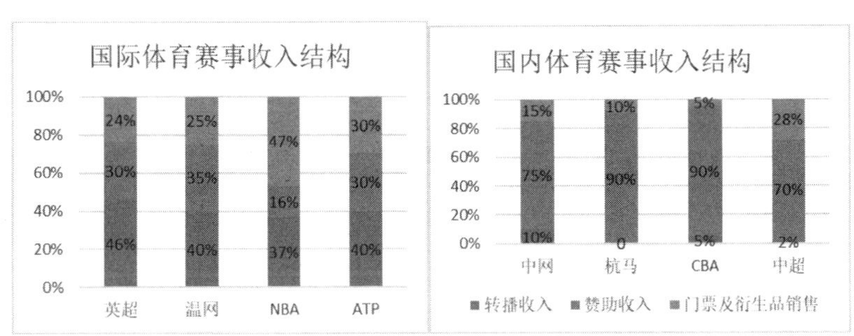

图 27 国内外体育赛事收入结构比较

东营黄河口马拉松作为国际田联的“金标赛事”，也是国内继北京马拉松、上海马拉松、厦门马拉松、扬州鉴真半程马拉松第五个获此殊荣的国内马拉松赛事。2019 年该赛事共收入 1800 万元，其中政府部门支持金额 813 万、赞助商（包含实物）赞助经费 987.69 万，财政性收入约占 46%，赛事市场开发不足。2019 年黄河口（东营）汽车场地越野赛，赛事收入为财政补助 60 万、社会资本 46.13 万元（赛事收入仍以政府财政补助为主）。聊城“英雄会”国际搏击争霸赛，赛事收入总收入为 79 万，其中财政核拨经费 20 万，体育彩票公益金 30 万，上级补助 15 万，共计 65 万，其他收入来金额为 14 万。财政性资金收入占总收入 82%，市场开发不足市场化程度不高。“滨州杯”全国青少年足球邀请赛赛事收入：财政补助 60 万，参赛缴费 50 万社会赞助仅 2 万。

在赛事的形象衍生商品研发方面，除了传统的赛事冠名权之外，其他赛事形象的相关资源研发销售却不甚理想。许多大型体育赛事运作管理机构都一致认为体育竞赛表演市场仍有待成熟化，大众未能养成购买赛事衍生商品，譬如赛事标志、纪念物等商品的习惯，所以就逐渐忽视了相关形象衍生商品的研发与销售。据有关数据资料表明，有 51.62% 的受调查者在观看大型体育赛事时购买过赛事纪念品或吉祥物，8.56% 的受调查者对体育赛事的纪念品或吉祥物不感兴趣，这也表明赛事形象衍生商品的开发市场空间依然十分巨大。

7.2.2 办赛成本较高，安保、场馆租赁费高

大型体育赛事的成本主要包括购买电视转播权、租赁场馆场地及赛事安保等方面支出。尽管《体育强国健身规划纲要》《关于加快发展体育竞赛表演产业的指导意见》等政策文件明确指出，要降低体育赛事活动安保成本，积极探索建立体育场馆安保等级评价制度，但相关政策见效缓慢。社会力量举办体育赛事，在大型场馆租用、安保消防服务、电视转播服务等方面，都还没有完善的标准化、社会化、商业化服务，一场赛事需要与公安、消防、市政、城管、卫生、工商、交通、广电等很多部门协调，处处审批，导致办赛成本极高。总体上看，山东省绝大多数体育竞赛表演企业处于亏损状态，还没有真正具有全国以上级别赛事运作能力的专业体育赛事运营公司，许多企业举步维艰。

2019 年 3 月 12 日鲁能泰山队与日本球队比赛中，200 多名武警保护十多名日本球迷的画面，令人过目不忘。在北京某知名体育场馆，一场足球比赛场地租赁费就 50 万元，安保费用更是要 100 多万元。济南奥体中心体育场每年按场次收取山东鲁能泰山足球队的场地租赁费，一场比赛大约 10 万—20 万，一年 20 多场比赛，场租大约 200 万—400 万。2019 年第二届“济南华山湖半程马拉松”于 10 月 19 日开跑，比赛设半程马拉松、迷你马拉松等项目，赛事总参赛人数约为 20000 人，济南市公安局将该项赛事安全风险定为红色等级，投入多达 2.68 万余人的安保力量确保赛事安全进行，其中包括公安民警、武警官兵、警校学员、保安员共 1.48 万余人，以及社会安保力量 1.2 万余人。2018 年由中国乒乓球协会、中央电视台体育频道主办，国酒茅台、中国联合网络通信有

限公司承办的中国乒乓球俱乐部超级联赛在滨州市开赛，本届赛事活动专职从业人员 2 人，兼职（临时）从业人员 120 人。其中，裁判员 18 人，安保人员 100 人，志愿者 0 人，医护医疗人员 2 人，参赛选手 150 人，现场观众 1500 人。（安保人员过多）黄河口（东营）国际马拉松赛事活动的总支出成本为 1168.28 万元。赛事保障为 396.22 万元。（赛事安保成本高）“庆华健身杯”山东省健美健身锦标赛，总支出成本为 50 万元，其中，用于场地租赁 20 万元，用于安保费用 3 万元。两者占总成本的 46%。日照市山东省山地自行车比赛，此次赛事活动的总支出成本为 16.5 万元。其中，用于场地租赁 5 万元，用于安保费用 3 万元，两者大约占总成本的 50%，成本较高。赛事收入主要依靠政府核拨经费 16.5 万元，收入来源单一，市场化运作程度较低。枣庄全国方块舞总决赛，本届赛事活动的总支出成本约为 50 万元。其中，用于体育赛事宣传 5 万元，用于场地租赁 20 万元，用于安保费用 5 万元，两者占总成本的 50%。

7.3 赛事中介机构发展滞后，赛事运作复合型专门人才缺乏

7.3.1 体育赛事中介机构发展滞后

体育中介机构作为体育行业协会和体育产业市场沟通的桥梁，体育竞赛表演的市场化发展，需要有较高层次和一定规模体育中介市场，体育市场中介是体育市场繁荣发展的必然产物。体育中介机构在赛事承办中发挥着举足轻重的作用。从英美等体育产业较为发达的国家看，体育中介由于具有联系市场供需双方、促成交易和监督交易的功能，对体育资源的优化配置、体育市场规模扩大和产业发展绩效提高具有重要助推作用。一般来说，判断竞赛表演市场是否形成可以间接地看体育中介数

量的多少和质量的高低。近些年来，山东省举办的各类赛事数量快速增长。但与之形成鲜明对比的是，尚未形成成熟的开发体育竞赛的中介市场，山东省体育中介机构数量少、规模小、经营程度不高，体育中介机构作为体育行业协会和体育产业市场沟通的桥梁，并没有起到降低体育竞赛表演的成本、优化市场环境的作用，中介机构在推销体育赛事产品、提供咨询与宣传等营销活动中的优势并未显现，一定程度上也影响了体育竞赛表演产业的市场开发程度。

7.3.2 赛事运作复合型专门人才缺乏，赛事部分工作人员素质还有待进一步提高

大型体育竞赛表演赛事的运作、职业体育俱乐部的运营等都离不开一批既懂经济管理、又具备专业体育知识素养的体育产业经营与管理人才。人才短缺是突破产业整合瓶颈、促进产业链整合的重要因素，复合型人才的匮乏依旧是制约山东省体育竞赛表演产业发展的因素之一。以往重大体育赛事都是由政府包办的，赛事运作对运作人员的要求相对较低。随着赛事的市场化运作程度不断提高、赛事运作环境的复杂化以及赛事规格的提高，赛事运作对运作人才的要求越来越高，这使得山东省本来就不多的赛事运作人才在新的形势和要求下就显得十分缺乏了。

近些年来，复合型人才的匮乏依旧是制约山东省体育竞赛表演产业发展的因素之一。体育竞赛表演产业供给方还包括运动员、教练员、裁判员，目前山东省绝大多数体育项目的运动员职业化素养不高，特别是缺少拥有高水平竞技能力和卓越表现能力的体育明星，项目梯队培训体系不完整，“断档”“断层”问题比较严重。所调研的体育竞赛表演产业的经营实体也呼吁应该大力培养综合素质较高的复合型专业人才。缺少既有组织管理现代重大活动的丰富知识和经验，又有对体育及赛事的深

刻认识和理解的复合型专门人才，是制约山东省重大体育赛事运作水平提高的一个重要因素。另外，调查显示，部分赛事的一些工作人员素质还有待进一步提高。有些工作人员对不同地区及不同宗教信仰的国外运动员的行为习惯、生活禁忌等了解不够；有的工作人员外语水平较差，与有关国际体育组织的官员和外国运动员的直接沟通交流有困难等。从业者专业素质参差不齐，缺乏专业的体育赛事经营与管理人员。

7.3.3 志愿者团队建设工作落后，志愿文化需要加强

在大型体育赛事中，志愿者是不可缺少的，他们在赛事的过程中发挥着极其重要的作用。志愿者在山东省四类重点赛事中都是重要的人力资源，并且在体育赛事的整体运转中发挥着越来越重要的作用。志愿者因其自身身份的特殊性，在很多大型赛事中都需要大量高素质的志愿者，因此，对于志愿者相关的管理模式就显得尤为的重要。目前，山东省体育赛事中志愿者的组织和管理还需要进一步完善，培育和引进高质量的管理人才进行科学专业的管理已经成为赛事运作过程中的一个重要问题。不论是在赛场秩序维持方面还是在后勤管理方面，对志愿者团队的优秀管理将是山东省体育赛事能够成功进行的保障。

7.4 大众消费不积极，竞赛表演业消费市场亟待开发

山东省是经济强省、体育强省，人均居民可支配收入水平较高，体育消费市场具有广阔的发展空间。国外体育发达城市经验表明，随着城市经济的发展，服务型消费将成为体育消费的主流。在当前经济下行压力大的情况下，扩内需、保增长的任务很紧迫，体育消费作为新型消费，无论是根据先发国家的经验还是我们的实际情况来看，还有很大的潜力，

能够为扩内需做出更大的贡献，但需要我们通过进一步的供给侧改革和需求端培育引导，把体育消费潜力释放出来。

体育消费根据其产品的形态可以划分为“实物型”消费（购买体育服装、器材、鞋帽等）和“服务型”消费（包括参与型消费和观赏型消费）。相比举办多少数量、类型的体育赛事，衡量体育竞赛表演产业发展更重要的指标是有多少人观赏体育赛事，多少人参与该项体育运动。体育竞赛表演产业高质量发展不仅取决于赛事运营公司或政府竞赛管理部门的工作，还与体育场馆服务业、体育培训业等业态，以及体育基本公共服务密切相关。以江苏省城乡居民体育消费统计调查数据为例，根据《2019年山东省城乡居民体育消费统计调查报告》显示，目前人们的体育消费以运动服装、运动器材等实物消费为主，参与型、体验型、观赏型的体育消费比重偏低，消费结构有待改善。体育观赛消费还没有成为刚需，付费观赛的观念仍然没有形成，从而导致赛事消费偏低。

调查研究显示，现阶段，无论年龄的大小、收入的多少以及受教育程度的高低，体育消费结构依旧以购买服装鞋帽等“实物型”为主，而用于购买体育比赛门票的观赏型体育消费比重偏低。从统计数据上看，2017年山东省体育产业总产出比2016年仅增长2.4%，体育竞赛表演、体育健身休闲两项主要业态产出，累加仅占体育产业总产出的7.4%。体育竞赛表演产业并没有迎来爆发式的增长，一方面因为当前体育消费尚未成为普通民众生活性消费的必要组成部分，中低端体育服务消费动力不足，另一方面公众体育消费意识不够强，公众“花钱看比赛”的体育消费观念尚未真正确立。

《2014年全民健身活动状况调查公报》显示，2014年20岁及以上人群中全年人均消费水平达到926元，比2007年增长52%。但居民体育消费仍以“实物型”消费为主，“参与型”和“观赏型”消费水平都偏低。表现出公众体育消费意识不够强，体育消费尚未成为普通民众生活性消费的必要组成部分，造成中低端体育服务消费动力不足。大众消费基础薄弱，居民体育消费以“实物型”为主，“参与型”“观赏型”消费水平偏低。一部分消费者还固守着无偿消费的心理，付费观看电视体育节目习惯尚未形成。我们的四大联赛（CSL、CBA、CVL、CTTSL）一个赛季现场观众数仅为 842.4 万人次，占全国人口的 0.59%，而北美的四大联赛（NFL、MLB、NHL、NBA）一个赛季现场观众数达到了 13473 万人次，占两国人口的 39.2%。我们的总人口是美国和加拿大的 4 倍，而职业体育现场观众仅为其 6%。2017 年北京国际马拉松赛有 60 万现场观众，而 2017 年昆明高原国际马拉松仅有 15 万观众。2016 年成都网球公开赛国外观众仅占所有观众的 21.2% ，2016 年法国网球公开赛国外观众却占到了 52.6%，形成鲜明对比。根据新浪体育的调查显示，当中超和英超联赛赛程重叠时，有 83.22% 的球迷选择观看英超联赛而放弃中国的联赛。当 NBA 和 CBA“撞车”时，80% 的球迷也会选择观看 NBA。为什么中国观众放弃国内赛事转而追逐国外联赛，其中一个很重要的原因就是国外赛事具有更高的吸引力，这种吸引力来自赛事几十年来延续不断的知名度和影响力，来自赛事超高的竞技水平和扣人心弦的观赏性，来自著名球星的个人魅力和表现张力。

7.5 赛事知识产权的保护意识淡薄，赛事监管、服务有待加强

7.5.1 赛事知识产权的保护意识淡薄

体育赛事自主知识产权意识不强，体育赛事品牌开发程度不够，赛

事无形资产没有得到充分利用和保护，尚未树立赛事品牌理念。没有形成特定的赛事风格，没有固定的办赛周期。体育赛事品牌开发力度和程度不够，没有对体育赛事进行整体规划和合理安排，没有对体育赛事品牌进行建设，包括后续体育赛事的无形资产的开发和保护，品牌意识有待提升。赛事知识产权的法律保护意识薄弱。随着体育赛事商业化运营程度的不断加深，赛事知识产权保护工作的重要性日益体现。忽视对体育竞赛的知识产权保护是当前山东省普遍存在的现象，根据《2018 赛季中超联赛监测报告》显示，2018 年的中超联赛被侵权场次为 240 场，因为中超联赛整个赛事一共只有 240 场比赛，所以相应的侵权比例达到了 100%。另外，一共发现直播侵权平台 62 个，直播侵权链接数 1352 条，点播侵权平台 56 个，点播侵权链接数 79522 条。在价值榜单上排名第一的中超联赛如此情况，其他的体育赛事 IP 也没能幸免。山东多地“业余足球联赛”商标被抢注，淄博连续 4 年打造的“起源地杯”国际足球锦标赛的品牌知识产权两年前就被上海一家公司抢先注册，省级体育项目中心目前主办的大部分赛事都没有对赛事品牌进行商标注册保护，作为赛事发展的重要的资源，赛事知识产权开发、利用并妥善保护已经成为亟待解决的问题。

7.5.2 赛事监管、服务有待加强

国家于 2014 年将群众性、商业性体育赛事审批制度取消后，有效激发了民众参与体育运动的热情，但是受公安、交通及其他政府有关部门的审批制度、各个部门政策目标、执行方式等因素的制约，体育赛事举办流程渠道仍不通畅，个别职能部门之间互相推脱责任，跨部门合作不足，阻碍了群众性体育赛事有关政策的落实和推进，导致群众性体育赛事管理碎片化、零散化，最终影响赛事的整体发展效果。

发展服务平台作用发挥不明显。尽管山东省较早搭建了体育产业资源交易平台、体育产业公共服务平台，但由于赛事所有权人、赛事主办方、承办方责任义务界定不明确等原因，发展服务平台的资源互通、行业交流、宣传推介作用没有得到充分发挥。因赛事服务标准缺失，运营机构服务质量参差不齐，行业自律能力差，同行业恶性竞争等原因，导致很多赛事品质不高。地方政府部门主办的赛事通过招标、委托、合作等各种形式交由专业赛事运营公司承办，而很多赛事运营公司停留在“给多少钱、办多少事”，个别赛事公司因市场运作不力、赞助款不到位，“撂挑子不干”甚至“跑路”。体育赛事举办中频繁出现代理失范、赞助商违约、参赛者受伤等事件，这些事件的发生反映出赛事工作人员的专业性不足的问题，另外深层次的问题也随之暴露——群众体育赛事制度保障缺失。这反映出目前的体育竞赛表演市场监管体制不健全，相关部门的协作机制不够完善，资质评估、信息公开、诚信建设和查处退出等相关制度还不配套。

7.6 体育竞赛表演产业支持力度不足

北京市作为全国第一个设立体育产业引导资金的城市，2007 年设立之初，资金额度便达到了 5 亿元。江苏省于 2011 年设立体育产业引导资金，投放的资金规模已由 2011 年的 0.601 亿元增加到 2014 年的 1 亿元，之后的投入金额一直保持在 1 亿元左右的规模。江苏出台《江苏省重大国际体育赛事奖补专项资金管理办法》，专门设立了重大国际体育赛事奖补专项资金，用于举办的重大国际体育赛事的奖补，奖补金额最高上限为 1000 万元。浙江省 2014 年设立体育产业引导资金，资金规模为 5000

万元，2017 年资金规模便增加到 1 个亿的规模。上海市每年安排近 3000 万元扶持资金，全部投入社会办赛事。对标先进省市，山东省对体育竞赛表演产业的支持力度和宣传推广力度存在明显差距，山东省体育产业引导资金规模一直停留在 2000 万元，针对尚处于起步阶段体育竞赛表演产业，扶持培育力度有待加强。体育竞赛表演市场发展并不成熟，还没有形成稳定的盈利模式，大部分赛事的举办仍然需要政府的大力支持，杠杆作用发挥不明显，难以吸引优质社会资本和资源要素向体育竞赛表演产业转移和集聚。

8. 促进山东省体育竞赛表演业发展的对策及建议

根据以上问题，提出有关加强政策引领、优化体育市场环境，丰富赛事活动，壮大市场主体等、加强资金保障等方式，有力推进山东省体育竞赛表演业发展的对策建议。

8.1　加强规划引领，丰富赛事供给体系

体育赛事活动是一项系统的需要借助于各种力量参与的复杂的问题活动，要完成这样一种活动，需要制定科学合理的体育赛事管理体制。体育赛事的可持续发展，需通过完善配套的法律法规、政策制度体系的供给为赛事的发展提供良好的环境，引导体育竞赛表演产业健康有序成长。通过加强体育赛事政策引导，完善体育赛事相关的法律法规，要做到整体规划、分类管理、统筹兼顾。

8.1.1　制定体育竞赛表演业发展规划

举办大型体育赛事是展示和树立城市良好形象的重要契机，特别是由于现代大型体育赛事的综合性和国际性，对举办城市提出的要求越来越高，有助于推动城市更加开放，增强其对不同文化的兼容性，为城市

进一步发展打下良好的基础。应顺应群众体育赛事发展要求，制定具有整体性、时代性、长期性的指导思想和发展目标，起到宏观调控的作用。政府要从产业规划、平台、投资、奖励、税收、吸纳人才以及项目审批等各方面提供宏观支持，建立体育竞赛表演发展基金，加快建设一批体育赛事产业融合示范城市，引导市场竞争力强、国际化水平高的赛事优先发展，大力扶持新兴、小众、高消费潜质赛事，全面提升体育竞赛表演业的规模和品质。

体育赛事影响巨大，必须要有各级政府的坚强领导和认真组织。特别是申办国际性大型体育赛事，需要综合考虑城市的具体特点和自身优势，选择与城市发展定位、产业选择、资源状况和文化特色等相匹配的体育赛事，并根据赛事的具体特点与城市形象特点之间的耦合程度，选择申办能够更好体现城市特色的体育赛事。

近年来，国家和山东省相继出台了一系列促进体育产业发展的相关政策，为山东省体育竞赛表演产业的发展提供了强有力的政策支持。体育竞赛表演产业的发展，仍需加强政策引领，加强体育赛事与山东总体规划、重点区域发展规划等衔接，编制体育赛事中长期发展规划，量化发展目标。赛事空间布局方面，依托场馆设施及城市空间资源，优化赛事的区域布局；赛事项目布局方面，规划要注重对不同赛事层次划分以及体育品牌赛事举办的节奏，把握国际体育赛事发展趋势，构建国际知名、彰显山东特色的赛事体系；本土赛事方面，积极培育和拓展自主品牌赛事的辐射影响力，鼓励市场活跃、关注度高、影响力广泛的原创商业赛事发展。

8.1.2 夯实赛事发展基础，丰富体育赛事供给

场馆、人才、资金、体育赛事组织是体育赛事发展的关键要素，是

体育赛事长期可持续发展的重要保障，要加大投入建设力度，夯实体育赛事发展基础。在稳固传统赛事举办的基础上，制定扶持引导政策，积极培育体育赛事市场运营主体，激活市场活力和赛事承办能力，保证赛事产品供给充足。丰富竞赛表演活动消费内容，增加具有独特创新能力的竞赛表演产品供给，创造出能满足多元消费群体的赛事活动，为体育竞赛表演产业的发展注入新的动力。

加强与国际国内体育组织的合作，搭建体育合作平台，丰富赛事活动体系，通过大力发展职业联赛、引进国际重大体育赛事、引导扶持业余精品赛事、冰雪体育赛事等方式，打造体育赛事品牌，培育自主 IP 赛事，推动体育竞赛与文化表演互动融合，建立丰富多样、层次分明、结构合理、基础扎实、发展均衡的体育竞赛表演产业体系。

支持通过投资、购买、战略合作等市场化方式，引进一批影响力大的国际商业品牌赛事。加强与国内外各类职业联合会、协会、知名体育公司合作，统筹引进一批知名度高、市场前景广的品牌赛事。支持各地市积极申办世锦赛、世界杯赛等品牌价值高、市场前景广的高水平单项体育赛事，引进和筹办与当地体育传统、资源禀赋相匹配的国际一流体育赛事。加大本土体育赛事的扶持力度，培育自主品牌赛事，丰富体育赛事体系及多元供给。

大力发展海上运动、山地户外、航空运动、汽摩运动、智慧体育等消费引领性强、带动潜力大的新兴体育赛事。促进冰雪、马术、射箭、击剑、铁人三项等具有广阔前景的体育赛事发展。以筹办北京冬奥会、冬残奥会为契机，积极引进高水平冰雪体育赛事，大力发展冰雪嘉年华、冬季运动会等冰雪赛事活动。努力提升全省各地马拉松赛事参赛规模、组织运营、媒体宣传、赛事推广和服务保障水平，推动更多马拉松赛事跨入中国田协金牌赛事和国际田联金标赛事行列。

广泛开展群众性体育活动，增强体育消费粘性，丰富节假日体育赛事供给，激发大众体育消费需求。拓展体育健身、体育观赛、体育培训、体育旅游等消费新空间，促进健身休闲、竞赛表演产业发展。创新体育消费支付产品，推动体育消费便利化。支持各地创新体育消费引导机制。

以足球、篮球、乒乓球等群众喜闻乐见的赛事和冰雪运动赛事为重点，加大体育消费券向赛事消费的倾斜力度，吸引更多群众观看体育赛事。积极推行体育项目业余等级制（段位制），调动公众参加体育运动的主动性。推动金融机构与办赛企业联合通过消费信贷、消费积分等方式促进赛事消费。健全赛事门票市场化供应机制，依法严厉查处、打击倒卖赛事门票等违法行为，维护消费者合法权益。以体育赛事为合作平台，推动“体育”和“体育”融合发展，促进体育赛事与文化、旅游、教育、会展、商贸、科技、制造、互联网、健康服务等领域的联动。发挥体育赛事的龙头效应，更好实现重大体育赛事与娱乐、购物、餐饮、住宿、交通、物流、建筑、传媒、广告等上下游行业深度融合，带动体育及相关产业互利共赢、协同发展。适应市民群众体育消费升级需求，鼓励体育赛事有关运动鞋服、装备器材、功能食品饮料、保健品和纪念品等研发制造及销售。促进体育竞赛表演产业与文化和旅游、娱乐、互联网等相关产业深度融合，形成吃、住、行、购、游配套支撑体系。

加强体育赛事冠名等无形资产开发，借助明星、名人效应等多渠道放大体育赛事 IP 价值。将运动文化内涵融于竞演业上下游产业链的信息、产品、资金等环节，通过其辐射及渗透效应，向观众传递体育精神、信念、价值观，依托赛事资源与其他产业资源中具有互融互补性的资源，拓展销售生态，赋予赛事产品独特性，提升产品附加值。

8.1.3 打造精品赛事品牌，实现体育赛事高质量供给

在党的十九大报告中，习近平总书记指出我国的经济已经由高速增长阶段转向高质量发展阶段，标志着中国经济进入了新的历史时期，这一时期各行各业的发展需更高质量的满足人民对美好生活的诉求。这同样适用于体育产业领域，体育赛事正在从“数量增长”转为“高质量增长”的发展阶段。积极引进世界锦标赛、世界杯赛等市场价值巨大、影响力广泛的国际顶级赛事，提升自身在全球体育竞争中的话语权。鼓励各地创新体育品牌赛事，结合地区资源禀赋，充分挖掘具有民族特色、文化背景、地域特色的赛事价值，积极打造具有当地本土特色的传统体育精品赛事。要注重打造具有自主知识产权的赛事，加强体育赛事品牌建设。在大力弘扬民族传统文化和坚定文化自信的背景下，更应该注重打造传统体育赛事品牌，以便于更好地加强传统文化的传播。山东作为齐鲁文化的发祥地，具有丰富的历史文化底蕴。因此，将体育竞赛表演活动与当地传统文化全方位融合，创造出大众参与、广泛传播、激发热情的区域热点赛事。充分挖掘山东省历史文化和自然资源，精心打造具有地方特色的品牌活动，将群众性体育赛事与地域文化特色相结合，积极发展具有民间民俗特色的民族传统体育赛事，紧密结合当地传统习俗密，发展如“六艺”“龙舟”等传统民俗体育目。应积极挖掘当地赛事资源和景区优势，寻求赛事文化与自然景观的完美结合点，着力打造一批蕴含地方特色的知名竞赛表演项目新品牌。提升泰安国际登山节、等自主 IP 赛事的办赛品质，构建具有地域特色的品牌体育赛事集群，打造常办常新、声誉卓著的百年精品赛事。

8.2 深化“放管服”改革，创新体育赛事监管方式

“放管服”改革概念的首次提出是在 2015 年 5 月国务院召开的全国推进简政放权放管结合职能转变工作电视电话会议上。“放管服”改革就是要重新塑造政府与市场的关系，政府简政放权，把属于企业、市场和个人的交由它们来调节，另外通过放管结合、优化服务的手段，优化营商环境，促进公平竞争，激发市场活力。在推进政府“放管服”改革、取消群众性体育赛事行政审批制度的背景下，政府牵头、市场（企业）参与、社会支持，是实现大型体育赛事综合效益的保证。加强顶层制度设计，利用政策层面的引导，保障赛事良性运转，完善赛事制度供给。以市场为主导，进一步转变政府职能，简政放权，充分调动社会力量，构建管办分离、内外联动、各司其职、灵活高效的体育发展新模式，实现体育治理体系和治理能力现代化。

8.2.1 深化“放管服”改革

政府牵头、市场（企业）参与、社会支持，是实现大型体育赛事综合效益的保证。进一步转变政府职能，体育、教育主管部门与单项体育赛事协会通过补贴形式，将赛事活动组织转交市场企业，搭建互通互融的竞演业市场、信息、综合服务平台，使更多企业获得竞演业决策权与主动权，完善顶层设计。充分调动社会力量，构建管办分离、内外联动、各司其职、灵活高效的体育发展新模式，实现体育治理体系和治理能力现代化。同时要运用市场手段引导企业积极参与，把“政府主导、市场（企业）参与、社会支持”的办赛模式贯穿于赛事的各个环节。

在竞赛组织分工方面，要通过政府部门召开协调会等方式，强调各

职能部门互相配合、通力合作，精简赛事组委会机构和人员，提高办事效率，保证大型体育赛事的顺利进行。加强体育、发展改革、财政、税务、人力资源社会保障、公安、教育、文化和旅游、卫生健康、科技、民政、外交、住房城乡建设、自然资源、农业农村、残联等部门和单位要加强联动，对商业性和群众性大型赛事活动建立联合“一站式”服务机制和目标任务分解考核机制，积极与体育社会组织和具有赛事运作经验的市场企业主体展开合作，充分发挥市场机制的决定性作用，通过多元供给主体的协同合作提高供给效率，还可以充分挖掘市场的力量，优化资源配置，进而推动山东省体育竞赛表演产业的健康发展，确保体育强国建设目标如期完成。

8.2.2 完善赛事监管方式

2015 年国家体育总局印发《体育赛事管理办法》文件，明确指出“举办体育赛事遵循谁举办谁负责的原则，实行分级分类管理”。这一政策放宽了赛事的政策尺度，所有的群众性、商业性体育赛事都不受任何条件的制约和限制。这也是一把双刃剑，在繁荣体育竞赛表演市场的同时，也加大了对体育赛事的监管难度。加强对体育赛事市场秩序的监管与维护强化政府部门监管的规范化、法制化，建立赛事供给的监督指标体系，加强监管信息的公开力度，主动做到招投标、赛前准备到赛中安保、赛后评估等相关信息的公开透明，减少信息的不对称性，接受全社会的监督。完善体育市场监管体制，推进综合行政执法，工作重心放在加强事中事后监管和优化服务上。充分发挥法律法规的规范作用、行业协会的自律作用、市场的配置作用、公众和舆论的监督作用，促进体育市场主体自我约束、诚信经营。监督主体从一元逐渐走向多元化，建立包含政府、体育社会组织、市场、群众在内的多元监督主体，监督主体的多元化可以提高监管效率，优化监督环境。

推进体育行业信用体系建设，完善体育企业信息公示制度，强化体育企业信息归集机制，健全信用约束和失信联合惩戒机制。建立“黑名单”制度，将有关信用信息纳入全国信用信息共享平台和国家企业信用信息公示系统并向社会公示，依照有关规定实施联合惩戒。完善裁判员公正执法、教练员和运动员遵纪守法的约束机制。继续推进项目协会依法依规独立自主运行，扶持其发展壮大，使其尽快承担起提供行业公共产品、加强行业自律规范市场主体行为的职责。通过构建监督体系，提高赛事主体的责任意识。把赛事活动保障、赛事组织、专业水平、经费保障、参赛群众满意度等指标标准化，扩大监督范围，形成切实有效的赛事监督机制，保障山东省体育赛事的供给效率与质量。

8.2.3 制定体育赛事服务标准

体育赛事想要长足发展，那么一定要制定赛事供给的标准，以获得最佳效益和质量。如果没有统一的赛事资源供给标准，可能会导致某些赛事主办方为了推动赛事的发展、为赛事造势而人为降低承办标准，而加剧了赛事风险程度。

加快推进体育赛事标准化建设，建立健全体育赛事标准体系，制定城市马拉松、自行车等各级各类体育竞赛表演活动的办赛指南和服务规范。开展体育赛事运营、评价、保障等标准研究，构建体育赛事从组织筹办到效果评估全过程的运营管理标准体系。委托第三方机构综合评估赛事的影响力和市场价值，发布体育赛事评估报告。支持本单项体育协会制定公布体育赛事规范标准和办赛指南，加强行业指导、服务和监督，引导办赛机构提升体育赛事的品质。鼓励办赛机构定期开展体育赛事满意度测评，有针对性地改进体育赛事的运营管理和服务水平。明确体育赛事举办的规范和流程，主动公开体育赛事信息，加强体育赛事分级分类管理和事中事后监管。落实山东省体育领域黑名单管理办法，完善信用体系联动响应机制，依照有关规定对办赛主体、从业人员和参赛人员的严重失信行为加大惩戒力度。

8.2.4 完善服务平台建设，加强平台支持

制订各个地区体育赛事管理所需要的人力资源、物质资源等的协调政策，促进资源共享，建立沟通顺畅的纵向体育赛事服务机制，推动信息共享。主动搭建体育赛事信息化等体育产业平台，整体协调解决现有体育赛事的多头管理问题，在平台上集中与体育赛事所涉及的有关部门加强联系与合作，共同协商，制订管理办法与服务策略，为体育赛事的举办提供便捷的办理通道，加强各个部门之间的联结与协作。

完善山东体育产业公共服务平台、资源产权交易等平台的运行机制，发挥好平台在行业交流、资源互通、招商推介、品牌塑造方面的作用，推动体育竞赛表演产业与资本市场对接，鼓励社会资本设立产业发展投资基金。推进赛事举办权、冠名权、无形资产开发及竞赛综合服务等具备交易条件的资源公平、公正、公开流转。进一步办好山东省体育产业大会等服务平台，促进山东省体育竞赛表演产业的行业交流和资源互通。

完善山东省体育产业研究院的决策智库和人才培养的作用，组建由专家学者、政府官员、体育协会骨干、媒体代表组成的智囊团，开展决策咨询、技术指导、人员培训等服务。提高体育产业发展引导资金的额度，优化引导资金投入方向，重点对具有良好发展前景、带动效应显著的品牌体育赛事给予资金补助，加强体育赛事引导和规范。鼓励社会力量办赛，壮大多元市场主体。

8.3 壮大市场主体，扩大居民体育消费

体育竞赛事业的发展离不开社会力量的参与，要充分利用市场资源，注重“赛、物、人”的互动融合，优化赛事业务结构，完善盈利模式。由于现在山东省社会各种企业的发展水平不一致，生产的效益相差很大，真正能够和愿意投入资金到体育竞赛表演市场发展的企业还是有限的。要积极寻求企业的赞助，与之合作共赢，以投资主体多元化的方式进行管理体育竞赛表演产业化建设，来解决体育竞赛表演产业市场主体不足、资金匮乏的问题。吸收社会力量参与体育竞赛表演事业的运作有利于实现体育竞赛市场实体投资的多元化，有利于内外形成互补性竞争，有利于打破产业行业自我封闭模式。

8.3.1 扩大市场主体，优化市场环境

体育社会组织的发展壮大是优化体育赛事供给的重要手段之一。鼓励社会力量办赛，壮大多元市场主体，发展一批创新能力强、盈利模式新的体育赛事运营商，建立赛事设施建设、策划设计、市场开发、运营服务、门票销售、宣传推广、终端消费促进一体化的运作体系，培育发展赛事装备、赛事策划、赛事推广、赛事传媒、赛事纪念品等关联产业集群。支持具有行业影响力的体育赛事企业通过品牌输出、管理输出、专业技术和人才输出等形式实现规模化、集团化、专业化运营，打造一批国内外知名、专业能力突出、具有较强核心竞争力的体育赛事骨干企业，成为山东体育赛事运营管理的市场龙头和行业标杆。支持企业实现垂直、细分、专业发展，鼓励各类中小微体育竞赛表演企业向“专、精、特、新”方向发展。推动移动互联网、大数据、云计算技术在赛事报名、

赛事转播、媒体报道、交流互动、赛事参与等方面的应用，提升综合服务水平。

积极培育各类体育赛事中介组织，支持独立运行、治理规范、行为公正的体育竞赛表演中介组织加快发展。充分发挥各类中介机构在体育赛事经纪、广告、票务、金融、保险、咨询等方面的作用，支持中介服务进入体育赛事申办、筹备、举办、评估等领域，促进体育竞赛表演产业健康发展。建立由国内外专家学者、办赛机构负责人、政府管理人员、体育协会骨干、媒体代表等方面人士组成的山东体育赛事高端智库，支持其积极开展产业发展规律和趋势研究，以专家委员会、智库论坛等形式为山东省体育赛事筹办提供经济信息、市场预测、技术指导、法律咨询、人员培训等服务。

8.3.2 构建“产学研教”一体化的人才培养模式，壮大体育赛事运营领域的人才队伍

赛事人才市促进体育竞赛表演产业发展的重要支撑。联合政府、高等院校、体育社会组织、企业等体育赛事利益相关者，构建多元主体参与的体育赛事人才培养体系，壮大体育赛事运营领域的专业人才队伍。体育竞演产业发展亟需大量精通体育知识、熟悉产业管理、深耕多个领域、具备创新能力的复合型人才，院校作为人才培养的摇篮，要实时跟踪产业发展动态，把握市场脉搏，以促成体育竞演产业聚集人才，人才引领竞演业发展的生动局面。体育产业经营与管理人才属于复合型人才，既要具备经济学、管理学等领域 的知识，又要掌握外语、计算机等方面的技能，同时还需精通体育学专业领域的相关知识与技能。构建政府、企业、社会组织、高校等多方共同参与的体育赛事人才培养体系。健全体育赛事管理部门或机构，打造一支熟练掌握体育赛事运作规律、高素

质、专业化、复合型的体育赛事人才队伍。鼓励社会力量开展裁判员、教练员等人员培训，多渠道培养体育赛事专业人才。支持高校加强体育赛事研究基地建设，加强体育产业创新创业教育服务，帮助企业、高校等有效对接，探索“产学研教”一体化人才培养模式。鼓励退役运动员、教练员从事体育赛事管理和服务工作，鼓励退役运动员投身体育竞赛表演产业。加强体育赛事人才培养的交流合作。健全体育赛事志愿者等级评定体系，构建专业体育赛事志愿者团队，吸引广大志愿服务者广泛参加。培养复合型人才，为山东体育竞赛表演产业市场培养一批懂赛事、能服务、会管理的专业人员和智力支持。

8.3.3 顺应消费升级趋势，扩大居民体育消费

体育赛事的优质供给，需要顺应社会发展需求，要贴合群众个性化、多样化的需求。要以市场和消费者需求为导向，形成行业配套、产业联动、运行高效的赛事产业服务体系，才能更好地创新赛事的供给内容，继而提高赛事的供给质量。大力培育体育消费群体，是发展山东省体育竞赛表演产业的主要任务之一。而体育消费行为的产生，往往从认识开始，经历观念的转变，再到动机的产生，最后付诸行动。因此，体育竞赛表演产业消费需求的释放首先应从源头入手，一方面利用广大媒体大力宣传体育竞赛表演活动自身的社会文化价值以及与之相伴的经济效益，推动城镇居民体育服务型消费意识的加强与观念的转变。通过大力开展群众体育运动能够逐步影响人们的生活习惯，进而改变人们的价值观念，使体育运动成为一种时尚而健康的群体性消费行为。积极引导市民的体育观赏性消费行为，培育体育观赏性消费市场，培养市民的体育观赛意识，是实现山东省体育竞赛事业又好又快发展的重要基础。通过举办高水平的国内外体育赛事，积极引导广大市民参与其中，培育市民的观赛

习惯。在办赛过程中，还要坚持办赛为群众体育发展服务的宗旨，致力于营造“赛事盛会、大众节日”的氛围，挖掘重大赛事的看点，提高竞赛表演的质量，让市民真正感受到体育赛事的无穷魅力，使观赏比赛成为人民群众的一种休闲生活方式。只有越来越多的市民开始关注体育、关注赛事、观看比赛，体育竞赛表演产业才能获得真正长足的发展。

在聘请专业的赛事中介机构和运营人才对赛事进行全方位的策划、包装和宣传，提升赛事的社会化、市场化与商业化程度。打造体育赛事IP，增强体育产业和体育赛事的核心竞争力，注重体育赛事知识产权保护及其周边衍生产品开发。从吉祥物到徽标设计，突出赛事文化内核与地域特色；丰富赛事内容，增加啦啦队表演、文艺演出和狂欢活动；广泛开展赛事文化衍生品的自主开发设计，基于赛事品牌文化跨界合作，提升产品附加值培育一批适宜当地资源和地域特色的品牌赛事。支持各类媒体播出体育赛事节目，普及运动项目文化和观赛礼仪。鼓励利用各类社交平台促进消费者互动交流，提升体育赛事消费意愿。

顺应消费升级趋势，丰富节假日体育赛事供给，激发大众体育消费需求。广泛开展群众性体育活动，增强体育消费粘性，丰富节假日体育赛事供给，激发大众体育消费需求。拓展体育健身、体育观赛、体育培训、体育旅游等消费新空间，促进健身休闲、竞赛表演产业发展。创新体育消费支付产品，推动体育消费便利化。支持各地创新体育消费引导机制。采取体育消费券、场馆低收费或免费开放、体育技能培训等方式，引导居民的体育参与型、观赏型消费行为，增强体育消费黏性。发挥体育赛事消费的关联效应，促进体育竞赛表演产业与文化和旅游、娱乐、互联网等相关上下游行业深度融合，形成吃、住、行、购、游配套支撑体系，带动体育及关联产业互利共赢、协同发展。山东省体育行政相关部门应尽快出台有益于促进体育服务型消费的政策和建议，积极引导广大居民的消费观念，通过发放体育消费券、开展公益健身宣讲和技能培训等方式，促进居民消费向观赏型、参与型、体验型消费倾斜，实现体育产业转型升级。

8.4 优化产业布局，加强平台建设

8.4.1 优化赛事空间布局，加快职业化发展步伐

加强体育赛事与山东总体规划、重点区域发展规划等衔接，结合山东省全民健身和竞技体育重点项目布局，编制体育赛事中长期发展规划，积极引进和培育足球、篮球、排球、网球、乒乓球、羽毛球、田径、游泳、武术、棋牌、自行车、水上运动等具有社会基础的体育赛事，推动体育赛事在全省均衡合理布局。加快足球、篮球、排球、网球、羽毛球、乒乓球等运动项目职业化发展步伐，鼓励自行车、自由搏击、拳击、赛车等项目举办职业赛事，发展具有地域特色的高水平体育俱乐部，支持建立具有独立法人资格的职业赛事联合会，合理构建职业联赛分级制度，探索建立职业运动员管理制度和职业体育荣誉体系，推动实现俱乐部地域化，培育一批竞技水平高、经济效益好、社会声誉佳的职业体育俱乐部。创新社会力量举办业余赛事的组织方式，采取分级授权、分类评价方式，增加赛事种类，扩大赛事规模。

8.4.2 建设完善体育赛事服务平台

充分山东体育产业资源产权交易平台，完善体育赛事平台功能，通过组织平台发布、赛事推介会、高端体育论坛和峰会等形式，发布体育赛事资源交易信息。鼓励体育赛事举办权、转播权、运动员转会权、门

票销售权、冠名权及无形资产开发等资源要素自由流转，合理配置。依托山东体育产业公共服务平台，提供体育赛事资讯发布、信息查询、报名参赛、赛事评选等功能服务，扩大体育赛事的社会影响力，营造体育赛事发展的良好社会环境。以各地特色体育小镇、体育旅游度假区为支撑，培育一批体育赛事产业承载平台。

8.4.3 加大体育赛事资金扶持

体育产业发展引导资金对于激发体育产业发展活力，引导具有发展潜力的体育产业项目，培育建设品牌体育赛事具有积极意义。体育产业发展引导资金作为市场传递政府发展体育产业的政策信号，能够有效撬动社会资金投资体育产业，拓展体育产业投融资渠道，推动体育竞赛表演产业与资本市场对接。进一步开拓更多的资金来源，扩大体育产业发展引导资金的资金规模，政府积极统筹协调各部门的资金投向，力争在资金性质不变的情况下，有效整合包括财政、发改、旅游、文化等多部门产业发展等专项资金,形成促进体育产业发展的资金合力。完善“省—市—区”三级引导资金体系，形成“省—市—区”纵向一体化的资金扶持体系，提高引导资金的使用效能。设立省级体育产业股权投资引导基金，吸引社会资金注入，发挥政府财政资金“四两拨千斤”作用，吸引社会资本设立产业发展投资基金。引导社会力量参与，鼓励银行、保险、信托等金融机构研发适合体育竞赛表演产业发展特点的金融产品和融资模式，进一步拓宽体育竞赛表演机构的融资渠道。在保障资金使用安全的前提下，降低企业申报的门槛，重点投向体育企业创业创新、中小微企业和体育服务业等领域，多维度的展示专项资金对体育产业尤其是体育竞赛表演产业发展的拉动作用，帮助企业解决融资难题，激发体育竞赛表演市场活力。

完善体育产业引导资金绩效评价监管机制。建立省级体育产业主体名录库，夯实源头数据。协调体育、统计、工商、税务、民政等部门，建立省级体育产业发展主体名录库，夯实源头数据。实施“先入库、后资助”的制度，以提高专项资金资助的系统性和效率，保证引导资金总体目的的实现，防止资助的随意性和盲目性。为保障引导资金的"专款专用"，对于引导资金实行跟踪管理，严格将引导资金的拨付、使用、监督等都置于制度的监督约束之下。构建事前威慑、事中监控、事后查处相结合的动态监督体系，监督要覆盖资金使用的全过程，对资金的落实、项目的进展、效益的达成状况进行全方位的评估，避免违规使用专项资金的情况，提升体育产业发展引导资金的绩效水平。

8.5 构建完善的服务体系，建立健全体育竞赛表演产业链

构建完善的体育市场服务管理体系，已成为当今社会确保我国竞赛表演产业链处于良性运行状态的一个必要条件。我国政府部门一方面需要不断完善相关法律法规建设，持续推进体育赛事审批制度改革，通过逐渐下放相关管理权力，拓展体育经纪公司和工作人员的活动领域与空间。另一方面，还需加强我国体育中介市场相关立法建设，制定体育赛事办赛指南、参赛指引，明确举办体育赛事的基本条件、标准、规则和各相关部门的责任，不断规范竞赛表演市场生产经营行为。完善各级各类赛事活动的流程和评价标准体系，明确各类体育赛事开展的基本条件和各环节责任部门。

整合产业链，完善内外驱动机制在整合价值链的过程中，在产业链整合过程中，相关企业机构需要按照外部环境构建出社会化服务体系，

有效融合体育竞赛表演的产品链、资源连、服务链、创新链、价值链的体育赛事全产业链条。通过建设较为发达的市场化运作服务体系，发挥体育赛事的龙头效应，实现体育赛事与旅游、购物、休闲、住宿、交通、餐饮等上下游行业深度融合，为体育竞赛表演产业链的整合奠定基础。在构建该服务体系的过程中，相关企业部门需要以公共服务平台为依托，全面发挥市场调研、咨询、投资融资、信息、产权交易、法律和技术等现代化体育经济机构功能，对产业链进行有效整合管理，从而使得内外驱动机制得到进一步完善。

9. 成功案例推介

9.1 山东省“十大高端精品体育赛事”

2020 年 9 月 19 日山东省首届十大精品体育赛事评选活动线上评选正式启动。评选活动由山东省体育产业发展服务中心、山东网络广播电视台与山东省体育记者协会联合发起，旨在深入贯彻落实《国务院办公厅关于加快发展体育竞赛表演产业的指导意见》，进一步促进山东省体育竞赛表演业发展，释放体育消费潜力，打造经济增长新引擎。

评选范围包含 2019 年度在山东省举办的各类体育赛事活动，设置“精品高端体育赛事”“精品自主知识产权体育赛事”“精品马拉松赛事”3 个评选类别，参评赛事经过组委会初审、大众网络投票、市级体育主管部门评审、专家评审 4 个阶段角逐，最终优选出每个类别的前 10 名荣膺“山东省精品赛事”称号。 山东省“十大高端精品赛事”在赛事的规模、水平及影响力上代表了山东省竞赛表演产业的高水平，对省内其他各类赛事具有较强的引领示范作用。山东省“十大高端精品赛事”拥有较好的品牌价值及影响力，创造了可观的经济效益和社会效益。据统计，山东省“十大高端精品赛事”共创造 5977.9 万元收入，带动相关产业链收入约 10 亿元，创造约 7900 个就业岗位。

9.1.1 泰山国际登山节

（1）基本概况：泰山国际登山节自 1987 年开始至今已举办三十四届。1987 年，泰山被联合国教科文组织列入世界自然文化遗产名录，成为世界上第一个自然与文化双遗产，泰山作为世界名山的地位得到大大加强，也让泰山走向世界、让世界了解泰山奠定了新基础、带来了新机遇。为发挥泰山优势、弘扬泰山精神、传承泰山文化，同年，泰安市委、市政府创办首届“泰山国际登山活动”。

（2）主要做法：1991 年从第五届开始更名为“泰山国际登山节”，并定于每年 9 月 6 日举办，沿用以往登山活动的届次。1996 年，经国家体育总局批准，登山活动列为国家正式比赛项目，定名为：“全国全民健身登泰山比赛”。2012 年被国家体育总局命名为国家级全民健身登山基地。

配合登泰山比赛，先后举办过环泰山健身跑、全国山地户外挑战赛、国际龙舟赛、攀岩、武术散打、汽车、摩托车、自行车等多项赛事，并以体育赛事为载体和平台，配套举办经济、文化、旅游等多项活动，累计参与人数超过 100 多万人次。

（3）综合效益：泰山国际登山比赛成功荣膺“国家体育旅游精品赛事”，是山东省唯一个获此殊荣的体育赛事，是 33 个精品赛事和国内同类赛事中历史最为悠久、连续届次最多、品牌影响最大的登山比赛，目前已吸引了 8 个国家和地区的 3516 名专业运动员参加。另外，全民登山万人徒步行人数达 1.2 万余人。初步实现了“国内著名、国际知名”的办赛目标，构筑了泰安通往世界的桥梁，助推了泰安经济社会的快速发展。

9.1.2 2019年威海铁人三项世界杯赛暨2019年威海超级铁人三项系列赛

（1）基本情况：从2008年开始，威海已连续第12年举办铁人三项赛事。威海是亚洲首个成功举办长距离铁人三项世界锦标赛的城市，曾连续多年创造国内单场铁人三项赛参赛人数记录、连续多年以总分第一的成绩被评为全国最佳赛区。2019年威海铁人三项世界杯赛暨2019年威海超级铁人三项系列赛是一届拥有920名参赛选手，吸引了10000名现场观众和40万名线上观众的全球性赛事。

（2）主要做法：为推动威海铁人三项赛产业化，威海从2017年成功推出了具有自主知识户权的威海超级铁人三项系列赛。2019年赛事活动实现了国际媒体、央视、卫视、地方台和网络媒体的全覆盖、多层次的媒体推广。并最终取得了近400万盈利以及带动相关产业链实现约32500万元的创收。

（3）综合效益：威海铁人三项赛道被中铁协指定为专用赛道，被国际铁联誉为“世界上风景最美和最具挑战性的赛道”。威海铁人三项赛已被山东省确定为重点扶持的地方特色赛事，并先后被评为“中国体育旅游精品赛事”“中国体育旅游十佳赛事”“举办铁人三项赛事和推广铁人三项运动杰出贡献奖”“2019年国家体育产业示范项目”。威海铁人三项协会连续6年蝉联全国业余积分赛团体冠军，铁人三项国家队、山东省队也从2018年开始入驻威海长期开展训练备战。经上海体育学院赛评估中心评估，2017年威海铁人三来赛的市场价值已高达2.35亿元。

9.1.3 “哥德杯中国”世界青少年足球赛

（1）基本情况：“哥德杯”是一项世界规模最大的传统世界青少年足球赛事，1975年创办于瑞典哥德堡，累计有150多个国家和地区的200

多青少年足球俱乐部和学校参与，200 年 被国际足联授予“世界青少年杯”，得到联合国、国际足联、欧足联和瑞典的高度评价和大力支持。

“哥德杯中国”世界青少年足球赛是“哥德杯”创办 40 多年来走出哥德堡的唯一国际赛事。2017 年底，青岛市体育局、城阳区政府与世界青少年足球联合会达成协议，2018 年“哥德杯中国”世界青少年足球赛在青岛市城阳区举办并长期落户。该项赛事由青岛市人民政府、世界青少年足球联合会主办，城阳区人民政府、青岛市体育局、巨诚体育公司青岛分公司承办，青岛市城阳区教育和体育局、青岛市城阳区体育发展中心、青岛城阳城市发展有限公司、青岛国恩科技股份有限公司协办。本届比赛吸引了大量国内外精英队伍，特别是职业俱乐部梯队参赛，使赛事专业水平更高。

（2）主要做法：2018 年“哥德杯中国”世界青少年足球赛长期落户城阳区，共有来自 30 多个国家和地区的约 330 支球队、5000 多名运动员参加 800 多场比赛，从场地、食宿、交通、安保等方面全方位保障，组织了精彩盛大的开幕式，受到所有参赛球队、与会官员的一致认可。2019“哥德杯中国”世界青少年足球赛在开幕式档次、赛事规模、赛事专业水平、赛事影响力等方面较 2018 年大幅提升，获评“2019 青岛国际时尚季”10 个最时尚活动之一。本届比赛共有来自 40 个国家和地区的 400 支球队，7000 名运动员，进行了 1000 多场比赛。高标准精心策划哥德杯开幕式，体现国际化，彰显青岛元素、城阳特色，瑞典驻华大使、瑞典哥德杯创始人及各位领导、嘉宾和球员均给予了高度赞赏。

（3）综合效益：赛事影响力不断扩大。本届比赛共有来自俄罗斯、泰国等“一带一路”20 个国家的 33 支球队参赛。国内外知名媒体对赛事进行了广泛报道，提升了青岛市和城阳区的国际影响力和美誉度。新华社、中央电视台分别刊播了开幕式盛况，央视五套《足球之夜》栏目对赛事进行了专访。国内媒体发稿 150 余篇，外媒发稿 40 余篇，仅国家级媒体发稿就达到 40 余篇，网络媒体整体转发量达 800 万次，点击量突破 3000 万次。据统计，赛事期间共吸引参赛运动员、教练员、国内外志愿者、球迷和亲友团等 3 万余名到城阳观赛、旅游、消费，带动相关产业收入达到 2000 万元以上。

9.1.4 2019 第十一届青岛国际帆船周 · 青岛国际海洋节

（1）基本情况：2019 第十一届青岛国际帆船周· 青岛国际海洋节由国家体育总局水上运动管理中心、中国帆船帆板运动协会、北京奥运城市发展促进会与青岛市人民政府共同主办；由青岛市重大国际帆船赛事 (节庆) 活动组委会、青岛市体育局、青岛市教育局、青岛奥帆城市发展促进会、青岛市帆船帆板 (艇) 运动协会、青岛旅游集团、国家体育总局青岛航海运动学校共同承办。

（2）主要做法：本届帆船周 · 海洋节于 2019 年 8 月 9 日至 18 日在青岛奥林匹克帆船中心成功举办。十天里，作为国际时尚季十大品牌活动之一，围绕“传承奥运，扬帆青岛；畅船之都，乘峰启航”节会主题，推出 7 大板块 50 余项赛事和活动，累计近百位国内外嘉宾参加帆船周· 海洋节活动；700 余名运动员、教练员、裁判员参加七赛一营，创历史新高。

（3）综合效益：200 余名记者、80 余家媒体参与，累计报道 221500 余篇，阅读量超过 500 万，电视及网络直播，覆盖受众达 1000 万；千余人参加了开幕式陆上巡游活动，吸引上万人观看，呈现了开放、现代、活力、时尚的国际大都市新风貌。

9.1.5 2019 中国围棋大会

（1）基本情况：2019 中国围棋大会于 8 月 19-25 日在山东省日照市举办，大会汇集了 31 项围棋比赛和表演品牌项目，比赛形式上有单人、双人、三人、团体、对抗、表演等多种形式，可以说是迄今世界上包含围棋竞赛项目最多的围棋盛会。

（2）主要做法：参加 2019 年中国围棋大会预赛的人数约 2.5 万人，在日照进行的围棋大会总决赛的参赛领队、教练和运动员达到 3 万人次，其中包括柯洁、时越、唐韦星、周睿羊、柁嘉嘉等诸多世界冠军，竞技高度和广度都是世界顶级，观摩大会、参与大会的群众超过 5 万人，规模空前。大会配套举办了中国围棋大会博览会，新中国 70 年围棋成果展、新中国 70 年围棋图书展、围棋人工智能成果展、围棋文化艺术展、日照城市活力展以及全国围棋之乡联展等展览活动。

大会期间，大会组委会官方信息发布平台共 6 个，充分利用好各平台优势，以微信为主传播渠道，以微博、抖音为氛围营造渠道，大力宣传。这些官方信息平台在大会期间共发布 200 余条讯息，阅读、点 赞、评论数达 200 万次。大会期间所有媒体共发稿 1000 余篇，日均发稿量达 150 次，每日阅读量达上千万次。

（3）综合效益：2019 中国围棋大会还为在日照建立中国东北亚国际围棋文化交流中心奠定了基础，会邀请了世界各国、各地区 55 个围棋组织的领导近百人参加联谊活动，各国朋友对弈、对话、对接，观摩中国围棋开展的盛况，交流各国围棋发展的经验，共商世界围棋发展大计，使得“世界共下一盘棋”成为现实。

9.1.6 2019 年国际泳联游泳世界杯

（1）基本情况：国际泳联游泳世界杯始于 1989 年，是国际顶级游泳赛事。国际泳联游泳世界杯由国际游泳联合会主办，参加成员是国际泳联会员。作为国际泳联最高规格赛事之一的游泳世界杯每年8—11月份，在全球6—7个城市举行分站赛，汇集世界顶尖游泳运动员。2019年2月，经国家体育总局批准，济南市体育局向国际泳联申请了该项赛事的承办权。凭借一流的场馆设施、丰富的办赛经验、便利的交通条件以及完善的服务保障体系，济南市得到了国际泳联的认可，顺利拿到2019年到2021年连续三年国际泳联游泳世界杯分站赛承办权。

2019年国际泳联世界杯济南站星光璀璨。赛事设男子、女子比赛项目，包括了仰泳、蛙泳、蝶泳、自由泳、混合泳5种泳姿共34项个人比赛及接力项目。其中，中国游泳队派出了徐嘉余、叶诗文、闫子贝、傅园慧、刘湘、季新杰、余贺新、李朱濠等选手。其他国家和地区的明星选手有：国际泳联2015年度最佳男游泳运动员、获得喀山世锦赛男子100米仰泳冠军的澳大利亚名将拉金(Mitchell Larkin)；获得2008年奥运会4x100米混合泳接力金牌并打 破世 : 界纪录的澳大利亚选手艾米丽·西姆博(Emily Seebohm)；曾获世锦赛自由泳金牌的丹麦选手珍妮特·奥特森(Jeanette Ottesen)；女子50米蛙泳世界纪录保持者(短池)，女子100米蛙泳世界纪录保持者(短池)，来自牙买加的艾莉亚·阿特金森(Alia Atkinson)；2018年在世界游泳锦标赛上打破男子400米自由泳冠军赛会纪录的立陶宛运动员拉普西斯（Danas Rapsys）；奥运冠军，南非名将舒曼(Roland Schoeman)；获得多项世界杯冠军的俄罗斯游泳名将弗拉基米尔·莫罗佐夫(Vladimir Morozov)；2016年里约奥运会上获得女子400米个人混合泳、100米仰泳、200米个人混合泳三项冠军，并打破400米个人混合泳的世界纪录和200米个人混合泳的奥运会纪录，2014年、2015年国际泳联最佳女运动员，来自匈牙利的卡汀卡·霍斯祖(Katinkal

Hosszu)。

（2）综合效益：2019 年国际泳联游泳世界杯 (FINA Siming World-Cup) 是由国际游泳联合会主办、中国游泳协会、济南市人民政府、山东省体育局承办的国际泳联最高规格赛事。2019 年 8 月 8 日至 10 日，2019 年国际泳联游泳世界杯在济南奥林匹克体育中心举行，是泉城济南有史以来举办的最高级别单项体育赛事。2019 年国际泳联游泳世界杯（FINA Swimming World Cup）的举办，必将对泉城济南加快建设“大强美富通”现代化国际大都市、打造国际医疗康养名城建设、实施新旧动能转换重大工程实施产生积极推动作用。

9.1.7 2019 年济南网球公开赛

（1）基本情况：济南网球公开赛的发展由来可追溯到 2016 年。2016 年济南首次引进 ITF 国际男子网球巡回赛，是山东省有史以来举办的最高级别的国际职业网球赛事。济南网球公开赛公包含两项国际职业网球赛事，其意为 ATP 挑战赛最高级别赛事，其二俄日 ITF 国际女子职业网球赛事。ITF 是国际网球联合会得简称，ATP 是职业男子网球协会的简称。ITF 及 ATP 是国际三大网球机构的其中两个 (另一个为 WTA 简称国际女子网球协会)，其赛事遍布全球。

（2）主要做法：济南奥体中心网球馆是 2009 年全运会的网球比赛场地，此次国际赛事落户济南奥体中心，既充分利用了现有的场地资源，也开启了山东省职业网球赛事发展的新篇章。2017 年赛事升级为 ATP 挑战赛，2018 年进行再次赛事升级，增加 ITF 国际女子网球巡回赛。至此，济南网球公开赛正式诞生，此项赛事也是目前国内男女合赛赛事总奖金仅次于中国网球公开赛的第二大网球公开赛。

（3）综合效益：2019 年济南网球公开赛是一届拥有 175 名参赛选手，

吸引了超 10000 名现场观众和约 10 万名线上观众的全球性赛事。本届赛事活动带动就业约 300 人，并最终实现赛事收入 93 万元以及带动住宿、餐饮、交通、旅游、广告等相关产业链收入约 200 万元。

9.1.8 2019 国际划联皮划艇静水世界冠军挑战赛暨第三节中国皮划艇公开赛

（1）基本情况：2019 年，在国际皮划艇联合会、中国皮划艇协会、山东省体育局的支持下，国际划联皮划艇静水世界冠军挑战赛暨第三届中国皮划艇公开赛继续落户临沂，参赛的国际选手以年度皮划艇世界冠军为主。临沂市自 2017 年起先后举办了皮划艇世界冠军挑战赛、中国皮划建开赛、山东省休闲皮划艇大赛等一系列大型比赛。其中 2018 年皮划艇世界冠军挑战赛与全国皮划艇锦标赛、中国皮划艇公开赛"三赛合办"，共有 21 个国家 33 名世界冠军和国内 20 多个代表队近千名运动员参加，中央电视台现场直播、国际皮划艇联合会官网双语直播，成为国内规格最高、竞技水平最强、参赛队员最多、参赛范围最广的皮划艇赛事。

（2）主要做法：2019 国际划联皮划艇静水世界冠军挑战赛暨第三届中国皮划艇公开赛共吸引了近 50 家国内外网络媒体进行了视频、新闻、直播及其他形 式的网络报道，为赛事创造了超过 1100 万的媒体价值，在媒体社会总价值 中所占比例 (44. 0%)。各视频网络直播中，搜狐视频直播的报道时长最长，创造的媒体价值也最高，接近 500 万元，占网络视频曝光价值的 40%—50%; 各网络新闻媒体中，大众网的报道篇幅也最多，创造的媒体价值也最高，达 225 万元。由国内外主流媒体宣传报道，央视、欧洲体育及新媒体应用平台的同步直播，举办摄影大赛、微视频直播大赛等活动，吸引社会各界广泛参与，提高赛事影响力事。赛事及举办城市也随之得到了全方位的展现，以浓烈的赛事氛围以及专业的赛事运作为观众们奉献了一场“速度与激情”的盛宴。首次实现了央视体育频道及欧洲体育同时直播，共获得了 1 小时的指定电视台赛事转播时长，产生了 771.39 万元的媒体价值。

作为一项顶级皮划艇运动盛会，2019 国际划联皮划艇静水世界冠军挑战赛暨第三届中国皮划艇公开赛共吸引了来自超过 20 个国家的近 50 名冠军级选手及百余名国内皮划艇爱好者此外，本次皮划艇赛事还邀请了几十家主流媒体对赛事进行宣传和报道，进一步提高了赛事传播的深度与广度。本次评估共对 16 名来自地区和国家参赛运动员和 3 家不同类型的受邀媒体进行了访谈，运动员对赛事形象的评价中：国际、精彩、绿色、人文、健康和速度六组词汇是其选择比例最高的品牌形象词汇，赛事专配志愿者服务及赛事裁判工作的满意比例均超过 85%，达到“优秀”水平；赛事环境、赛事安排、赛事气氛的满意比例均超过 90%，达到“优秀”水平。

影响力全面提升，推动当地体育产业发展，提升城市知名度。本次赛事奠定了皮划艇运动推广和普及的基础，使临沂水上运动迈上了新台阶，获得了新发展。同时，本次赛事作为第八届中国沂河体育节的重要组成部分，与 2019 中国临沂摩托艇公开赛、第七届百里沂河水陆马拉松赛和迎国庆中 国沂河龙舟邀请赛一道，逐步形成了品牌效应，有力推动了水上运动和全民健身深入开展，彰显了动感水城、魅力临沂的亮丽形象，提升了城市知名度和影响力。

（3）综合效益：赛事品牌日趋成熟，综合效益成效显著。2019 国际划联皮划艇静水世界冠军挑战赛暨第三届中国皮划艇公开赛共获得了超过 1500 万元的经济效益和超过 2800 万元的社会效益，两者加总超过 4000 万元，赛事综合效益显著。此外，赛事在提升城市影响力上也发挥了积极的作用。

赛事宣传卓有成效，社会效益突破三千万。经评估，本次赛事共获得了超过 3100 万元的社会效益，其中媒体社会价值超过 2500 万元，现场观众认知价值超过 600 万元。同时，作为临沂市具知名度的本土品牌赛事，创造了百万元经济价值，足见本次皮划艇赛事对提高举办地知名度所产生的积极影响。2019 国际划联皮划艇静水世界冠军挑战赛暨第三届中国皮划 艇公开赛通过电视新闻获得了 426. 41 万元的媒体价值。电视新闻方面，赛事共吸引了 13 家电视及媒体对赛事进行超过 5 小时的新闻报道，其中境外媒体 1 家、中央级媒体 1 家，省级卫视媒体 1 家，专业体育频道 1 家，地方媒体 2 家，网络媒体 7 家。

2019 国际划联皮划艇静水世界冠军挑战赛暨第三届中国皮划艇公开赛共获得 140 万元的户外媒体社会价值，其中道旗广告为赛事创造了 55 万元的媒体价值，占户外媒体社会价值的 39.2%。2019 国际划联皮划艇静水世界冠军挑战赛暨第三届中国皮划艇公开赛累计举办了多场新闻发布会、开幕式、赛段颁奖仪式及闭 幕式等宣传活动，共获得了 46. 68 万元的曝光价值。

2019 国际划联皮划艇静水世界冠军挑战赛暨第三届中国皮划艇公开赛还通过赛事手册、宣传画册等印刷品进行了赛事宣传，所获得的印刷品媒体价值为 2.95 万元。2019 国际划联皮划艇静水世界冠军挑战赛暨第三届中国皮划艇公开赛通过抖音、快手等短视频平台进行赛事宣传，所获媒体价值为 12. 57 万元。

赛事升级助推品牌影响力全面提升，推动当地体育产业发展。借助皮划艇赛事实现“体育 +”的多重效益。本届世界皮划艇静水冠军挑战赛暨中国皮划艇公开赛作为第七届中国沂河体育节重点赛事和体育旅游重点项目，赛事级别高、参与范围广、时间集中，具有很强的人气聚集效应，将吸引大量游客前来观摩，带动旅游、餐饮、酒店等产业的发展。同时，充分发挥大型赛事对体育产业的拉动作用，按照“政府主导、市场运作、社会参与”的原则，深入挖掘赛事资源，强化招商宣传，开展多种形式的市场运营活动，全方位提高赛事的市场化运作水平，围绕皮划艇生产、销售、培训、赛事等形成一条龙产业链条，带动水上体育体验、休闲旅游融合发展。

9.1.9　2019 青岛 · 崂山 100 公里国际山地越野挑战赛

（1）基本情况：“青岛 · 崂山 100 公里国际山地越野挑战赛”（以下简称“崂山 100”）是青岛市本土自有的体育赛事，赛事 IP 属于本土原创孵化的体育品牌。“崂山 100”赛事分 100 公里、50 公里和 25 公里三个组别。2016 年成功举办第一届的“崂山 100”，一跃进入国内越野赛事影响力前三名，成为国内顶级的金牌标杆越野赛。2017 年山东省体育局和山东省省体育产业中心将“崂山 100”项目认定为省级重点赛事项目进行培育。2018 年年底，“崂山 100”赛道线路被国家体育总局文化发展中心评为中国体育旅游博览会体育旅游精品线。项目于 2016 年 5 月 21 日 22 日、2017 年 5 月 20 日—21 日、2018 年 6 月 23 日—24 日、2019 年 10 月 26—27 日成功举办了四届。

（2）主要做法：2016 年“崂山 100”赛事实现了零投诉、零滞留、零事故，运动员满意度 100% 好评如潮，越野跑圈高度认可——“最土豪的组委会、最丰富的补给、最专业的竞赛服务团队、最敬业可爱的志愿者”等等称谓已成为崂山 100 的赛事标签。同时赛事举办通过媒体聚焦、新闻热议、社会关注、选手赞叹取得了圆满成功，为打造青岛顶级体育 IP 赛事奠定了良好基础。

（3）综合效益：赛事的连续举办获得了社会各界的高度评价，取得了良好的社会效益并极大地拉动了体育加旅游的区域经济收益。同时经过四年来的精心打造，“崂山 100”也取得了诸多骄人的成绩。2019 年年初，“崂山 100”获得了国家体育总局颁发的更高荣誉——“国家体育产业示范项目”，这也是行业内唯一获此殊荣的赛事。

9.1.10 环滨州黄河风情带国际公路自行车赛

（1）基本情况：2019“愉悦杯”环滨州黄河风情带国际公路自行车赛由中国自行车运动协会、山东省体育局、滨州市人民政府主办，山东省自行车运动协会、滨州市体育局、滨州交通发展集团有限公司承办，愉悦家纺有限公司冠名，风笙(北京)体育文化有限公司运营，与黄河发源地的“环湖赛”遥相呼应，是目前国内为数不多的国际职业自行车赛事之一。比赛于 9 月 24 日至 25 日在渤海之滨、黄河之州的滨州市举行，分为国际职业组、国内组、本地组，国际组为多日赛，国内组、本地组为一日赛。第一赛段为绕城赛，全程 108KM；第二赛段为环黄河赛，全程 221KM。共有 22 支国际职业车队、众多骑行精英相聚滨州，在黄河大坝美轮美奂的赛道上上演精彩绝伦的“速度与激情”。此外，9 月 21 日，当地组织了环滨州黄河风情带万人骑行活动为赛事充分造势预热。

（2）主要做法：2019“愉悦杯”环滨州黄河风情带国际公路自行车赛以“生态，健康，人文，开放”为主题，“韵动黄河、大美滨州”为品牌，旨在充分展示沿黄人文地域特点，探索“体育 + 文化 + 旅游”融合发展新模式。

（3）综合效益：环滨州黄河风情带国际公路自行车赛是一届拥有 252 名参赛选手，吸引了 5000 名现场观众和 10 万名线上观众的全球性赛事。本届赛事活动实现了国际媒体、央视、卫视、地方台和网络媒体的全覆盖、多层次的媒体推广。赛事取得社会赞助高达 100 万元，并带动餐饮、住宿、旅游等相关产业链创收约 100 万元。

9.2 山东省“十大自主知识产权精品体育赛事”

9.2.1 “起源地杯”国际青年足球锦标赛

（1）基本情况：“起源地杯”国际青年足球锦标赛创办于 2016 年，是亚足联备案、中国足协批准的国际足球赛事，旨在传播足球（蹴鞠）文化、发展足球产业、培树足球品牌、打造城市名片。中国足协为指导单位，由淄博市政府主办，山东省足协、淄博市体育局、临淄区政府、山东鸿成教育科技有限公司承办。每年一届，中国国家青年队和欧洲、亚洲顶级职业足球俱乐部 4—8 支青年队参赛。目前，已连续举办了四届，规模、水平 逐年提升，来自西班牙、德国、法国、日本、韩国等十余个国家的职业俱乐部以及中国国家青年队共 18 支足球队参加了比赛。

（2）主要做法：为丰富“起源地杯”国际青年足球锦标赛的内涵，组委会承办了中国足协职业、A、B、C 级教练员继续教育培训班、高峰论坛等足球相关的活动。为提高足球论坛的时效性，解决与会人员语言障碍难题，在足球论坛中提供了同声传译服务，提高了会议的时效性。

内涵不断丰富，策划举办“取球仪式”“足球论坛”、职业足球教练员培训、足球嘉年华等多项活动。创新办赛模式，引入社会力量参与赛事承办、资源开发，提高赛事本身造血功能，国内外多家媒体对赛事进行宣传报道、线上直播，观看量达千万人次，综合效益明显 . 已列入中国足协年度赛事计划，写入了山东省和淄博市的足球发展规划，是淄博市年度重要工作。

邀请世界足球强队俱乐部的青年队，提升赛事观赏性。本届赛事邀请了英国狼队青年队、日本鹿岛鹿角青年队、韩国蔚山现代青年队、河北华夏幸福青年队共四支国际知名球队，增加了赛事的对抗性和竞技水平，提高了赛事的观赏性。

宣传方式多样化，扩大赛事感召力。充分发挥不同媒体的宣传力量，把握正确舆论导向，本届赛事运用平面媒体、电视媒体、广播媒体、户外媒体、网络媒体和新型自媒体等多种宣传形式，及时、准确、全面、生动地宣传赛事。使市民对赛事有更全面的了解，同时在扩大对外交流、文化传播、足球起源地品牌打造等方面产生了积极的影响。

（3）综合效益：挖掘优质赞助商，提升赛事影响力。为进一步提升“起源地杯”国际青年足球锦标赛的影响力，赛前精准对接潜在赞助商，并加大了招商宣传力度，让优质企业参与到赛事中来，认真落实了赞助商权益，为赞助商带来个性化服务，中国工商银行、碧桂园、京东、中国体育彩票等 30 家赞助商参与了本次赛事，为赛事提供了总价值约 140 万元的物资赞助。企业赞助缓解了赛事举办的经济压力，保障了赛事的顺利开展。此外，赛事也带动了赞助企业的知名度与影响力，使企业与赛事实现了双赢。同时，进一步提升了“世界足球起源地”这张淄博城市名片的知名度，实现了赛事、城市、企业共赢共进的良好局面，收到了良好的社会效益。

9.2.2 泰山国际户外挑战赛

（1）基本情况：泰山国际户外挑战赛是由泰安市体育局主办，山东夫如体育文化发展有限公司和广州悦跑信息科技有限公司承办的户外越野 + 全民健身于一体的综合赛事。

（2）主要做法：赛道打破自 1987 年登山节以来的传统从红门登山的

赛道形式，从 2017 年开始已经成功举行 3 届，赛道横跨整个泰山景区，途经：桃花峪、南天门、玉皇顶、碧霞祠、天烛峰景区、封禅大典等著名景点。全程 21.6 公里，最高海拔 1545 米，累计海拔 2200 米，完美呈现桃花源景区的秀丽风貌、南天门景区的人文古迹和历史文化风貌、天烛峰景区的天然风貌，连续多年获得泰安市精品线路和精品赛事奖，是省市重点关注和支持项目。赛事设计亮点：赛道优美、将泰山自然景观、后山原始风貌和人文历史串联；参赛选手定位高端；赛事兼顾公益和产业融合；赛事媒介搭建，转化高端参赛人群，为引流招商营造环境。

（3）综合效益：泰山国际户外挑战赛是一届拥有 6527 名参赛选手，吸引了 2000 名现场观众和 40 万名线上观众的全球性赛事。本届赛事活动为社会提供大量就业岗位，从业人员近 600 人。并在赛事本体实现盈利的同时带动旅游业（酒店、餐饮、门票）、交通运输业等相关产业链实现约 4000 万元的创收。

9.2.3 SCBA 全国体育院校篮球联赛

（1）基本情况：SCBA 全国体育院校篮球联赛是山东体有学院响应国务院《关于加快发展体育产业促进体育消费的若干意见》和国家体育总局科教司“一校一品牌，一校一赛事”的号召，于 2016 年发起并永久承办的国家级篮球赛事。作为校园篮球差异化互补的交流平台，SCBA 联赛以振兴体育院校篮球事业为已任，积极探索人才培养新模式，致力于将联赛打造成为中国篮球竞技人才的储备库。

（2）主要做法：2019 赛季是 SCBA 全国体育院校篮球联赛连续举办的第四个年头，本届赛事由国家体育总局科教司、中国篮球协会、全国运动训练竞赛联盟主办，山东体育学院（国家篮球学院）、山东外国语职业技术大学承办，日照山外体育文化发展有限公司独家运 营。赛事以

“YOU CAN DO IT”为主题，汇聚了来自全国各地的专业体育院校与综合性院校共36支队伍参赛，参赛运动员、教练员、裁判员总计六百余人，采用全平台联播的方式，线上观看总人次超1500万，并获得了由新浪网、微博、新浪山东颁发的“年度最具影响力赛事”奖项。

（3）综合效益：SCBA联赛在2017年获评全国十佳最有价值新锐赛事TOP5，2018年荣登榜首，新浪微博话题量超1亿，在线观看突破2000万人次，冠亚军决赛单场突破2百万人次。2019年SCBA全国体育院校篮球联赛有36支参赛队伍，选手数量达432人；现场观众人数突破6万人，线上观众人数高达1500万人次，受关注程度可见一斑。本联赛赛事收入近350万，带动的主要产业链有赛事服务产业、制造产业和旅游产业，折合人民币约为1500万元。

9.2.4 2019年中国大运河（台儿庄）国际龙舟赛

（1）基本情况：由枣庄市体育局、枣庄市人民政府台湾事务办公室、台儿庄区人民政府主办，台儿庄区体育事业发展中心、台儿庄古城旅游集团有限公司承办。本次龙舟邀请赛竞赛项目为12人龙舟，设男、女组别。法国，国际联队代表队，港澳台代表队，北京大学、聊城大学、山东大学等国内知名大学代表队，以及台儿庄古城代表队等29支队伍455人参加。

（2）主要做法：中央电视台、山东电视台等媒体支持的2019中国大运河(台儿庄)国际龙舟赛在台儿庄古城敲响战鼓。中外健儿激情竞渡世界文化遗产京杭大运河中河台儿庄段(月河)，感受中华优秀传统文化的独特魅力。

龙舟赛已经成为台儿庄展示、保护和传承运河文化的项特色活动，鼓声响，棹桨起，古老的大运河两岸人声鼎沸，一艘艘古色古香的龙舟划桨竞渡，你追我赶，奋相争先，一支支龙舟奋勇争先，向着终点冲刺，场面激烈，扣人心弦。

（3）综合效益：整场赛事活动现场观众人数约 1 万人，线上观众人数居高不下，央视直播观众以亿人次计。赛事收入约 25 万，带动旅游等相关产业链创收约 60 万元。

9.2.5 中国济南第七届冬季畅游泉水国际邀请赛

（1）基本情况：中国· 济南第七届冬季畅游泉水国际邀请赛暨国际冬泳世界杯晋级赛于 2019 年 1 月 12 日、13 日在济南大明湖 (国家 5A 级景区) 举办，赛事包括大明湖 300 米公开水域竞速赛和泉水泳池项目竞赛。

本届比赛受到了全世界冬泳爱好者的热情关注，各国冬泳选手积极踊跃报名参赛，来自 31 个国家和地区、96 支代表队、956 名冬泳爱好者参加了比赛，是国内规格最高、参赛国家和人数最多、专业化水平最高的国际冬泳赛会活动。

（2）主要做法：该项赛事为独立 IP 原创赛事，以“泉水为媒、冬泳为介”，融入泉水文化和泉城景观推介、传统民俗活动展示等活动，是世界上唯一在泉水中开展的冬季活动。该项赛事为独立 IP 原创赛事，以“泉水为媒、冬泳为介”，融入泉水文化和泉城景观推介、传统民俗活动展示等活动，是世界上唯一在泉水中开展的冬季活动。该项赛事将具有广泛群众基础的冬泳运动融入泉水文化旅游活动中，赋予了泉水游全新的看点和体验。世界各地的冬泳选手通过与泉水的亲密接触来感受泉水之美。比赛期间增加了“一步一泉”“冬泳文化街”“济南非物质文化遗产项目展示”及专门旅游推介活动，成为一张独特的泉水旅游名片和城市体育名片。

本届济南国际冬泳赛三个最大的亮点是：被纳入国际冬泳世界杯晋级赛，成为中国首个列入国际冬泳联合会年度系列赛的冬泳比赛；被列入2019中芬冬季运动年系列活动，并且成为两国元首北京会晤前的首站预热活动；国际冬泳联合会主席玛利亚在比赛开幕式上，授予“中国济南——世界冬泳圣地”的证书。

（3）综合效益：经第三方评估，该项赛事为济南带来总体经济收益995.54万元。海内外50余家主流媒体现场报道比赛盛况。比赛前后各大媒体共刊发、转载赛事 新闻稿近500篇，相关新闻网页上万个，“世界冬泳圈大事”“游世界冬泳圣地、恋天下泉城济南”“游一回泉水冬泳、恋一生泉城济南”等满怀温暖、有爱、美好的标题遍及各大媒体，济南冬泳赛获点赞无数，好评如潮。

9.2.6 “云峰对决”环球功夫大师争霸赛

（1）基本情况：“云峰对决”环球功夫大师争霸赛，由山东省莱州中华武校主办，山东华武文化传媒有限公司、山东国龙伟成文化传媒有限公司协办。“云峰对决”2017年的5月25日正式启动。作为中国民族传统体育项目，武术搏击也是中国标志性体育项目。在国内外产生重大影响，“云峰对决”已成为国际A类品牌赛事。它在中国乃至世界有着广阔的市场前景，参赛选手多来自美国、法国、俄罗斯、蒙古国、泰国、哈萨克斯坦、中国等十几个国家。参赛选手包括参加国际、国内重大比赛的金腰带、冠军和名将，世界综合格斗中量级冠军“火麒麟”王赛、俄罗斯名将“格斗沙皇”穆斯里穆、UFC名将卡布拉尔·杨、“干越骁龙”吴雪松、“野狼王”王莹莹等为我们带来一场场精彩的对决。

（2）主要做法：“云峰对决”囊括古泰拳、国际自由搏击、MMA三种形式，又有巾帼不让须眉的女子格斗。同时，把中华武校参加历届春晚的精彩节目也搬上舞台，让现场观众不仅可以欣赏赛事，而且领略了中华武术国粹文化的魅力。邀请国内知名的歌手、明星前来助阵，功夫大师梁小龙、“散打王中王”柳海龙也莅临赛场，为赛事助威加力。

“云峰对决”依托高速发展的移动互联平台，秉承专业、高端、创新的发展理念，通过国内著名赛事专家的策划与包装，与山东电视台以及各大报社、网络媒体合作，进行全方位的宣传。赛事由山东电视台录制播出，并在各频道以及山东电视台各网络媒体予以广告推广，闪电客户端、格斗迷、用武之地、腾讯视频等十几家媒体同步直播，今日头条、抖音、百都等手机客户端推荐新闻及视频。

近年来竞技体育逐步踏上商业化，出现搏击品牌经济化的局面。“云峰对决”参赛的冠军出场费高，明星助阵拉动了票房，聚拢人气，增加粉丝。前期培育期，坚持以市场为导向，政府扶持引导，逐步实现市场化规范经营。

（3）综合效益：莱州中华武校对弘扬中华武术文化所做出的努力，始终是山东的一张黄金名片。“文化 + 武术 + 旅游”的战略构架，把城市和人文充分结合在一起，赋予了“云峰对决”新的文化内涵，赛事拉动了旅游产业的发展，同时，也极大地宣传了山东，宣传了莱州，以此拉动其他社会产业。在巩固发展期采取市场运作模式进行策划包装和运作推广，逐步建立完善门票销售、广告招商、媒体推广、市场营销、系列产品开发等一系列赛事运作机制，推进赛事活动快速进入市场化轨道。“云峰对决”比赛已经在业内产生了强烈影响，成为国内有影响力的国际赛事，得到国内外搏击界高度评价与关注，受到广大观众及媒体的认可与欢迎。

9.2.7 2019 中国体育彩票“英雄会”国际搏击争霸赛

（1）基本情况：2019“英雄会”国际搏击争霸赛，在 2019 年 11 月 16 日晚聊城市体育馆举行。本次比赛，阵容非常强大，参赛选手来自中国、泰国、伊朗、日本、南非、土耳其，乌兹别克斯坦等 7 个国家共 16 人。前国家泰拳队队长王万本、泰拳“毒莲”隆拉威等现代搏击和传统武术好手领衔的对决，成为观众和互联网关注的焦点，吸引了众多武术爱好者到场观看。

（2）主要做法：赛事本着“弘扬体育精神，增强民族凝聚力”的宗旨，已展现当代武术搏击风采，加强中外无数同仁之间的联系，进一步推动聊城体育搏击运动事业的发展，同时塑造江北水城形象，创造广大群众健康的生活为目标，今后，我们将创造更好的环境，提供更加优质的服务，为来自世界各国与地区的运动员提供展示精彩武艺的平台。进一步提升聊城国际搏击赛事的影响力，彰显中华武术传统文化，助推聊城体育文化事业的繁荣和发展。

（3）综合效益：整场赛事活动现场观众人数约 4000 人，线上观众人数高达 12 万人。赛事收入约 25 万，带动的主要产业链有餐饮、住宿、交通、运动员发展、企业宣传、带动全民健身项目等，折合人民币约为 90 万元。

9.2.8 齐鲁赛车英雄会暨 SDIC · SP+Racing 房车挑战赛

（1）基本情况：齐鲁赛车英雄会暨 SDIC · SP+Racing 房车挑战赛为一项省级赛事活动。2019 年 11 月 16—17 日，齐鲁赛车英雄会暨 SDIC · 2019 SP+ Racing 房车挑战赛在山东菏泽国际赛场正式开始。共有 15 支参赛队伍，共 80 人参赛。本次房车挑战赛根据车的排量分成 A、B、C 三组进行了排位赛和决赛的比拼。

（2）主要做法：精彩赛事的成功举办离不开赞助商的大力支持。在此，要特别感谢再次感谢山东省汽车摩托运动联合会、山东菏泽国际赛车场所有工作人员以及锐力赛车、青岛 LTC 车队、GT TOWN、极致赛车、德州 FG 车队、河南 0378Racing 车队和所有喜欢赛车车友的大力支持和帮助。此次比赛的举办让更多热爱汽车、热爱赛道的车友融入其中，为车友创造一个良好的赛车氛围。

（3）综合效益：现场观赛人数达 3000 人，线上观众人数约为 5000 人次。赛事收入相对可观，带动的主要产业链有酒店、餐饮、娱乐，折合人民币约为 30 万元。

9.2.9 2019 年中国（日照）国民休闲水上运动会

（1）基本情况：2019 年中国（日照）国民休闲水上运动会由山东省体育局、日照市人民政府共同主办，由日照市体育局、日照市文化旅游集团有限公司共同承办。在 2018 年水运会成功运作的基础上，2019 年的项目设置坚持创新融合发展，将帆船、赛艇、游泳和沙滩类项目相结合，将竞技体育和休闲体育相结合，将国际性赛事与全国性赛事相结合，目前大部分项目已经确定，拟设置 17 个大项、约 170 个小项。2019 年中国（日照）国民休闲水上运动会从 5 月份持续到 10 月份。

（2）主要做法：创新开发了水上运动嘉年华，包括帆船、桨板、皮划艇、龙舟、蹼泳等赛事；科技体育嘉年华，包括航海模型、航空模型、定向越野等赛事；青少年运动嘉年华，包括轮滑、平衡车等赛事；沙滩运动嘉年华，包括沙滩排球、沙滩足球等赛事；以及中国日照海钓节暨全民休闲体验赛等活动。

将为广大体育爱好者和游客朋友们呈献一届精彩的海滨水上运动盛会。水运会期间，日照文旅集团还将策划举办“深潜学院·日照企业家赛艇对抗赛”系列活动。

（3）综合效益：赛事吸引了包括香港、澳门在内的全国34个省市区的9500余名运动员、950余名官员及裁判员参赛，运动员年龄覆盖2-70周岁，带动参赛家属游客18000余人次，共有700余名工作人员及1300余名志愿者服务于比赛。整体赛事收入十分可观，赛事本体收入近900万元，并带动旅游、食宿交通、器材销售、纪念品销售等相关产业链收入约1亿元。

9.2.10　2019第二节朝圣之路（210km）公路自行车挑战赛

（1）基本情况：“骑游孔孟之乡，弘扬儒家文化”，“孔子文旅”杯2019第二届“朝圣之路”210公里自行车挑战赛。活动起点设置在曲阜孔子文化会展中心，驿站以“六艺”——礼、乐、射、御、书、数命名，途径孔子出生地——尼山，世界儒学中心——尼山圣境，孟子故里——邹城，千年石头古村——上九古村，运河之都--任城，古九州之一——兖州，最后集大成到达终点——曲阜孔庙正门万仞宫墙前。本次活动正是

（2）主要做法：秉承孔孟儒家文化思想，把文化、旅游、体育融为一体。本次赛事恰逢孔子文化节前后，世界儒学中心成立之际，赛事主题紧扣儒家文化思想，以儒家文化核心思想每年一个主题，本届活动主题为“仁”，驿站以“六艺”——礼、乐、射、御、书、数命名。

突出观赏性，把文化、旅游、骑行和健身融为一体，赛道途经济宁三区两市一县的7个3A以上风景区，全程骑道具有深厚的文化底蕴和优美的自然风光。

（3）综合效益：2019第二节朝圣之路（210km）公路自行车挑战赛为社会提供了一定数量的就业岗位，为近500人提供了就业岗位，缓解

了济宁市的就业压力。此次赛事活动为国家级赛事，共有 89 支参赛队伍，超千人参赛。现场观赛人数达 30000 人，线上观众人数更是突破 10 万人次。赛事收入相对可观，对相关产业链的带动作用也是不容小觑，带动的主要产业链有餐饮、住宿、旅游、购物，折合人民币约为 100 万元。

9.3 山东省十大马拉松赛事

9.3.1 黄河口（东营）国际马拉松

（1）基本情况：黄河口（东营）国际马拉松自 2008 年举办以来，已连续举办 12 届。赛事由是中国田径协会、山东省体育局、东营市人民政府主办，山东省田径运动管理中心、东营市体育局承办的国际性马拉松赛事。连续 7 年被中国田径协会评为“中国马拉松金牌赛事”，连续 4 年被国际田联评为“金标赛事”。

（2）主要做法：自 2008 年举办以来，赛事规模逐年扩大，影响力日益增强，东营马拉松先后被授予“中国成长最快的马拉松赛事”“全国马拉松积分赛”“最佳赛事”以及“马拉松金牌赛。

（3）综合效益：2019 年赛事活动总支出为 1700 万元左右，其中体育赛事宣传 700 万元、安保费用 90 万元。赛事收入主要包括商业赞助、报名费、财政补助等，其中，获得社会赞助 650 万元，参赛缴费 200 万元。有效拉动了交通、旅游、餐饮、酒店等行业发展，间接经济效益达到 3000 万元。黄河口（东营）国际马拉松赛已成为东营市一张靓丽名片，成为山东省重要的群众体育健身项目，有力地带动了群众体育特别是长跑运动的发展，扩大了黄河三角洲地区在国内外的知名度和影响力。

9.3.2 青岛马拉松赛

（1）基本情况：青岛马拉松是中国田径协会、青岛市人民政府、中央电视台主办，青岛市体育局、青岛市体育总会、青岛市市南区人民政府、青岛市崂山区人民政府承办的国际性马拉松赛事。

（2）主要做法：2019 青岛马拉松恰逢“五四运动”爆发 100 周年纪念日，而青岛又是“五四运动”的缘起地。因此，2019 青岛马拉松的奖牌设计遵循“百年五四，奔跑青岛”的主旨，奖牌正面最醒目的图案是坐落于五四广场的青岛标志性雕塑“五月的风”，并印有“五四运动”“100”“1919—2019”等字样，彰显了 2019 青岛马拉松承载的历史意义和时代精神。奖牌正面采用珐琅着色工艺，这种复合材料色彩鲜明，大气悦目，突出了马拉松赛事的健康阳光和青岛的开放、现代、活力、时尚。青岛马拉松赛道沿着青岛最美的海岸线，穿越了青岛最具特色的自然风光和人文风景。比赛线路景色优美能够充分展示城市风貌，跑友们自市政府门前出发，先后途经岛城各大地标性建筑，一路都是美景！这条赛道被国际丈量员赞誉为“中国最美赛道”。

2019 青岛马拉松奖牌背面最醒目的图案是栈桥上的回澜阁，其与近处的帆船、海鸥和远处鳞次栉比的高楼大厦交相辉映，以惊鸿一瞥的方式展现了青岛沿海一线的秀美风光。奖牌背面采用经典的浮雕工艺，显得简约大气，“银牌赛事”的字样昭示着年轻的“青马”已然跻身中国田协银牌赛事之列。

（3）综合效益：2019 年青岛马拉松赛事活动的总支出成本为 1200 万元。其中，用于体育赛事宣传 300 万元、场地租赁 150 万元、安保费用 350 万元，经营成本主要还包括搭建、物资采购、赛服等 400 万元。主要收入来源于参赛缴费和财政拨款，其中，财政核拨经费 400 万元、赛缴费 150 万元。有效带动了旅游、酒店、餐饮等产业的发展，折合人民币约为 5655.5 万元。青岛马拉松获得了“2017 中国田径协会铜牌赛事”“2018 中国田径协会银牌赛事”及特色赛事“最美赛道”，并入选“奔跑中国”系列赛等诸多荣誉。

9.3.3 临沂国际马拉松赛

（1）基本情况：临沂国际马拉松赛是国际性全程马拉松赛事，由中国田径协会、山东省体育局、临沂市人民政府共同主办，是 A1 类赛事、铜牌赛事。赛事规模 23000 人，分别设置 3 个项目，共吸引了来自中国、德国、日本、加拿大、埃塞俄比亚、肯尼亚等国家和地区的运动员报名参赛。本次赛事呈现出组织严密、安全有序、亮点突出、宣传有力的良好效果，赢得了各级领导和社会各界的高度评价和广泛赞誉。

（2）主要做法：赛事始终以跑者为本，深耕赛事服务，旨在为跑者打造一场高水准、高品质的马拉松。同时，在赛事筹备期内，历时 2 个月，在赛前分别开展“沂”往情深·七夕情侣跑、“沂”尘不染·环保亲子跑、“沂”彩流光·荧光夜跑、“沂”气风发·迎国庆青春跑系列配套活动，在赛前营造良好的城市氛围，沉淀临马马拉松人文精神。打造集生态、红色、文化为一体的特色赛事，以红色马拉松、文化马拉松、生态马拉松为亮点品牌打造。

赛道设计充分体现了临沂滨河水城特色，有利于电视直播；并且赛道平坦，多为直线，有利于运动员提高成绩；同时交通管制易于操作，有利于保障城市正常秩序。赛道主要在滨河路段，碧水蓝天的生态水城得到集中体现，途经红嫂广场、凤凰广场、书法广场等景点。赛事主会场设在临沂五洲湖广场，并作为全程和半程马拉松的起终点，迷你马拉松终点设在临沂文化广场。比赛线路主要集中在北至南京路沂河大桥、南至沂河路沂河大桥、西至蒙山大道的滨河路，并途经金雀山路、沂蒙路等主要道路，赛道平坦开阔，贯穿主城区和临沂滨河景区。

（3）综合效益：2019年临沂国家马拉松赛事活动的总支出成本为1250万元。其中，用于体育赛事宣传550万元、安保费用50万元，经营成本主要还包括现场搭建 物资采购等600万元。主要收入包括商业赞助、门票收入和财政拨款，其中，财政核拨经费598万元、社会赞助（含实物）600万元、门票收入88万元，有效带动了旅游业、酒店业、餐饮业的发展。2018年临沂国际马拉松入围最具影响力赛事排行榜，被中国田径协会评为特色赛事“红色文化奖”。临沂国际马拉松赛的举办，既是对临沂深入开展全民健身运动的促进和提升，也是对临沂市人文自然风光的展示。赛事的举办必将进一步宣传和提升临沂城市形象，扩大临沂知名度和影响力，也必将助推临沂经济社会取得更大的发展。

9.3.4 日照国际马拉松

（1）基本情况：2019日照国际马拉松，由中国田径协会、山东省体育局、日照市人民政府共同主办，山东省田径运动管理中心、日照市体育局、上海方由体育文化发展有限公司承办，润峰建设集团总冠名，是中国田径协会A1类认证赛事。本次比赛以“你就是主角”为主题，以打造“最体贴、最具旅游价值、最彰显日照特色、中国最美马拉松”为目标，设马拉松、半程马拉松、迷你马拉松和家庭马拉松，赛事规模18000人，其中马拉松3000人、半程马拉松5000人、迷你马拉松4000人、家庭马拉松1000人、党员领先跑5000人。来自国内外的18000名参赛选手、2813名志愿者、300余名新闻媒体记者和2000余名全民健身展演人员，近3万人参加了活动。

（2）主要做法：用金牌服务打造以运动员为中心的马拉松赛事。赛前免费为选手举办了 3 期共计 400 余人的官方训练营，并通过短信为所有参赛跑者发送跑步知识、天气预报等温馨提示；为 365 名选手匹配了含有其生日日期的参赛号码。在赛道科学设置了 9 处喷淋降温点、19 个饮水站、10 个饮料站和 4 个特色补给站，为选手补给小蛋糕、哈密瓜、圣女果等特色食品；沿途设置了 390 个移动卫生间。组成 100 人的专业团队，为选手提供赛前肌贴、赛后冰敷、拉伸按摩等服务。每名运动员抵达终点后，志愿者随即递上一碗热气腾腾的海鲜粥，1 万多碗海鲜粥让参赛者感受了日照大海的味道和日照人民的热情。首次为完赛选手发放了 8000 双拖鞋，一双小小的拖鞋让疲惫的双脚顿时感受到了舒爽和放松，穿上拖鞋还可以惬意地享受免费热水淋浴。收容车上，一封封带着温暖的信，给每位未能完赛的选手以勇气与鼓励。赛前、赛后免费提供 50 余辆接驳车负责外地运动员到日照车站、机场的接送服务。组委会安排了 50 余名摄影师为选手拍摄照片 50 余万张，让每个人最美的瞬间留在日马赛道上。日照让每位参赛者享受到了家的温暖，金牌赛事实至名归。

（3）综合效益：本届赛事活动的总支出成本为 690 万元。其中，用于体育赛事宣传 153 万元、场地租赁 46 万元、安保费用 210 万元。赛事收入主要包括社会赞助、参赛缴费、门票收入等，其中社会赞助 330 万元、参赛缴费 80 万元，财政拨款 230 万元。带动的主要产业链有旅游业、酒店业、餐饮业，折合人民币约为 1200 万元。

9.3.5 泉城（济南）马拉松

（1）基本情况：泉城（济南）马拉松是国内最后一个举办城市马拉松的副省级城市，此次赛事充分发挥了济南经济体量、人口规模、文旅资源、交通枢纽等方面优势，实现变道超车，报名选手来自美国、肯尼亚、俄罗斯、蒙古等 20 多个国家和地区。比赛通过央视频道和央视网面向全球在线直播，让泉城（济南）马拉松成为真正的国际性赛事。首届泉城马拉松预报名人数总计 3.1 万人，中签人数 2 万人，出勤参赛人数 1.8 万人，其中马拉松项目 5000 余人、半程马拉松项目 7900 余人、迷你马拉松项目 5000 余人。年龄最高为 85 岁、最小为 1 岁，是真正的全民健身赛事。

（2）主要做法：作为中国田径协会 A 类赛事，按照“泉城特色、金牌品质”标准打造，打造了一条独具“泉水、泉城”特色的赛道路线，赛道设计融入“十里清泉、自在济南”的泉水文化内涵，途经一河（护城河），一湖（大明湖），三泉（趵突泉、黑虎泉、五龙潭），四园（趵突泉公园、环城公园、五龙潭公园、泉城公园），解放阁、老商埠、千佛山等济南著名地标，让选手们充分领略“世界泉水之都”的独特魅力；途经万象城、汉峪金谷、齐鲁软件园等中央商务区、高新产业城的后半程赛道，让选手们感受到省会济南扬起龙头、走在前列、奋发有为、蒸蒸日上的城市发展新面貌。

马拉松是体育的，更是文化的。本着这一理念，首届泉城马拉松立足竞赛又不囿于竞赛，先后发起驻济高校啦啦队选拔赛、济南跑友影像展、助力冬奥嘉年华等系列主题活动，以内容丰富、形式多样的活动吸引市民群众的广泛参与，让更多人感受到马拉松的魅力。在泉城马拉松赛道上，超过 35 支来自社会各界的群众助演队伍，为选手们奉上了一场场特色鲜明的泉城文化盛宴。同时，根据山东移动的大数据监测，在泉城马拉松的举办过程中，仅使用移动手机的观赛群众就达到了 12.6 万人，真正实现了全民参与。

按照金牌赛事服务标准配备了由 3000 余名警力、7000 人次安保、239 位医护人员、2200 名志愿者以及城管执法、演职人员等组成的赛事服务保障队伍，沿途设置大量补给点与医疗站，并对警察跑者、志愿者、裁判、医护人员、大巴司机等进行专业培训，严格服务标准，提升服务水平，充分展现了专业赛事服务能力和城市综合管理水平，实现“零伤亡”“零事故”“零差评”。

（3）综合效益：“一场国际马拉松，全年主题嘉年华。”资源整合优势，将一场 国际马拉松赛拓展为全年主题嘉年华，最大限度地丰富体育主题消费供给，着力拉长赛事品牌产业链条，倾力打造城市新名片，塑造人文赛事品牌。本届赛事活动的总支出成本为 1500 万元。其中，用于体育赛事宣传 650 万元、安保费用 240 万元；主要收入来源于商业枣珠、参赛缴费等，其中，参赛缴费 178 万元、社会赞助（含实物）3000 万元。有效带动了旅游行业、餐饮酒店、娱乐休闲购物等产业的发展，折合人民币约为 10000 万元。

9.3.6 泰山国际马拉松赛

（1）基本情况：泰山国际马拉松赛简称“泰马”，该赛事由中国田径协会、山东省体育局、泰安市人民政府主办；泰安市体育总会、泰安市人民对外友好协会、泰安传媒集团承办。泰山国际马拉松赛自 2014 年起至今已经成功举办六届，获得了中国田协、省体育局及国内外跑友一致好评，得到了省市领导的认可，同时对带动泰安经济发展、宣传泰安、丰富泰安市民文化体育生活，起到了非常重要的作用。比赛设全程、半程和迷你三大项目，起终点设置在泰山国际会展中心，历届比赛呈现出了组织严密、安全有序、节俭高效、成绩优异、直播精彩、宣传有力的良好效果，赢得了社会各界的高度评价和广泛赞誉。

（2）主要做法：赛道升级，泰山国际马拉松赛比赛线路设在泰安市多年精心打造的城市名片“泰安环山路”观光沿线，沿途景色优美，山清水秀，风景宜人，被国内外马拉松选手誉为“最美、最具挑战性的赛道”，参赛者在奔跑过程中可以领略到五岳之首泰山特有的自然生态景观，将马拉松挑战自我、超越极限、坚韧不拔、永不放弃的精神与五岳泰山文化相融合，成为独具魅力的马拉松赛事，在国内外产生了广泛影响。参赛者在奔跑过程中可以领略到五岳之首泰山特有的自然生态景观，将马拉松挑战自我、超越极限、坚韧不拔、永不放弃的精神与五岳泰山文化相融合，成为独具魅力的马拉松赛事，在国内外产生了广泛影响。

泰山国际马拉松赛更侧重“文化办赛”，成为颇具特色的国际赛事。赛事奖牌、本届赛事期间，组委会邀请身着 56 个民族特色服饰的志愿者团队，分布在赛道沿线，举牌为运动员加油助威。同时，还有经过专业培训的国内超模团队参与赛道服务。“天贶祥宁”奖牌镶入泰山碧玉，美津浓打造“如意云裳”战袍。泰山国际马拉松赛开创性地同步推出了泰山国际马拉松赛博览会，吸引了国内顶级运动品牌、服务商 50 余家参展，为赛事提供配套服务。

（3）综合效益：2019 年泰山国际马拉松赛事活动的总支出成本为 1050 万元，其中，用于体育赛事宣传 500 万元、场地租赁 10 万元、安保费用 100 万元，经营成本主要还包括搭建、物资采购等为 440 万元。赛事收入主要包括：社会赞助、参赛缴费和上级补助，上级补助 500 万元、参赛缴费 100 万元、社会赞助（含实物）400 万元。带动的主要产业链有旅游业、住宿餐饮业、交通运输业、文化体育娱乐业，折合人民币约为 3.37 亿元。这些消费方面的直接增加同时拉动了全省各行业产出的增长。粗略估计，泰马拉动全省总产出增加 6 亿余元，拉动效应显著。

9.3.7 龙口国际马拉松

（1）基本情况：龙口国际马拉松是中国田径协会、龙口市人民政府主办，龙口市教体局、烟台日报传媒集团、华夏传媒集团承办的国际性马拉松赛事。龙口马拉松是烟台第一个与中国田协共办的 A1 赛事，并在 2018 年中国田协的综合评定中名列全国第 92 名，是目前烟台唯一全国银牌级别的马拉松比赛。2019 年，龙马参赛报名者有 1 万余人，其中烟台以外的选手占到了一半以上。

（2）主要做法："活力马拉松，美丽新龙口"，时至今日，龙马已不单单是一项全民参与的重大赛事，在传递健康运动生活理念、加强赛事协调服务能力和提升城市影响力等层面，更代表着一种传承与创新。

除了优质的赛事服务，特色的专业级跑道也最吸引跑友：在绿树成荫的开阔马路中，跑道视野极佳，尤其水天一色的海边风景和绿意盎然的平坦路线，是一种跑在氧吧天堂的醉心感觉。

（3）综合效益：本届赛事活动的总支出成本为 500 万元，其中用于体育赛事宣传 110 万元、场地租赁 3 万元、安保费用 20 万元，经营成本主要还包括搭建、服装、奖牌、田协共办费用、补给品、医疗、安保等为 367 万元。主要收入来源于社会赞助、广告、参赛缴费和财政拨款，其中财政拨款经费 200 万元、参赛缴费 90 万元、社会赞助（含实物）124 万元、广告收入 36 万元。带动的主要产业链有文化旅游、体育产品销售、交通运输，折合人民币约为 5000 万元。

9.3.8 荣成滨海国际马拉松赛

（1）基本情况：首届荣成滨海国际马拉松举办于 2017 年，作为中国田协共办的 A 类赛事，荣成滨海国际马拉松赛共设置了全程马拉松、半程马拉松、健康跑（约 12KM）、欢乐跑（约 6KM）4 个参赛项目，采用线上和线下两种报名渠道，围绕线下马拉松组织开通线上马拉松和警察马拉松 2 个赛中赛。2019 年线下马拉松共计 1.2 万人参赛，其中包括来自埃塞俄比亚、比利时、韩国、加拿大、日本等 17 个国家和地区的 88 名外籍选手。2019 年线上参赛人数达 18 万。2018 年，荣成滨海国际马拉松赛被中国田协授予年度铜牌赛事及全国最美赛道的荣誉。

（2）主要做法：围绕荣成千里海岸线融合樱花湖、滨海公园等荣成市优美景点展开赛道设计。沿途设置荣成特有的民俗特色展演。采用线上和线下两种报名渠道，围绕线下马拉松组织开通线上马拉松和警察马拉松 2 个赛中赛。

（3）综合效益：2019 年荣成滨海国际马拉松赛事活动的总支出成本为 960 万元。其中，用于体育赛事宣传 500 万元，用于场地租赁 0 万元，用于安保费用 100 万元。经营成本主要还包括人员、设备、设施、车辆等为 360 万元 。财政核拨经费 960 万元；带动的主要产业链有餐饮、旅游、住宿，折合人民币约为 1000 万元。经过 3 年的持续举办，目前已发展成为国家级铜牌赛事、威海市精品赛事，成为宣传城市品牌、开展全民健身、展现体育文化的重要载体。2019 年获得“山东省体育产业示范项目”。

9.3.9 枣庄冠世榴园国际马拉松

（1）基本情况：2019 枣庄冠世榴园国际马拉松赛是由中国田径协会和枣庄市人民政府主办，枣庄市体育局和峄城区人民政府承办，具有较大区域影响力的群众性体育品牌赛事。自 2016 年以来，枣庄国际马拉松已举办三届，是中国田径协会铜牌赛事。2019 枣庄冠世榴园国际马拉松定于 10 月 13 日在山东枣庄举行。赛事设全程马拉松、半程马拉松、迷你马拉松及家庭欢乐跑等四个组别，总规模 10000 人。

（2）主要做法：2019 年冠世榴园枣庄国际马拉松由齐鲁晚报· 齐鲁壹点进行赛事运营，定于 10 月 13 日在枣庄峄城区举办，起终点为峄城文体中心，路线贯穿峄城中心城区及冠世榴园景区，沿途道路平整，风光优美。赛事为充分满足广大跑步爱好者参加高水平赛事的需求，设马拉松，半程马拉松和迷你跑项目，采取社会报名，比赛规模为历届最大。

（3）综合效益：本届赛事活动的总支出成本为 260 万元，其中，用于体育赛事宣传 60 万元、场地租赁 50 万元、安保费用 40 万元，经营成本主要还包括移动厕所租赁、外籍选手邀请、生活费等 110 万元。主要收入来源于财政核拨经费和参赛报名费，其中，财政拨款 180 万元、参赛缴费 11 万元，有效带动了石榴等产品销售，折合人民币约为 60 万元。

9.3.10 菏泽（东明）黄河生态马拉松赛

（1）基本情况：2019 菏泽（东明）黄河生态马拉松赛是由中国田径协会、山东省体育局、菏泽市人民政府主办，菏泽市体育局、东明县人民政府、《山东商报》社承办，鲁商传媒集团有限公司运营的大型马拉松赛事。本次赛事于 2019 年 10 月 20 日在菏泽市东明县隆重举行，本次比赛分为全马、半马和迷你马拉松三个项目，起点设在东明黄河国家湿地公园。这是东明县举办的第二届马拉松赛，跑友们对当地政府和赛事运营方在赛道设计、安全保障、资源配置、补给服务等方面的专业与诚意给予了极高的评价，整个赛事在山东电视体育频道全程直播，线上线下 800 多万观众为运动员加油鼓劲，社会好评相当强烈，在全国马拉松赛事中树立了良好的口碑和形象。

（2）主要做法：本次马拉松选出东明县最具代表性的黄河大堤景观大道作为赛道奉献给来自国内的马拉松运动员。是国内首个原生态黄河马拉松，赛道在国内是独一无二的。东明县是黄河入鲁第一县，本次马拉松赛道沿着黄河大堤一路北上，伴着滚滚黄河尽情狂奔，在天然氧吧大口呼吸，沿途自然风景尽收眼底！

赛事组委会将和政府部门通力协作，在起终点区域举办了“乡村振兴”成果展。以“弘扬文化、振兴乡村”为宗旨，围绕东明各产业取得的成绩、东明旅游、农产品采购、美食品鉴、特色农产品等进行展示。展示了东明县优美的自然环境、卓越的发展环境，拉动了旅游业的发展，带动全民健身的热情，以体育产业作为新动能带动县域经济的发展达到了新高度。来自全国各地近万名运动员在 3000 多名专业工作人员及志愿者的保驾护航下沿着黄河大堤一路北上，平坦的赛道，优美的环境为运动员创造出良好的比赛成绩提供了有利的条件。

（3）综合效益：2018 年更是荣获中国田协共办赛事的“铜牌赛事”和“特色赛事”两项殊荣。向世界展示了东明县优美的自然环境、卓越的发展条件，拉动了旅游业的发展，带动了全民健身的热情，以体育产业作为新动能带动县域经济的发展达到了新的高度。本届赛事活动的总支出成本为 318 万元，其中，用于体育赛事宣传 123 万元、运动员装备等费用、田协申报费、志愿者费、庆典及物料、移动厕所及摆渡车租赁、执行费为 195 万元。赛事收入主要来源于社会赞助、参赛缴费、财政拨款，其中，财政核拨经费 195 万元、赛缴费 8 万元、社会赞助（含实物）125 万元，有效带动了餐饮、住宿、旅游交通等产业发展，折合人民币约为 400 万元。本届赛事在中国田协等级认证中被评定为 A 级赛事，2018 年被中国田协评为铜牌赛事和自然生态特色赛事奖项，2019 将被评为银牌赛事。同时本届赛事纳入山东省第九届全民健身运动会活力山东马拉松系列赛并获得社会力量办赛突出贡献奖。

参考文献

[1] 陈孝道 . 我国竞赛体育表演产品供应链运行机制研究 [J]. 浙江体育科学，2012，34(02):50-54+106.

[2] 杨晓晨 . 竞赛表演产业价值链整合及其发展路径分析 [J]. 吉林体育学院学报，2014，30(01):11-15.

[3] 文晶晶 . 体育竞赛表演市场产业价值链研究及发展对策 [J]. 运动，2016(19):5-6.

[4] 党挺 . 国外体育竞赛表演市场发展分析及启示 [J]. 体育文化导刊，2017(06):139-143.

[5] 陈云开 . 竞赛表演产业及其市场构成 [J]. 天津体育学院学报，2002(01):18-20.

[6] 谭建湘，侯玉鹭，郑玮等 . 我国大型竞赛表演市场的投融资机制 [J]. 上海体育学院学报，2006(1):15.

[7] 蔡嘉欣，徐开娟，黄海燕 . 墨尔本全球体育城市建设经验及其对上海的启示 [J]. 体育科研，2018，39(06):41-47.

[8] 姚小林 . 我国冰上体育竞赛表演业市场培育的现状与对策研究 [J]. 哈尔滨体育学院学报，2015(06):31-36.

[9] 史友宽，许好建 . 全国排球联赛竞赛表演市场影响因素分析 [J].

浙江体育科学，2004(05):57-59+75.

[10] 陈云开 . 中国竞赛表演业的管理体制及经营方式的特点 [J]. 北京体育大学学报，2002(06):731-733.

[11] 陈云开，俞继英 . 中国竞赛表演产业的经营模式 [J]. 上海体育学院学报，2002(02):12-16.

[12] 代海霞 . 我国体育赛事运营中的模式效益及实现对策 [J]. 呼伦贝尔学院学报，2018，26(02):55-57+103.

[13] 黄雨春 . 我国体育赛事运营模式的比较研究 [J]. 青少年体育，2017(01):38-39+18.

[14] 周良君，周西宽 . 上海市体育竞赛表演业国际竞争力研究理论与方法 [J]. 广州体育学院学报，2006(05):13-16.

[15] 周良君，陈小英，周西宽 . 上海市体育竞赛表演业竞争力的核心——与世界城市纽约、伦敦、巴黎的比较分析 [J]. 体育科研，2007(02):44-47.

[16] 王琴梅，邵奇 . 基于“钻石模型”的上海体育竞赛表演业集群化发展研究 [J]. 宝鸡文理学院学报 (社会科学版)，2015，35(06):85-92.

[17] 金玉华 . 上海体育竞赛表演业存在问题分析 [J]. 留学生，2015(09):123.

[18] 王国顺 . 企业经营效率 : 概念、来源及关系 [J]. 中南工业大学学报 (社会科学版)，2002(03):224-228.

[19] 张宗益，吴俊 . 银行效率研究中的前沿分析方法及其比较 [J]. 经济学动态，2003(04):38-40.

[20] 刘宜鸿 . 企业经营效率评价方法比较研究 [J]. 现代经济信息，2018(08):22-23.

[21] 刘辛丹，吕坤 . 当代国际体育经济学的研究热点和趋势 [J]. 财经科学，2019(06):120-132.

[22] 何强 . 城市效益视角下体育竞赛表演产业高质量发展的学理内涵与前景指向 [J]. 上海体育学院学报，2020，44(11):55-65.

附录：2019 年山东省举办各类赛事一览表

2019 年山东省举办各类赛事一览表

序号	赛事名称	主办单位	地点	时间
1	2019 年威海国际帆船拉力赛	威海市体育局	威海市	6 月
2	2019 年中国女子职业高尔夫球巡回赛暨韩亚航空高尔夫公开赛	中国高尔夫球协会	威海市	7 月
3	2019 全国二青会射箭预赛	国家体育总局	青岛市	5 月
4	2019 荣成滨海国际马拉松赛	中国田径协会、山东省体育局、荣成市人民政府	威海市	5 月
5	2019 威海超级铁人三项系列赛	山东省体育局、威海市重大体育赛事组委会	威海市	9 月
6	2019 年亚洲沙滩手球锦标赛	亚洲手球联合会	威海市	4 月
7	2019 济南网球公开赛	中国网球协会	济南市	8 月
8	2019 年国际 ITF 青少年巡回赛	中国网球协会	济南市	6 月
9	2019 年仙境海岸海阳马拉松赛	中国田径协会、山东省体育局、海阳市人民政府	烟台市	6 月
10	“水发·体彩杯”2019 年中国马术青少年 U 系列赛（济南站）	中国马术协会、济南市历城区人民政府	济南市	9 月
11	2019 年全国青年赛艇锦标赛暨 U 系列赛潍坊站	中国赛艇协会	潍坊市	6 月
12	2019 年国际皮划艇马拉松系列赛	国际皮划艇联合会、中国皮划艇协会	青岛市	10 月
13	2019 年威海浆板邀请赛	威海市游艇行业协会	威海市	8 月
14	2019 年 ICF 世界浆板锦标赛	国际皮划艇联合会、中国皮划艇协会、青岛市人民政府	青岛市	10 月

续表

序号	赛事名称	主办单位	地点	时间
15	2019 第二届 J80 级别亚洲锦标赛	中国帆船帆板运动协会、亚洲 J80 帆船级别协会、青岛市体育局	青岛市	10 月
16	2019 年中国—阿富汗—巴基斯坦三国青年板球友谊赛	亚洲 J80 帆船级别协会	济南市	10 月
17	2019 年中国运河（聊城）皮划艇公开赛	聊城市全民健身运动会组委会	聊城市	8 月
18	中国（滨海）马术耐力达标赛	青岛市体育局	潍坊市	10 月
19	2019IBSF 世界青年斯诺克锦标赛台球	国际比利和斯诺克联合会、中国台球协会、青岛市体育局、平度市人民政府	青岛市	7 月
20	2019 年全国男子保龄球锦标赛北方赛区比赛	国家体育总局小球运动管理中心、中国保龄球协会	济南市	9 月
21	2019 年全国帆船冠军赛	中国帆船帆板协会	烟台市	9 月
22	二青会棒球 U15 预选赛	国家体育总局	威海市	4 月
23	2019 年“中国体育彩票杯”山东省男子拳击锦标赛	山东省拳击跆拳道运动管理中心	菏泽市	3 月
24	山东省女子拳击锦标赛	山东省拳击跆拳道运动管理中心	淄博市	3 月
25	2019 年“中国体育彩票杯”山东省男子跆拳道锦标赛	山东省拳击跆拳道运动管理中心	烟台市	4 月
26	山东省男子排球（乙组）锦标赛	山东省排球运动管理中心	烟台市	4 月
27	2019 年山东省举重锦标赛	山东省举重摔跤柔道运动管理中心	济南市	4 月
28	山东省女子跆拳道锦标赛	山东省拳击跆拳道运动管理中心、山东省跆拳道协会	泰安市	4 月
29	山东省现代五项锦标赛	山东省青岛体育训练中心	烟台市	4 月
30	山东省女子排球（乙组）锦标赛	山东省排球运动管理中心	德州市	4 月
31	山东省古典式摔跤锦标赛	山东省举重摔跤柔道运动管理中心	泰安市	4 月

续表

序号	赛事名称	主办单位	地点	时间
32	山东省武术散打女子锦标赛与全国武术散打锦标赛暨第十五届世界武术锦标赛选拔赛	山东省武术院	济宁市	4月
33	山东省 BMX 小轮车锦标赛	山东省射击自行车运动管理中心、省自行车运动协会	日照市	5月
34	2019年“中国体育彩票杯”山东省武术套路（男子）锦标赛	山东省武术院	菏泽市	5月
35	山东省空手道锦标赛	山东省拳击跆拳道运动管理中心	济南市	5月
36	山东省自由式摔跤锦标赛	山东省举重摔跤柔道运动管理中心	泰安市	5月
37	山东省青少年山地自行车锦标赛	山东省射击自行车运动管理中心	烟台市	5月
38	2019“中国体育彩票杯”山东省手球锦标赛	山东省威海体育训练中心、山东省手球运动协会	威海市	5月
39	山东省男子排球（甲组）锦标赛	山东省排球运动管理中心	淄博市	5月
40	2019年“中国体育彩票杯”山东省男子篮球（乙组）锦标赛	山东省篮球运动管理中心	济宁市	5月
41	山东省女子篮球（乙组）锦标赛	山东省篮球运动管理中心	泰安市	5月
42	2019年“中国体育彩票杯”山东省男子武术散打锦标赛	山东省武术院	临沂市	6月
43	山东省沙滩排球（甲组）锦标赛	山东省排球运动管理中心	威海市	6月
44	2019年“中国体育彩票杯”山东省青少年公路自行车锦标赛	山东省射击自行车运动管理中心	烟台市	6月
45	山东省短道速滑锦标赛		青岛市	6月
46	山东省柔道锦标赛	山东省举重摔跤柔道运动管理中心	泰安市	6月
47	山东省高尔夫球锦标赛	山东省小球运动联合会	青岛市	7月
48	山东省女子排球（甲组）锦标赛	山东省排球运动管理中心	泰安市	6月
49	山东省篮球（甲组）锦标赛	山东省篮球运动管理中心	东营市	6月
50	山东省公开水域游泳锦标赛	淄博市游泳运动管理中心、淄博市游泳运动协会	淄博市	7月

续表

序号	赛事名称	主办单位	地点	时间
51	山东省沙滩排球（乙组）锦标赛	山东省排球运动管理中心、荣成市人民政府	威海市	6 月
52	山东省橄榄球锦标赛	山东省威海体育训练中心	威海市	7 月
53	2019 年全国皮划艇静水 U 系列潍坊分站赛暨“中国体育彩票杯”山东省皮划艇锦标赛	山东省水上运动管理中心	潍坊市	7 月
54	山东省乒乓球（甲 A 甲 B 乙 A 组）锦标赛	山东省乒乓球羽毛球运动管理中心	东营市	7 月
55	山东省冲浪锦标赛	山东省烟台体育训练中心	青岛市	7 月
56	山东省游泳锦标赛	山东省游泳运动管理中心	淄博市	7 月
57	山东省帆船帆板锦标赛	山东省青岛体育训练中心	日照市	8 月
58	2019 年“中国体育彩票杯”山东省乒乓球锦标赛	山东省乒乓球羽毛球运动管理中心	烟台市	8 月
59	山东省场地自行车锦标赛	山东省射击自行车运动管理中心	日照市	9 月
60	2019 年全国 U 系列青少年蹦床锦标赛资格赛（高密站）	国家体育总局体操运动管理中心	潍坊市	4 月
61	2019 年“中国体育彩票杯”山东省男、女足球（乙组）锦标赛	山东省足球运动管理中心	威海市	10 月
62	2019 年“中国体育彩票杯”暨“浩沙杯”山东省铁人三项锦标赛	山东省游泳运动管理中心、山东省游泳运动协会	淄博市	8 月
63	2019 年“中国体育彩票杯”山东省滑板锦标赛	山东省攀岩运动协会	淄博市	12 月
64	山东省公路自行车冠军赛	山东省射击自行车运动管理中心，山东省自行车运动协会	日照市	7 月
65	山东省 BMX 小轮车冠军赛	山东省射击自行车运动管理中心、省自行车运动协会	临沂市	7 月
66	山东省山地自行车冠军赛	山东省射击自行车运动管理中心	日照市	8 月
67	山东省武术套路冠军赛	山东省武术院	济宁市	11 月

续表

序号	赛事名称	主办单位	地点	时间
68	山东省武术散打冠军赛	山东省武术院	菏泽市	10月
69	山东省现代五项冠军赛	中国现代五项运动协会	淄博市	9月
70	山东省赛艇冠军赛	山东省水上运动管理中心	烟台市	9月
71	山东省男子手球冠军赛	山东省威海体育训练中心，山东省手球协会	滨州市	9月
72	2019 国际划联皮划艇静水世界冠军挑战赛暨第三届中国皮划艇公开赛	国际皮划艇联合会、中国皮划艇协会、山东省体育局、临沂市人民政府	临沂市	9月
73	山东省皮划艇激流回旋锦标赛	山东省水上运动中心	日照市	7月
74	山东省空手道冠军赛	山东省拳击跆拳道运动管理中心	泰安市	12月
75	“玲珑轮胎杯”山东省高尔夫球冠军赛	山东省小球运动联合会	济南市	7月
76	2019 年山东省“中国体育彩票杯”击剑冠军赛	山东省青岛体育训练中心	青岛市	10月
77	2019 年“体育彩票杯”山东省乒乓球锦标赛	山东省乒乓球羽毛球运动管理中心	德州市	10月
78	山东省场地自行车冠军赛	山东省射击自行车运动管理中心	日照市	10月
79	山东省篮球（乙组）冠军赛	山东省篮球运动管理中心	东营市	10月
80	山东省排球（甲组）冠军赛	山东省排球运动管理中心	青岛市	10月
81	2019 年“中国体育彩票杯”山东省手球冠军赛	山东省威海体育训练中心、山东省手球运动协会	烟台市	11月
82	山东省篮球（甲组）冠军赛	山东省篮球运动管理中心	泰安市	10月
83	山东省排球（乙组）冠军赛	山东省排球运动管理中心	东营市	10月
84	山东省男子跆拳道冠军赛	山东省拳击跆拳道运动管理中心	烟台市	4月

续表

序号	赛事名称	主办单位	地点	时间
85	2019 年“体育彩票杯”山东省跆拳道锦标赛	山东省拳击跆拳道运动管理中心	滨州市	10 月
86	2019 年“体育彩票杯”山东省体操锦标赛	山东省体操运动管理中心	潍坊市	8 月
87	山东省男子拳击冠军赛	山东省拳击跆拳道运动管理中心、山东省拳击协会	泰安市	11 月
88	2019 年“体育彩票杯”山东省女子拳击冠军赛	山东省拳击跆拳道运动管理中心、山东省拳击运动协会	济宁市	11 月
89	2019 年“中国体育彩票杯”暨“浩沙杯”山东省公开水域游泳锦标赛	山东省体育局、省游泳运动管理中心	淄博市	6 月
90	2019“省体杯”山东省三人篮球联赛	山东省体育中心、山东省体育场馆协会	济南市	10 月
91	2019 年青少年“中国体育彩票杯”山东省 BMX 小轮车竞速冠军赛	山东省射击自行车运动管理中心、山东省自行车运动协会	临沂市	7 月
92	山东省柔道（男、女）冠军赛	山东省举重摔跤柔道运动管理中心	烟台市	10 月
93	2019 年山东省“体育彩票杯”山东省男、女举重冠军赛	山东省举摔柔运动管理中心	淄博市	10 月
94	山东省短道速滑冠军赛	山东省青岛体育训练中心	枣庄市	12 月
95	2019 年山东省“中国体育彩票杯”帆船帆板锦标赛	由山东省青岛体育训练中心	日照市	8 月
96	山东省中小学生体育联赛排球比赛（初中、高中组）	山东省体育局、山东省教育厅、山东省财政厅	淄博市	8 月
97	山东省“中国体育彩票杯”大中小学生体育联赛乒乓球比赛（小学组、中学组）	山东省体育局、山东省教育厅、山东省财政厅	烟台市	8 月
98	山东省中小学生体育联赛足球比赛	潍坊市体育局、潍坊市教育局	潍坊市	6 月

续表

序号	赛事名称	主办单位	地点	时间
99	2019 年山东省“中国体育彩票杯”大中小学生体育联赛排球比赛暨山东省中学生排球锦标赛（高中组）	山东省体育局	淄博市	8 月
100	山东省中小学生体育联赛田径比赛	山东省体育局、山东省教育厅、山东省财政厅	济宁市	8 月
101	“中国体育彩票杯”2019 年山东省中小学生体育联赛暨“浩沙杯”游泳比赛	山东省体育局、山东省教育厅、山东省财政厅	淄博市	10 月
102	山东省大学生乒乓球联赛	山东省学校体育协会	青岛市	5 月
103	山东省大学生足球联赛	山东省教育厅	威海市	3 月
104	2019 年全国少年柔道锦标赛	中国柔道协会	聊城市	5 月
105	2019 年全国柔道道馆俱乐部锦标赛	中国柔道协会	青岛市	7 月
106	2019 年全国摔跤总决赛	国家举重摔跤柔道运动管理中心、中国摔跤协会	聊城市	11 月
107	2019 中国足球协会全国室内五人制足球少年锦标赛（U13）	中国足球运动管理中心	东营市	7 月
108	“玲珑轮胎杯”2019 年山东省青少年网球排名赛济宁站	山东省小球运动联合会、山东省网球运动协会	济宁市	4 月
109	“玲珑轮胎杯”2019 年山东省青少年网球排名赛淄博站	山东省小球运动联合会、山东省网球运动协会	淄博市	5 月
110	山东省青少年网球排名赛分站赛（第三站）	东省小球运动联合会、山东省网球运动协会	临沂市	6 月
111	山东省青少年网球排名赛总决赛	山东省小球运动联合会、山东省网球运动协会	威海市	8 月
112	“玲珑轮胎杯”2019 年山东省青少年网球排名赛 (U18) 暨山东省网球俱乐部比赛	山东省小球运动联合会、山东省网球运动协会	青岛市	9 月
113	“玲珑轮胎杯”山东省青少年高尔夫球巡回赛暨 U 系列赛（威海荣成石岛站）	山东省小球运动联合会	威海市	8 月

续表

序号	赛事名称	主办单位	地点	时间
114	山东省短跑、跨栏、跳跃项群赛	山东省田径运动管理中心、山东省田径运动协会	潍坊市	5月
115	山东省“跑游山东”马拉松系列赛	山东省体育局、山东省文化和旅游厅、山东省体育总会	菏泽市	4月
116	全国桨板黄金联赛（山东站）	国家体育总局水上运动管理中心	威海市	8月
117	“中国体育彩票杯”山东省高尔夫球冠军赛	山东省小球运动联合会	威海市	8月
118	2019 年“我爱祖国海疆”山东省青少年航海模型竞赛	山东省体育局	青岛市	10月
119	2019 年“共筑家园”山东省青少年建筑模型竞赛	山东省航海运动协会	青岛市	11月
120	山东省青少年航空航天模型锦标赛暨“飞向北京”全国青少年航空航天模型选拔赛	山东省航空运动协会、山东省学校体育协会、威海市体育局、荣成市人民政府	威海市	7月
121	山东省大中小学体育联赛篮球比赛	山东省体育局、山东省教育厅、山东省财政厅	潍坊市	8月
122	山东省青少年门球锦标赛	山东省门球协会	东营市	7月
123	宝通杯”山东省第十届少年围棋精英赛	山东省棋类运动协会	潍坊市	2月
124	山东省少年围棋锦标赛总决赛	山东省棋类运动协会	日照市	8月
125	山东省国际象棋少年个人冠军赛	山东省棋类运动协会、临沂市体育局、临沂市体育总会	临沂市	6月
126	山东省青少年国际跳棋锦标赛	山东省棋类运动协会	济宁市	6月
127	山东黄河故道椹果生态文化节暨 2019 齐鲁赛车英雄会摩托车越野场地锦标赛	山东省汽车摩托车运动联合会	德州市	6月
128	山东省“全国青少年校园足球特色学校”足球联赛	山东省教育厅、山东省体育局	青岛市	9月

续表

序号	赛事名称	主办单位	地点	时间
129	2019 年山东省“学校体协杯”学生健康活力大赛	山东省学校体育协会	青岛市	11 月
130	2019 年山东省社会体育指导员健身技能展示大赛	山东省体育局	济南市	10 月
131	2018-2019 年“优魄杯”山东省大众跆拳道系列赛（总决赛）	山东省体育总会、山东省跆拳道运动协会	济南市	3 月
132	山东省第四届幼儿园小小足球赛	山东省体育局、山东省足球运动管理中心	济南市	4 月
133	济南市第一届“广电杯”少儿足球精英赛	济南广播电视台、济南市足球运动协会	济南市	5 月
134	2019 年山东省“中国体育彩票杯”中小学生体育联赛田径比赛	山东省体育局、山东省教育厅、山东省财政厅	济宁市	8 月
135	2019 年穿越齐鲁· 定向越野大赛（四站）	山东省体育局、日照市人民政府、山东省无线电协会	日照市	5 月
136	“穿越齐鲁”2019 年山东省亲子趣味定向比赛	山东省无线电运动协会	济宁市	8 月
137	“发现·青岛”城市定向赛	中共青岛市委宣传部、市文化和旅游局、市体育局、市贸促会	青岛市	7 月
138	“玲珑轮胎杯”2019 年全国青年板球锦标赛	国家体育总局小球运动管理中心、中国板球协会	济南市	7 月
139	全国青少年棒球公开赛（山东赛区）	国家体育总局手曲棒垒球运动管理中心、中国棒球协会	威海市	7 月
140	山东省第九届全民健身运动会健身气功比赛暨 2019 年山东省健身气功站点联赛（东部赛区）	山东省体育局、潍坊市人民政府	潍坊市	4 月
141	山东省健身气功站点联赛（西部赛区）		枣庄市	5 月
142	山东省第五届沿海骑行大奖赛	山东省体育总会	日照市	11 月

续表

序号	赛事名称	主办单位	地点	时间
143	2019 济南市马术联赛山东省青少年宫常青营地站	山东省青少年宫、济南市青少年宫、济南市马术协会	济南市	11 月
144	2019 新浪杯未来之星马术大赛济南天天向上骑士会站分站赛暨山东省马术协会青少年马术大赛	北京马术协会、新浪体育、法国马术协会、山东省马术协会	济南市	5 月
145	2019 年枣庄市业余足球联赛		枣庄市	4 月
146	2019 年枣庄市全民健身运动会登山比赛	枣庄市体育局、中共枣庄市委市直机关工作委员会、市总工会、山亭区人民政府、市体育总会、市老年体协	枣庄市	4 月
147	枣庄市第八届国际象棋等级赛	枣庄市国际象棋协会	枣庄市	5 月
148	2019 年枣庄市第六届大众跆拳道锦标赛	山东省跆拳道运动协会	枣庄市	6 月
149	中国三人篮球挑战赛	中国篮球协会	济南市	9 月
150	齐魂决万海杯中外对抗赛	淄博市体育总会	淄博市	4 月
151	2019 年中国小篮球联赛（淄博赛区）	中国篮球协会	淄博市	6 月
152	“统一陶瓷科技”2018 首届全国国际象棋棋协大师赛总决赛	中国国际象棋协会	淄博市	1 月
153	淄博市全民健身运动会	淄博市体育局、淄博市体育总会	淄博市	4 月
154	淄博市第三届智力运动会航模比赛	淄博市体育局、淄博市教育局、淄博市体育总会	淄博市	5 月
155	2019 黄河口（东营）国际马拉松赛	中国田径协会、山东省体育局、东营市人民政府	东营市	4 月
156	东营市第九届全民健身运动会	东营市体育局、东营市体育总会办公室	东营市	6 月
157	2019 黄河口（东营）国际公路自行车赛暨山东省第五届沿海骑行自行车大奖赛（东营）站	中国自行车运动协会、山东省体育局、东营市人民政府	东营市	9 月

续表

序号	赛事名称	主办单位	地点	时间
158	“中国体育彩票”东营市第十一届千乡乒乓球比赛	东营市体育局、东营市体育总会办公室	东营市	8 月
159	东营区第十一届万人象棋比赛	东营市体育总会办公室	东营市	8 月
160	东营市第十一届百县篮球比赛	东营市体育总会办公室	东营市	7 月
161	河口区“三八”环鸣翠湖健步行活动	河口区妇联、区教育局、湖滨新区	东营市	3 月
162	2019 年广饶县第二十届门球联谊邀请赛	东营市老年人体育协会	东营市	3 月
163	2019 年中国公路自行车联赛总决赛	中国自行车运动协会、山东省体育局、荣成市人民政府	威海市	7 月
164	全民健身月启动及广场舞比赛	济阳区教育和体育局、济阳区体育总会	济南市	5 月
165	山东省万人象棋济南预赛	济南市体育局、济南市体育总会	济南市	8 月
166	2019 年中国 · 济南第四届国际山地持杖徒步大会	中国登山协会、山东省体育总会	济南市	10 月
167	2019 济南贺岁杯足球赛暨济南足协杯足球赛	济南市足球协会、济南市球迷协会	济南市	1 月
168	2019 济南市（首届）业余足球超级联赛	济南市足球运动中心、济南市足球协会	济南市	5 月
169	2019 年中国城市少儿足球联赛（济南赛区）	全国体育运动学校联合会	济南市	6 月
170	2019 年济南市业余羽毛球比赛	济南市体育局	济南市	8 月
171	2019 年第七届中国 . 济南冬季畅游泉水国际邀请赛	济南市人民政府	济南市	1 月
172	2019 年济南市室内田径单项精英赛（短跑、跳跃）	济南市教育局、济南市体育局	济南市	12 月
173	莱芜市第一届冬季全民健身运动会	济南市体育局	济南市	1 月
174	莱芜市足球超级联赛		济南市	7 月
175	日照国际马拉松比赛	中国田径协会、山东体育局、日照市人民政府	日照市	10 月

续表

序号	赛事名称	主办单位	地点	时间
176	第六届运动会（高校组）足球赛	日照市体育局、日照市体育总会	日照市	9 月
177	日照市第九届全民健身运动会	日照市体育局	日照市	5 月
178	日照市第二十九届“长松杯”老年人门球赛	体育局、市老干部局、市老年体协	日照市	4 月
179	山东省第十一届“千乡乒乓球”总决赛	山东省体育总会	日照市	9 月
180	日照市第九届大众跆拳道锦标赛暨精英赛	日照市体育总会、日照市跆拳道协会	日照市	5 月
181	2019 年山东省青少年无线电测向锦标赛	山东省无线电运动协会、山东省学校体育协会	日照市	10 月
182	日照市健身气功单项个人比赛	日照市健身气功推广管理协会日	日照市	6 月
183	日照市第四届青年社团足球赛	共青团日照市委、日照市青年联合会、市学生联合会	日照市	12 月
184	中国日照沙滩足球争霸赛	山东省体育局、日照市人民政府	日照市	6 月
185	威海市全民健身运动会暨攀岩比赛	威海市体育局	威海市	5 月
186	第丨四届“天和杯”幼儿围棋赛		威海市	6 月
187	“中国体育彩票杯”2019 年威海市中小学排球联赛	威海市教育局、威海市体育局	威海市	4 月
188	威海市排球联赛	威海市教育局、威海市体育局	威海市	4 月
189	威海市网球锦标赛		威海市	9 月
190	第八届“海飞杯”围棋邀请赛	威海市天和棋院	威海市	8 月
191	网球俱乐部杯年终总决赛		威海市	11 月
192	威海市体育舞蹈锦标赛	山东省威海市国际标准舞协会	威海市	7 月
193	威海市室内游泳锦标赛	威海市体育局	威海市	5 月

续表

序号	赛事名称	主办单位	地点	时间
194	全国业余棋王赛山东赛区聊城分站比赛	山东省棋类运动协会、聊城市象棋协会	聊城市	2 月
195	全国象棋甲级联赛山东主场比赛	中国棋牌运动管理中心	淄博市	7 月
196	聊城市象棋个人比赛	聊城市国际象棋协会	聊城市	4 月
197	2019 中国运河名城（聊城）自行车公开赛暨聊城市第九届全民健身运动会山地自行车越野赛	聊城市教育和体育局	聊城市	7 月
198	2019 中国运河名称（聊城）自行车公开赛	聊城市全民健身运动会组委会	聊城市	8 月
199	2019 聊城市第九届国际象棋联谊赛（成人）	聊城市国际象棋协会	聊城市	1 月
200	第七届聊城市国际象棋幼儿大赛	东昌府区全民健身运动会组委会	聊城市	6 月
201	聊城市第九届全民健身运动会	聊城市教育和体育局	聊城市	7 月
202	2019 年聊城市中小学体育联赛“武协杯”武术比赛	聊城市教育和体育局	聊城市	9 月
203	聊城市少儿智力运动项目象棋等级赛及小学象棋联赛		聊城市	5 月
204	2019 全国象棋业余棋王赛山东赛区聊城市预选赛暨“诺德杯”聊城少儿棋王赛	山东省棋类运动协会	聊城市	7 月
205	全民健身运动会国际象棋比赛暨聊城市国际象棋甲级、乙级联赛	山东省体育局	济南市	10 月
206	2019 年聊城市象棋联赛	聊城市象棋协会	聊城市	12 月
207	2019 中国·聊城第六届全国体育舞蹈公开赛暨聊城市第九届全民健身运动会体育舞蹈比赛	聊城市教育和体育局	聊城市	10 月
208	第十一届聊城市国际象棋个人联赛	聊城市国际象棋协会	聊城市	1 月
209	聊城市老年人乒乓球比赛	聊城市教育和体育局	聊城市	4 月
210	聊城市幼儿篮球操比赛	聊城市篮球协会	聊城市	5 月
211	聊城市老年人门球比赛	聊城市教育和体育局	聊城市	5 月

续表

序号	赛事名称	主办单位	地点	时间
212	聊城市 LBA 篮球俱乐部联赛	聊城市教育和体育局	聊城市	8 月
213	全国国际象棋青少年锦标赛（团体）	国家体育总局棋牌运动管理中心、中国国际象棋协会	聊城市	8 月
214	全国国际象棋棋协大师赛（山东聊城）	中国国际象棋协会、聊城市教育和体育局、东昌府区人民政府	聊城市	8 月
215	马拉松公开赛	聊城报业传媒集团、聊城万达广场商业管理有限公司	聊城市	10 月
216	聊城市青少年足球比赛（高中组·初中组·小学组）		聊城市	9 月
217	聊城市老年人健身气功比赛	聊城市教育和体育局	聊城市	11 月
218	“东昌府杯”全国国际象棋新秀超霸战	国家体育总局棋牌运动管理中心、中国国际象棋协会	聊城市	12 月
219	2019 年青岛市“体彩杯”“青岛球王”乒乓球系列赛	青岛市体育局、青岛市体育总会	青岛市	11 月
220	2019 年全国群众登山健身大会青岛站·青岛市第九届全民健身运动会登山活动暨“体彩杯”青岛市全民健身登山节活动	中国登山协会、青岛市全民健身领导小组	青岛市	4 月
221	市南区全民健身海滨健身节健身气功展演评比	市南区全民健身领导小组	青岛市	9 月
222	市北区第六届全民健身运动会	市北区人民政府	青岛市	7 月
223	第三届“胜道—市北”杯乒乓球联赛	市北区教体局	青岛市	12 月
224	崂山区全民健身运动会开幕式暨中小学生田径运动会	崂山区教育和体育局	青岛市	4 月
225	中国·青岛白沙河全程马拉松接力赛	山东省体育局、山东省文化和旅游厅、山东省体育总会、青岛市体育局、青岛市城阳区人民政府	青岛市	4 月

续表

序号	赛事名称	主办单位	地点	时间
226	城阳区羽毛球比赛		青岛市	7 月
227	2019 年全国龙舟精英赛		青岛市	6 月
228	2019 年中国青少年 OP 级帆船邀请赛	中国帆船帆板运动协会和荣成市人民政府	威海市	6 月
229	青岛西海岸新区第 19 届围棋定级升段赛		青岛市	5 月
230	2019 年 CBBA 全国健美健身职业精英联赛	中国健美协会、青岛市体育局、即墨区人民政府	青岛市	9 月
231	2019 山东省“金沙杯”够级锦标赛	山东省桥牌运动管理中心	聊城市	12 月
232	全国群众登山健身大会青岛站	中国登山协会、青岛市全民健身领导小组	青岛市	4 月
233	2019 年平度市第五届全民健身健步行		青岛市	4 月
234	2019 年青岛市“百千万”三人制篮球赛平度预选赛	平度市教育和体育局、平度市体育总会	青岛市	5 月
235	2019 年青岛市“百千万”象棋比赛平度预选赛	平度市教育和体育局、平度市体育总会	青岛市	6 月
236	2019 年平度市“百千万”全民健身乒乓球预选赛	平度市教育和体育局、平度市体育总会	青岛市	7 月
237	2019 年平度市趣味自行车踏频赛	平度市体育总会	青岛市	1 月
238	青岛市第四届桥牌联赛	青岛市桥牌协会	青岛市	5 月
239	青岛市第五届体育大会桥牌公开组团体赛		青岛市	7 月
240	全国桥牌通讯赛		青岛市	3 月
241	青岛市第四届空手道公开赛	青岛市柔道协会、市跆拳道运动协会、市空手道协会	青岛市	1 月
242	“青岛四中杯”青岛市第 14 届国际象棋小名人赛	青岛早报联合青岛国际象棋协会、	青岛市	2 月
243	2019 青岛市国际象棋个人锦标赛	青岛市体育总会、青岛市国际象棋协会	青岛市	5 月
244	“育才杯”第八届青岛市国际象棋学校锦标赛	青岛市体育局、青岛市教育局、青岛市体育总会	青岛市	4 月

续表

序号	赛事名称	主办单位	地点	时间
245	“胶发集团杯”2019 上合组织国家国际象棋团体赛	国家体育总局棋牌运动管理中心、中国国际象棋协会、青岛市体育局、青岛胶州市人民政府、青岛市体育总会	青岛市	9 月
246	第十届青岛市国际象棋“醉棋王”大赛	青岛音乐体育广播、青岛青伟国际象棋俱乐部、TSINGTAO1903 社区客厅、青岛世纪传世进出口贸易有限公司联合	青岛市	8 月
247	青岛市国际象棋少年儿童冠军赛	青岛市国际象棋协会	青岛市	10 月
248	全国健美健身锦标赛	中国健美协会、青岛市体育局、即墨区人民政府	青岛市	4 月
249	青岛高尔夫会长理事杯赛	青岛市高尔夫球协会	青岛市	4 月
250	青岛高尔夫业余公开赛	青岛市高尔夫球协会	青岛市	5 月
251	全国 7.16 全民游泳健身周（青岛站）	青岛市体育局、青岛市体育总会	青岛市	7 月
252	山东省老年网球赛	山东省老年人体育协会	日照市	6 月
253	青岛市第三十五届蓝天杯老年网球邀请赛	青岛市体育局、青岛市体育总会	青岛市	5 月
254	第五届日光瑞杯家庭网球友谊赛	青岛市老年网球协会	青岛市	7 月
255	第三届新兴杯中老年网球混双比赛	青岛市老年网球协会	青岛市	9 月
256	第三届国际友好城市网球邀请赛	青岛市体育局、青岛市体育总会	青岛市	10 月
257	青岛市少儿象棋大奖赛	青岛市体育总会、青岛市国际象棋协会	青岛市	5 月
258	2019 年中国足球协会室内五人制足球甲级联赛南二区“国恩杯”（青岛站）比赛	中国足球协会	青岛市	3 月
259	青岛城市足球联赛	青岛市足球运动管理中心、青岛市足球协会	青岛市	4 月

续表

序号	赛事名称	主办单位	地点	时间
260	“我爱足球”青岛赛区海选赛总决赛	中国足球协会	青岛市	10 月
261	青岛青少年足球锦标赛	青岛市体育局	青岛市	8 月
262	青岛中老年业余足球联赛	青岛市足球协会	青岛市	3 月
263	2019 迎新年海氏海诺贺岁杯马术比赛	山东省体育局、青岛市人民政府	青岛市	8 月
264	2019 山东省少年马术邀请赛	青岛市体育总会	青岛市	5 月
265	2019 青岛•崂山 100 公里国际山地越野挑战赛	青岛市体育局、崂山区文化和旅游发展委员会	青岛市	10 月
266	2019 世界休闲体育大会自行车比赛	人民体育（北京）有限公司和莱西市人民政府	青岛市	5 月
267	第五届山东省沿海骑行大奖赛（青岛）暨“海氏海诺杯”2019 青岛市自行车公开赛	山东省射击自行车运动管理中心、山东省自行车运动协会、青岛市体育局、青岛市体育总会和莱西市人民政府	青岛市	11 月
268	2019 青岛市自行车联赛	青岛市体育局	青岛市	5 月
269	2019 济南象棋棋王争霸赛	济南市象棋协会	济南市	4 月
270	青岛球王系列赛台球比赛	青岛市体育局、青岛市体育总会	青岛市	8 月
271	青岛市第十届“市长杯”台球比赛	青岛市体育总会	青岛市	10 月
272	青岛市三八妇女节网球赛	青岛市网球运动协会、青岛市老年网球协会	青岛市	3 月
273	青岛市健康网球系列赛（全年共十站）	青岛市网球运动协会	青岛市	12 月
274	第六届沙滩柔道赛	青岛市柔道协会	青岛市	7 月
275	青岛市柔道锦标赛	青岛市体育局	青岛市	7 月
276	2019 年青岛市春季田径锦标赛	青岛市体育局	青岛市	6 月
277	山东省第九届全民健身运动会健身操舞大赛	总局体操运动管理中心、中国健美操协会、省体育局	青岛市	6 月

续表

序号	赛事名称	主办单位	地点	时间
278	2019 山东省健美操啦啦操锦标赛	山东省体操运动协会	济南市	12 月
279	2019 青岛市校园青春健美操比赛	青岛市教育局、青岛市体育局	青岛市	12 月
280	2019 年青岛市第五届体育运动大会毽球比赛	青岛市体育局、青岛市体育总会	青岛市	10 月
281	“精锐杯”青岛市竞技毽球邀请赛	市南区老年体协与青岛市毽球协会	青岛市	8 月
282	第三届世界休闲体育大会国际武术节	世界休闲组织	青岛市	8 月
283	第二十届青岛市武术锦标赛	青岛市体育局，青岛市体育总会	青岛市	8 月
284	山东省围棋星光大道（青岛赛区）	山东省棋类运动协会	青岛市	12 月
285	第八届“志成杯”围棋邀请赛	青岛市围棋协会	青岛市	4 月
286	青岛市体育大会围棋赛	青岛市围棋协会	青岛市	10 月
287	青岛市“乒协杯”	青岛市乒乓球运动协会	青岛市	10 月
288	2019 年青岛市国际跳棋锦标赛	青岛市体育总会	青岛市	2 月
289	青岛市第四届校园国际跳棋联赛决赛	青岛市体育局、青岛市教育局、青岛市体育总会	青岛市	6 月
290	青岛市拳击俱乐部联赛	青岛市体育局、青岛体育总会	青岛市	12 月
291	青岛市少儿拳击大赛	由青岛市体育局、青岛市体育总会	青岛市	11 月
292	第十一届青岛国际帆船周·青岛国际海洋节	总局水上运动管理中心、中国帆船帆板运动协会、青岛市人民政府	青岛市	8 月
293	2019“远东杯”国际帆船赛	中国帆船帆板运动协会	青岛市	8 月
294	烟台芝罘区街道社区球类联赛之篮球大赛	芝罘区体育发展中心	烟台市	6 月
295	烟台莱阳市轮滑比赛	烟台市体育总会	烟台市	4 月

续表

序号	赛事名称	主办单位	地点	时间
296	烟台牟平区门球比赛	烟台市牟平区老体协	烟台市	9月
297	烟台第九届全民健身运动会	烟台市体育局、烟台市体育总会	烟台市	4月
298	烟台蓬莱市第五届健步走	中共蓬莱市委宣传部、中共蓬莱市委市直机关工委、蓬莱市体育运动服务中心	烟台市	5月
299	烟台海阳市绿色健步活动	市直机关工委、市文化和旅游局、市广播电视台、市体育运动服务中心	烟台市	5月
300	烟台莱山区“区长杯”小学生校园足球联赛	莱山区教育和体育局	烟台市	4月
301	烟台开发区乒乓球比赛	烟台市海乐福全民健身活动中心	烟台市	1月
302	烟台“渤海燃气杯”篮球赛	市文明办、市直机关工委、市总工会、团市委、市教育体育局、市卫生健康局、市体育运动服务中心	烟台市	7月
303	烟台海阳市国际武术节	海阳市委宣传部、海阳市体育运动服务中心、海阳市文化和旅游局、海阳市广播电视台、今日海阳报社、	烟台市	8月
304	烟台牟平区第十一届武术邀请赛	牟平区体育总会、牟平区旅游局、武宁街道党工委	烟台市	5月
305	烟台莱山区“区长杯”中学生校园足球联赛	莱山区教育和体育局	烟台市	4月
306	烟台第九届全民健身运动会足球比赛	烟台市体育总会	烟台市	8月
307	2019年烟台龙口市足球俱乐部联赛	龙口市足球协会、红星体育、新华食府	烟台市	9月
308	烟台牟平区乒乓球比赛	牟平区教育体育局	烟台市	2月

续表

序号	赛事名称	主办单位	地点	时间
309	山东省沿海骑行大奖赛潍坊站比赛	山东省射击自行车运动管理中心、省自行车运动协会、潍坊市体育总会	威海市	10月
310	泰安市少儿足球邀请赛	新泰市教育和体育局	泰安市	8月
311	泰安市校园足球联赛春季联赛	泰安市体育局、泰安日报社	泰安市	3月
312	中国东平第二届水浒国际马拉松	泰安市体育局、东平县人民政府	泰安市	5月
313	第三届环白佛山健步走活动	山东省体育局、泰安市体育局、东平县人民政府	泰安市	5月
314	山东省“优魄杯”大众跆拳道比赛	山东省体育总会、山东省跆拳道运动协会	淄博市	8月
315	第 33 届泰山国际登山节万人徒步行活动	泰安市人民政府	泰安市	9月
316	2019 年山东省中小学生航空创新设计挑战赛	山东省教育厅，山东省体育局	济南市	10月
317	2019 年泰安市业余足球联赛五人制比赛	泰安市足球运动协会	泰安市	10月
318	2019 泰山国际马拉松	中国田径协会、山东体育局、泰安市人民政府	泰安市	10月
319	山东省首届“凝力杯”毽球邀请赛	新泰市体育局	泰安市	12月
320	全国中小学生国际跳棋锦标赛	国家体育总局棋牌运动管理中心、中国国际跳棋协会	青岛市	4月
321	太极拳“六进”——进学校之走进济宁一中、济宁市职业技术学院（每月一次）	济宁市体育局、济宁市体育总会	济宁市	12月
322	山东省国际跳棋锦标赛（临邑赛区）	山东省棋类运动协会	德州市	4月
323	2019 年全国业余排球邀请赛	菏泽市体育局、菏泽学院体育与健康学院	菏泽市	12月

续表

序号	赛事名称	主办单位	地点	时间
324	2019 菏泽市乒乓球协会迎新春乒乓球友谊赛	山东商报菏泽站	菏泽市	1 月
325	2019 菏泽市“谁是棋王”象棋系列赛	菏泽市体育局	菏泽市	1 月
326	“湖西会盟”菏泽市四县区象棋对抗赛	菏泽市体育局	菏泽市	1 月
327	菏泽市 2019 万人健步走活动	菏泽市总工会、菏泽市广播电视台	菏泽市	1 月
328	2019 菏泽市快乐舞步健身操巡回展演	菏泽市体育局	菏泽市	3 月
329	2019 菏泽市围棋春季定段、升段赛	菏泽市体育局	菏泽市	5 月
330	2019“跑游山东”（菏泽站）暨菏泽牡丹国际马拉松	中国田径协会、菏泽市人民政府	菏泽市	4 月
331	第十四届菏泽“牡丹杯”全国老年台球比赛	菏泽市体育局	菏泽市	4 月
332	2019—2020 中国三人篮球擂台赛暨“我要上奥运”选拔赛山东菏泽赛区比赛	中国篮球协会	菏泽市	4 月
333	2019 菏泽市第四届“银座家居杯”乒乓球比赛	银座家居菏泽人民路店	菏泽市	4 月
334	2019 菏泽市第六届全国体育舞蹈大赛	山东省健身操舞运动协会、菏泽市体育局、菏泽学院	菏泽市	5 月
335	菏泽市“新华杯”乒乓球大奖赛	牡丹区体育管理办公室、新华书店集团菏泽分公司	菏泽市	4 月
336	全国门球锦标赛（东明）注：待中国门球协会确定	中国门球协会	菏泽市	4 月
337	中国小篮球联赛比赛（山东菏泽赛区）	中国篮协	菏泽市	7 月

续表

序号	赛事名称	主办单位	地点	时间
338	菏泽市第二届全民健身家庭运动会	菏泽市文明办、菏泽市总工会、团市委、菏泽市妇联、菏泽市教育局、菏泽市民政局、菏泽市卫计委、菏泽市体育局联合	菏泽市	7月
339	菏泽市第一届少儿智力运动会棋类项目启动仪式	菏泽市体育局、牡丹区人民政府	菏泽市	7月
340	菏泽市中小学体育联赛乒乓球比赛	菏泽市体育局、菏泽市教育局	菏泽市	7月
341	山东省第十一届百县篮球菏泽赛区预选赛	菏泽市体育局	菏泽市	7月
342	菏泽市“游泳进校园”活动	菏泽市体育局、菏泽市教育局	菏泽市	7月
343	山东省少年围棋锦标赛菏泽赛区	山东省棋类运动协会	菏泽市	7月
344	菏泽市乒乓球青少年优秀运动员调赛	菏泽市体育局、市教育局	菏泽市	7月
345	2019 年菏泽市中小学生排球联赛	菏泽市体育局、菏泽市教育局	菏泽市	11月
346	菏泽市第九届全民健身运动会	菏泽市体育局	菏泽市	9月
347	菏泽市全民健身运动会游泳比赛	菏泽市体育局	菏泽市	8月
348	菏泽市体育舞蹈系统元旦舞会	菏泽市体育局和牡丹区体育管理办公室	菏泽市	1月
349	山东省健身气功西部赛区站点联赛	山东省体育局	济南市	8月
350	“中国体育彩票”2019 菏泽市广场舞联赛	菏泽市体育局	菏泽市	2月
351	“中国体育彩票”2019 菏泽市第二届象棋联赛	菏泽市体育局	菏泽市	5月
352	“中国体育彩票”2019 菏泽市第二届围棋联赛	菏泽市体育局	菏泽市	12月
353	“中国体育彩票”2019 菏泽市业余足球甲级联赛鲁能泰山杯	菏泽市体育局	菏泽市	10月

续表

序号	赛事名称	主办单位	地点	时间
354	“中国体育彩票”菏泽市第二届传统武术联赛(东明)	菏泽市体育局	菏泽市	10月
355	“中国体育彩票”菏泽市篮球联赛(2019—2020赛季)	菏泽市体育局	菏泽市	11月
356	“中国体育彩票”2019菏泽市大众跆拳道联赛	菏泽市体育局	菏泽市	8月
357	济南冬泳国际邀请赛	济南市政府	济南市	1月
358	2019年济南网球公开赛	中国网球协会	济南市	8月
359	2019济南市高智尔球公开赛	济南市高智尔球协会	济南市	9月
360	山东省第四届省直机关游泳运动会	省直机关工委、省体育局	济南市	7月
361	济南市乒协2019年度俱乐部联赛	天桥区体育事业发展中心、济南市乒乓球协会	济南市	9月
362	2019济南市业余篮球公开赛	济南市体育总会	济南市	7月
363	山东省第十届千乡乒乓球比赛济南赛区预赛	济南市体育局、济南市体育总会	济南市	8月
364	山东省第十届万人象棋比赛济南赛区预赛	济南市体育局、济南市体育总会	济南市	8月
365	山东省第十届百县篮球比赛济南赛区预赛	济南市体育局和济南市体育总会	济南市	8月
366	济南市第五届中国式摔跤暨散打比赛	济南市体育总会	济南市	6月
367	济南市第五飞镖锦标赛	济南市体育总会	济南市	11月
368	济南市第四届登山大会	济南市体育总会	济南市	11月
369	济南市第十一三健美健身锦标赛	济南市体育总会、济南市健美健身和瑜伽协会	济南市	10月
370	济南市板球联赛	济南市体育总会	济南市	11月
371	济南市第九届全民健身运动会	山东省体育局、济南市体育局	济南市	3月

续表

序号	赛事名称	主办单位	地点	时间
372	“运动达人”趣味铁人三项总决赛	济南市体育局	济南市	10月
373	济南市“体彩杯”庆元旦业余乒乓球大赛	济南市体育局	济南市	12月
374	济南市业余羽毛球挑战赛暨全国羽毛球东西南北中大赛选拔赛	中国羽毛球协会和山东省羽毛球运动协会	济南市	8月
375	济南市业余网球公开赛	济南市体育局、济南日报报业集团	济南市	11月
376	2019“中国体育彩票杯”山东省暨济南市元旦全民健身系列活动启动仪式	山东省体育局、济南市体育局	济南市	1月
377	“体彩杯”第十一届济南市全民运动纪录挑战赛	济南市体育局济南时报	济南市	9月
378	平阴县第九届全民健身运动会	平阴县教育体育局	济南市	12月
379	济阳县第六届全民健身运动会	济阳县教育与体育局	济南市	12月
380	商河县第九届全民健身运动会	商河县政府	济南市	12月
381	历下区第九届全民健身运动会	历下区政府	济南市	12月
382	“体彩大乐透杯”市中区第九届全民健身运动会	市中区政府	济南市	12月
383	槐荫区第九届全民健身运动会	槐荫区政府	济南市	12月
384	天桥区第九届全民健身运动会	天桥区政府	济南市	12月
385	历城区第九届全民健身运动会	历城区政府	济南市	12月
386	长清区第九届全民健身运动会	长清区政府	济南市	12月
387	“中国体育彩票杯”章丘区第八届全民健身运动会	章丘区教育体育局、章丘区总工会	济南市	12月

续表

序号	赛事名称	主办单位	地点	时间
388	泰安第二届国际彩虹跑	山东省体育局、泰安市人民政府	泰安市	9 月
389	2019 宁阳“绿景·桃李春风杯”国际半程马拉松	泰安市体育局、宁阳县人民政府	泰安市	9 月
390	泰山国际户外挑战赛	泰安市体育局、泰山景区管理委员会、泰山索道运营中心、泰山区人民政府、山东省登山运动协会	泰安市	11 月
391	泰山国际户外徒步大会	泰安市体育局、泰山风景名胜区管理委员会、泰安市文化旅游局、泰安市体育总会、泰安市泰山区人民政府	泰安市	5 月
392	2019 第十一届环泰山 T60 大徒步活动	山东省登山运动协会	泰安市	12 月
393	“金百合杯”中国·泰山轮椅马拉松赛	泰安市残疾人运动协会	泰安市	8 月
394	2019 泰安“燕京鲜啤”杯城市越野赛	肥城市体育发展中心	泰安市	6 月
395	“御湖湾杯”2019 新泰国际马拉松	新泰市人民政府	泰安市	11 月
396	2019 中国·枣庄环岩马湖半程马拉松	枣庄市体育局、山亭区政府	枣庄市	10 月
397	2019 中国大运河（台儿庄）国际半程马拉松	枣庄市台儿庄体育事业发展中心、区体育总会、台儿庄古城旅游集团有限公司	枣庄市	10 月
398	2019 台儿庄古城国际半程马拉松	枣庄市台儿庄体育事业发展中心、枣庄市台儿庄区体育总会、台儿庄古城旅游集团有限公司	枣庄市	4 月
399	第十届北京国际山地徒步大会（滕州站）	山东省体育局、北京市体育局	枣庄市	4 月

续表

序号	赛事名称	主办单位	地点	时间
400	2019 枣木高速东延项目半程马拉松赛	枣庄市总工会、枣庄市体育局、枣庄市交通运输局、枣庄市市中区人民政府	枣庄市	11月
401	枣庄冠世榴园国际马拉松	中国田径协会、枣庄市人民政府	枣庄市	10月
402	2019 东营广饶环孙武湖半程马拉松赛	东营市体育局	东营市	11月
403	“平安·丰湖湾杯”2019（首届）环民丰湖马拉松	东营国瑞置业有限公司	东营市	3月
404	2019 利津国际半程马拉松	利津县人民政府	东营市	5月
405	2019 年中国·博兴环麻大湖轮滑马拉松大赛	中国轮滑协会	滨州市	9月
406	2019 山东省全民健身冬季越野长跑（博兴站）	山东省体育局	滨州市	9月
407	沾化区 2019 年“金城国际”杯迷你马拉松	沾化区教育和体育局、区体育总会	滨州市	12月
408	2019 年滨城区第三届马拉松全国邀请赛	中共滨城区委、滨城区人民政府	滨州市	11月
409	2019 滨州黄河风情带马拉松赛	滨州市人民政府	滨州市	11月
410	2019 年第三届坊子区半程马拉松比赛	潍坊市坊子区人民政府	潍坊市	11月
411	2019“高粱红了”高密马拉松	山东省田径运动管理中心、潍坊市体育局、高密市人民政府	潍坊市	10月
412	2019“健康潍坊”市直机关健身跑迷你马拉松	中共潍坊市委市直机关工委、潍坊市体育局、潍坊滨海经济技术开发区管委会	潍坊市	5月
413	2019 全民十公里路跑联赛亲子 MINI 马拉松·潍坊站	潍坊市高新区党工委宣传部、高新区教育局、高新区团工委、高新区妇联	潍坊市	11月
414	万人登沂山活动	临朐县人民政府主办	潍坊市	5月

续表

序号	赛事名称	主办单位	地点	时间
415	2019第七届潍坊“滨海旅游杯”半程马拉松赛	潍坊市体育局、潍坊市文明办、潍坊市体育总会	潍坊市	9月
416	“宋香园杯”2019临朐九山乡村游爱情马拉松赛	临朐县委组织部、县委宣传部、县文化和旅游局、县教育和体育局、县体育事业发展中心	潍坊市	10月
417	2019寿光林海超级马拉松赛	寿光市人民政府	潍坊市	11月
418	2019中国龙城（诸城）半程马拉松	山东省田径运动管理中心、潍坊市体育局、诸城市人民政府	潍坊市	10月
419	2019岚山区碧桂园·翡翠桃源杯半程马拉松	岚山区教育和体育局	日照市	6月
420	2019年中国（日照）定向越野公开赛“穿越齐鲁”山东省徒步定向	山东省体育局、日照市人民政府、山东省无线电协会	日照市	5月
421	2019年中国山地马拉松系列赛——山东五莲站	中国登山协会	日照市	9月
422	“西湖花仙子”第三届田园风光定向体验游	共青团东港区委、区教育和体育局、区文化旅游局	日照市	5月
423	润峰建设集团·2019日照国际马拉松	中国田径协会、山东省体育局、日照市人民政府	日照市	10月
424	百里沂河水陆马拉松赛	临沂市人民政府	临沂市	9月
425	2019全国重阳登高健身大会（沂蒙山）分会场	国家体育总局登山运动管理中心、中国登山协会、中国老年人体育协会	临沂市	10月
426	2019全国群众登山健身大会沂蒙山站	中国登山协会、山东省体育总会、临沂市人民政府	临沂市	4月
427	郯城县2019冬季越野长跑比赛	山东省体育局	临沂市	11月
428	2019临沂（经开区）半程马拉松赛	临沂市体育局、临沂市文化和旅游局、共青团临沂市委、临沂经济技术开发区管委会	临沂市	5月

续表

序号	赛事名称	主办单位	地点	时间
429	2019“奥德杯”临沂·河东迷你马拉松赛	临沂市体育局、河东区人民政府	临沂市	3 月
430	郯城县第九届全民健身运动会暨“万步有约”健走	郯城县体育发展中心、县疾控中心、县广播电视台	临沂市	6 月
431	2019“鑫海杯”山东·莒南铁人三项赛	临沂市体育局	临沂市	6 月
432	2019 临沂市美丽乡村迷你马拉松赛岱崮地貌站	临沂市体育局、蒙阴县人民政府	临沂市	4 月
433	临沂市“美丽乡村”迷你马拉松（兰陵站）	沂市体育局、兰陵县人民政府	临沂市	9 月
434	2019“体彩杯”临沂兰山迷你马拉松	临沂市体育局、兰山区人民政府	临沂市	4 月
435	郯城县第九届全民健身运动会暨工商界迎新年迷你马拉松赛	郯城县体育工作办公室、县工商联、县广播电视台	临沂市	11 月
436	郯城县归昌乡第二届“姜湖贡米”杯稻田迷你马拉松	郯城县体育发展中心、郯城县体育总会	临沂市	9 月
437	费县天景湖（梁邱）半程马拉松	山东省田径协会、费县人民政府	临沂市	5 月
438	临沂市美丽乡村迷你马拉松	临沂市体育局、临沂国家高新技术产业开发区管委会	临沂市	5 月
439	2019“我要走”全国徒步联动沂蒙山站	中国登山协会、省体育总会、临沂市人民政府	临沂市	5 月
440	2019 山东省全民健身冬季越野长跑（郯城站）	山东省体育局	临沂市	11 月
441	2019 临沂市长跑运动协会第二届半程马拉松赛	临沂市体育局、临沂市体育总会、临沂市长跑运动协会	临沂市	1 月
442	2019“国洗东方之艾”杯全国旅游城市（聊城）定向赛	国家总局航空无线电模型运动管理中心、中国无线电和定向运动协会、山东省体育局（总会）、聊城市人民政府	聊城市	12 月

续表

序号	赛事名称	主办单位	地点	时间
443	2019 高唐县首届城市马拉松精英邀请赛	高唐县人民政府	聊城市	9 月
444	2019“金牌优曲杯”环湖半程马拉松赛	茌骋天涯跑步队	聊城市	6 月
445	2019 中国聊城 Mini 马拉松	山东省互联网传媒集团聊城分公司	聊城市	8 月
446	2019 中国江北水城（聊城）全国健步走展示交流大会	聊城市教育和体育局	聊城市	10 月
447	2019 淄博高青第四届天鹅湖国际慢城全国马拉松	淄博市体育局、高青县人民政府、淄博市体育总会	淄博市	10 月
448	2019 淄博“无毒有我，聚力前行”环湖迷你马拉松赛	淄博市禁毒委员会办公室	淄博市	6 月
449	2019 第二届淄博环文昌湖半程马拉松赛	淄博市体育局、淄博日报社、市体育总会	淄博市	9 月
450	2019 年山东省“盛堡物流杯”冬季越野长跑（淄川站）	山东省体育局	淄博市	12 月
451	2019“新城建工杯”中国恒台环马踏湖轮滑马拉松大赛	国家体育总局社会体育指导中心、中国轮滑协会	淄博市	9 月
452	2019 烟台·碧桂园杯·芝罘滨海迷你马拉松	芝罘区委宣传部、烟台大众网	烟台市	10 月
453	2019 烟台金沙滩星空半程马拉松	烟台经济技术开发区管委会	烟台市	7 月
454	2019 烟台百年五四青年马拉松赛	共青团烟台市委、烟台市体育局、烟台市邮政管理局	烟台市	4 月
455	2019 卡尔美·仙境海岸海阳马拉松	中国田径协会、山东省体育局、海阳市人民政府	烟台市	6 月
456	2019“绿叶杯”第八届莱山半程马拉松赛	中共烟台市莱山区委、烟台市莱山区人民政府	烟台市	10 月
457	2019 龙湖海岸樱花马拉松	牟平区委宣传部、牟平区文化和旅游局	烟台市	4 月
458	2019 书香门院·蓬莱丘山谷酒庄超级马拉松赛	蓬莱市人民政府	烟台市	9 月

续表

序号	赛事名称	主办单位	地点	时间
459	2019“玲珑轮胎杯”第四届招远金都越野赛	招远市体育运动中心、招远市马拉松协会	烟台市	5 月
460	“农行杯”2019 烟台国际金沙滩半程马拉松	中国田径协会、烟台经济技术开发区管委	烟台市	3 月
461	蔚来汽车·2019 青岛彩虹跑	青岛市体育局 、半岛都市报	青岛市	10 月
462	2019 年全民健身登山活动暨青岛市全民健身登山节	中国登山协会、青岛市全民健身领导小组	青岛市	4 月
463	2019 青岛西海岸新区国际半程马拉松赛	中国田径协会、山东省体育局、青岛西海岸新区管委	青岛市	11 月
464	斯凯奇 2019 年青岛国际 10 公里跑步精英赛	青岛市体育局、青岛市体育总会、青岛旅游集团	青岛市	10 月
465	海上马拉松	中国田径协会、青岛市体育局、青岛高新技术产业开发区管理委员会	青岛市	11 月
466	河套街道第十三届市民迎新冬季越野赛	河套街道办	青岛市	1 月
467	2019 年登山大会启动仪式及第四界大泽山登山节	平度市政府、宣传部	青岛市	4 月
468	海尔·2019 青岛马拉松赛	中国田径协会、青岛市人民政府	青岛市	5 月
469	2019“青岛国际时尚季”和“发现·青岛”城市定向赛	青岛市委宣传部、市文化和旅游局、市体育局	青岛市	7 月
470	2019 青岛国际时尚季•时尚健康跑	青岛市委宣传部、青岛市委网信办、青岛市体育局	青岛市	8 月
471	2019 青岛崂山 100 公里国际山地越野挑战赛	青岛市体育局、崂山区文化和旅游发展委员会	青岛市	10 月
472	一汽大众·2019 花园半程马拉松（中国）系列赛	青岛市体育局、青岛市体育总会、李沧区人民政府	青岛市	4 月
473	2019 青岛城市乐跑赛	万科	青岛市	6 月
474	2019 年平度市第五届全民健身万步行	平度市人民政府	青岛市	4 月

续表

序号	赛事名称	主办单位	地点	时间
475	2019 首届青岛西海岸沙滩马拉松	青岛市体育局、青岛西海岸新区管委	青岛市	10 月
476	荣成市第四届万步有约全市职工春季登山活动	荣成市总工会、市机关工委、市教育和体育局、市文化和旅游局以及人和镇党委政府	威海市	4 月
477	2019 徒步中国威海千里海岸线全国徒步大会	中国登山协会、山东省体育总会、威海市重大体育赛事组委会	威海市	6 月
478	2019 荣成滨海国际马拉松	中国田径协会、山东省体育局、荣成市人民政府	威海市	5 月
479	2019 中国·环翠山地越野跑挑战赛	山东省体育局	威海市	10 月
480	2019 年威海铁人三项世界杯赛和威海超级铁人三项系列赛	山东省体育局和威海市重大体育赛事组委会	威海市	9 月
481	2019 山东省全民健身冬季越野长跑（威海环翠站）——半马	山东省体育局	威海市	12 月
482	2019“丽人 18”女子半程马拉松赛	中国田径协会、乳山市人民政府	威海市	5 月
483	“桂花园杯”2019 年威海市越野跑	威海市体育局、环翠区人民政府	威海市	3 月
484	2019 成武县“高速公路杯”迷你马拉松赛	中共成武县委宣传部、成武县教育和体育局、成武县交通运输局、成武县公路局、共青团成武县委	菏泽市	10 月
485	2019 菏泽（东明）黄河生态马拉松赛	中国田径协会、山东省体育局、菏泽市人民政府	菏泽市	10 月
486	2019 单县“长寿之乡杯”国际半程马拉松	中国田径协会、菏泽市人民政府	菏泽市	10 月
487	2019 菏泽全民健康长跑	菏泽市体育局、菏泽市广播电视台	菏泽市	1 月

续表

序号	赛事名称	主办单位	地点	时间
488	2019 中国牡丹之都菏泽国际马拉松赛	中国田径协会、菏泽市人民政府、山东省体育局、山东省文化旅游发展集团有限公司	菏泽市	3 月
489	2019 年曲阜市姚村镇“普文特杯”半程马拉松	姚村镇人民政府、曲阜市体育活动中心联合	济宁市	11 月
490	曲阜市 12 小时马拉松邀请赛	曲阜市人民政府、曲阜市教育和体育局	济宁市	4 月
491	2019 济宁•蓼河新区国际半程马拉松	济宁市体育局、济宁高新技术产业开发区管理委员会	济宁市	5 月
492	2019 济宁泗水安山绿道山地半程马拉松	泗水县泗张镇人民政府	济宁市	10 月
493	2019 生态齐河·黄河湿地马拉松	中国田径协会、山东省体育局、德州市教育和体育局、齐河县人民政府	德州市	9 月
494	2019“奔跑吧爱人”迷你马拉松大赛	庆云县委宣传部、县广播电视台、县综合行政执法局	德州市	5 月
495	2019 年全国马拉松游泳冠军赛	国家体育总局游泳运动管理中心、中国游泳协会	济南市	5 月
496	“中国体育彩票”2019 国际星空露营大会暨首届七星台“中铁诺德杯”山地越野赛	济南市体育局、章丘区人民政府	济南市	10 月
497	泉城（济南）马拉松	中国田径协会、山东省体育局、济南市人民政府	济南市	11 月
498	济南环华山湖国际半程马拉松	中国田径协会、济南市体育局、历城区人民政府、济南城市建设集团有限公司	济南市	10 月
499	济南“全民禁毒·为爱领跑”国际半程马拉松赛	山东省禁毒委员会、济南市禁毒委员会、历城区禁毒委员会	济南市	6 月
500	济南马拉松系列赛，千佛山欢乐跑	济南市体育局、济南市园林局	济南市	4 月

续表

序号	赛事名称	主办单位	地点	时间
501	第三届济南唐王半程马拉松	济南市体育局、市旅发委、历城区人民政府	济南市	11 月
502	2019 绣源河半程马拉松	济南市体育局、齐鲁晚报	济南市	10 月
503	2019 济南 12 小时超级马拉松	山东省体育局、《山东商报》社	济南市	11 月
504	2019“港华燃气”杯济南国际越野挑战赛	济南奥体中心	济南市	4 月
505	2019 山东省第一届“百脉泉酒业”泉城联盟杯	大众日报报业集团工会、山东胜聚体育文化发展有限公司	济南市	5 月
506	2019 全国青少年（U16）田径锦标赛	国家体育总局田径运动管理中心（中国田径协会）	青岛市	8 月
507	田径传统校东部赛区	总局青少年体育司、教育部体育卫生与艺术教育司	青岛市	7 月
508	山东省短跨跳项群赛	山东省田径运动管理中心、山东省田径运动协会	潍坊市	5 月
509	山东省少儿趣味田径锦标赛	山东省体育局、山东省教育厅	潍坊市	10 月
510	2019 年“中国体育彩票杯”暨“浩沙杯”山东省游泳锦标赛	山东省体育局、山东省游泳运动管理中心	淄博市	7 月
511	2019 年“中国体育彩票杯”暨“浩沙杯”山东省铁人项锦标赛	山东省体育局	淄博市	8 月
512	山东省第九届全民健身运动会健身气功比赛暨 2019 年山东省健身气功站点联赛电视总决赛	山东省体育局	济南市	8 月
513	2019 年山东省省直机关第四届健身气功交流比赛	中共山东省委省直机关工委、山东省体育局	济南市	10 月
514	2019 年山东省学校健身气功比赛	山东省体育局、山东省教育厅	淄博市	10 月
515	2019 年山东省健身气功锦标赛	山东省健身气功管理中心	东营市	11 月

续表

序号	赛事名称	主办单位	地点	时间
516	中国—阿富汗—巴基斯坦三国青年板球友谊赛	外交部亚洲司、总局小球运动管理中心、山东省体育局	济南市	10 月
517	“一带一路杯”中国男子板球邀请赛	国家体育总局小球运动管理中心、山东省体育局	济南市	10 月
518	民桥牌城市推广季（烟台站）定约桥牌团体赛决赛	山东省桥牌运动协会	烟台市	1 月
519	山东省第十一届围棋 5 段王	山东省棋类运动协会	日照市	2 月
520	“宝通杯”山东省第十届少年围棋精英赛	山东省棋类运动协会	潍坊市	2 月
521	2019 山东省国际象棋等级赛	山东省棋类运动协会	枣庄市	9 月
522	2019“复华杯”四城市桥牌对抗赛（济南站）	山东省桥牌协会	济南市	12 月
523	2019 山东省国际象棋锦标赛（个人）	山东省棋类运动协会	潍坊市	4 月
524	山东省第十九届围棋棋王赛暨山东省围棋个人锦标赛	山东省棋类运动协会	东营市	4 月
525	全国国际跳棋中小学生锦标赛（承办）	国家体育总局棋牌运动管理中心、中国国际跳棋协会	青岛市	4 月
526	山东省第四届鲁中围棋邀请赛	山东省棋类运动协会	泰安市	4 月
527	鲁西南少儿围棋精英赛	山东省棋类运动协会	济宁市	4 月
528	山东省第 5 届象棋等级赛	山东省棋类运动协会	济南市	5 月
529	山东省第十三届围棋段位赛	山东省棋类运动协会	德州市	5 月
530	2019 山东省国际象棋等级赛（春季）	山东省棋类运动协会	聊城市	5 月
531	第七届中国环渤海城市国际象棋精英赛	中国国际象棋协会、环渤海城市国际象棋交流理事会	滨州市	6 月
532	2019 年山东省国际象棋少年锦标赛	山东省棋类运动协会、临沂市体育局、临沂市体育总会	临沂市	6 月

续表

序号	赛事名称	主办单位	地点	时间
533	2019 年少年围棋锦标赛（日照赛区）	山东省棋类运动协会	日照市	8 月
534	青少年国际跳棋锦标赛	山东省棋类运动协会	济宁市	6 月
535	2019 年山东省青少年桥牌锦标赛	山东省棋牌运动管理中心	烟台市	9 月
536	山东省第十四届国际象棋棋王棋后赛暨棋士赛	山东省棋类运动协会	青岛市	10 月
537	山东省第 28 届象棋棋王赛	山东省棋类运动协会	临沂市	12 月
538	山东省五子棋青少年锦标赛	山东省棋牌运动管理中心	济南市	12 月
539	山东省青少年跆拳道俱乐部联赛	山东省体育总会、山东省跆拳道运动协会	济南市	4 月
540	2019 年山东省空手道锦标赛	山东省拳击跆拳道运动管理中心	济南市	5 月
541	2019 年山东省男子跆拳道锦标赛	山东省拳击跆拳道运动管理中心	烟台市	4 月
542	2019 年山东省女子跆拳道锦标赛	山东省拳击跆拳道运动管理中心	泰安市	4 月
543	2019 年山东省男子拳击锦标赛	山东省拳击跆拳道运动管理中心	菏泽市	3 月
544	2019 年山东省女子拳击道锦标赛	山东省拳击跆拳道运动管理中心	淄博市	4 月
545	2019 年山东省男子拳击冠军赛	山东省拳击跆拳道运动管理中心、山东省拳击协会	泰安市	11 月
546	2019 年山东省男子跆拳道冠军赛	山东省拳击跆拳道运动管理中心、山东省拳击协会	泰安市	11 月
547	2019 年山东省女子跆拳道冠军赛	山东省拳击跆拳道运动管理中心	滨州市	10 月
548	2019 年山东省女子拳击冠军赛	山东省拳击跆拳道运动管理中心、山东省拳击运动协会	济宁市	11 月
549	“中国体育彩票”山东省第九届全民健身运动会击剑竞赛	山东省体育局	青岛市	7 月

续表

序号	赛事名称	主办单位	地点	时间
550	“中国体育彩票”山东省第九届全民健身运动会射箭竞赛	山东省体育局	烟台市	8 月
551	山东省帆船（板）公开赛	青岛市体育局、山东省青岛体育训练中心	青岛市	5 月
552	第九届健美操比赛	山东省体育局	潍坊市	6 月
553	第九届快乐体操比赛	山东省体育局、省体操运动管理中心、省体操运动协会	青岛市	8 月
554	健美操啦啦操冠军赛	山东省体操运动协会	济南市	12 月
555	2019 年山东省体操锦标赛	山东省体操运动管理中心	潍坊市	8 月
556	2019 年山东省蹦床锦标赛	山东省体操运动管理中心	潍坊市	9 月
557	山东省排球锦标赛	山东省排球运动管理中心	烟台市	4 月
558	山东省沙滩排球锦标赛	山东省排球运动管理中心、荣成市人民政府	威海市	6 月
559	中国排球超级联赛	中国排球协会	淄博市	
560	2019 年中国公园排球公开赛（山东·兖州）	国家体育总局排球运动管理中心、中国排球协会	济宁市	7 月
561	2019 年全国业余排球精英赛（山东·淄博）	国家体育总局排球运动管理中心、中国排球协会	淄博市	6 月
562	2019 年全国女排元老队气排球	中国排球协会	枣庄市	10 月
563	山东省大冠军杯气排球比赛	山东省排球运动管理中心、山东省排球运动协会	济宁市	12 月
564	全国业余羽毛球俱乐部联赛山东选拔赛	山东省羽毛球运动协会、济南市体育局	济南市	5 月
565	山东省羽毛球业余联赛	山东省羽毛球运动协会	济南市	7 月
566	山东省聋健羽毛球比赛	山东省羽毛球运动协会、山东省聋协	济南市	12 月
567	山东省省直机关羽毛球邀请赛	山东省羽毛球运动协会	济南市	12 月
568	中国乒乓球俱乐部超级联赛	中国乒乓球协会	滨州市	

续表

序号	赛事名称	主办单位	地点	时间
569	中国滨州沿着黄河去码头全国自行车精英赛	滨州市体育局、邹平市人民政府	滨州市	11 月
570	滨州市足球超（甲）级联赛	滨州市体育局、滨州市足球协会	滨州市	4 月
571	山东省中老年人乒乓球比赛	山东省老年人体育协会	滨州市	5 月
572	环渤海城市乒乓球联谊赛	中国老体协乒乓球专委会、滨州市体育局	滨州市	11 月
573	中国乒协会员联赛（滨州站）	中国乒乓球协会	滨州市	10 月
574	“京津冀鲁”龙舟邀请赛	德州市教育和体育局、庆云县人民政府	德州市	6 月
575	海峡两岸八极拳技艺交流大会	德州市政府、台湾中华青雁和平教育基金会	德州市	8 月
576	2019 中国攀岩联赛	总局登山运动管理中心、中国登山协会、山东省体育局	德州市	6 月
577	山东省齐鲁赛车英雄会(夏津站)	山东省汽车摩托车运动联合会	东营市	6 月
578	黄河口（东营）国际马拉松赛	中国田径协会、山东省体育局、东营市人民政府	东营市	4 月
579	黄河口（东营）公路自行车巡回赛暨国际邀请赛	中国自行车运动协会、山东省体育局、东营市人民政府	东营市	6 月
580	黄河口（东营）汽车场地越野赛	山东省汽车摩托运动联合会、东营市体育局、市文化和旅游局	东营市	10 月
581	济宁市“谁是球王”乒乓球争霸赛	济宁市体育局	济宁市	12 月
582	2019 第二届朝圣之路（210km）公路自行车挑战赛	山东省体育局、山东省体育总会	济宁市	10 月
583	“江北水城•运河古都”国际象棋嘉年华“蟾宫折桂”杯 2019 年全国国际象棋棋协大师赛（聊城）	中国国际象棋协会、聊城市教育和体育局、东昌府区人民政府	聊城市	8 月

续表

序号	赛事名称	主办单位	地点	时间
584	“英雄会”国际搏击争霸赛	聊城市教育和体育局、东昌府区全民健身运动会组委会	聊城市	11月
585	江北水城南北狮王争霸赛	山东省龙狮运动协会、聊城市教育和体育局	聊城市	10月
586	水城之约（聊城）全国毽球邀请赛	山东省聊城市教育和体育局、聊城市体育总会	聊城市	10月
587	2019 皮划艇世界冠军挑战赛暨第三届中国皮划艇公开赛	国际皮划艇联合会、中国皮划艇协会、山东省体育局、临沂市人民政府	临沂市	9月
588	2019 中国临沂摩托艇公开赛	国家体育总局水上运动管理中心、中国滑水潜水摩托艇运动联合会、临沂市人民政府	临沂市	9月
589	“红色之旅、逐梦骑行”全国革命老区自行车挑战赛	山东省体育总会、江西省体育总会、陕西省体育局、河北省体育局、临沂市人民政府	临沂市	8月
590	CBBA 情系沂蒙“庆华健身杯”中国健美健身冠军大奖赛	中国健美协会、临沂市人民政府	临沂市	6月
591	全国革命老区气排球联谊赛	中国排球协会	临沂市	10月
592	山东省万人游泳系列赛临沂站暨第六届淮海经济区横渡沂河大奖赛	山东省体育局、临沂市人民政府、山东省游泳运动管理中心、山东省游泳运动协会	临沂市	8月
593	2019 年山东省休闲皮划艇大赛临沂站暨临沂市青少年皮划艇选拔赛	山东省体育局、临沂市人民政府	临沂市	7月
594	“红色之旅、沂蒙骑行”自行车赛	山东省自行车运动协会、鲁网、临沂市体育局、临沂市体育总会、临沂蒙山旅游度假区管委会	临沂市	5月

续表

序号	赛事名称	主办单位	地点	时间
595	临沂市马术文化节	山东省马术协会、临沂市体育局、临沂市体育总会	临沂市	6 月
596	2019 迎国庆中国沂河龙舟邀请赛	临沂市人民政府	临沂市	9 月
597	临沂市业余足球联赛	临沂市体育局、临沂市体育总会	临沂市	11 月
598	临沂市健美健身邀请赛	临沂市体育局、临沂市体育总会	临沂市	4 月
599	临沂市瑜伽邀请赛	临沂市体育局、临沂市体育总会	临沂市	8 月
600	2019 中华垂钓大赛选拔赛（莒县站第一场）暨中国体育彩票 2019“齐鲁钓王”精英赛	山东省钓鱼协会、日照市体育局、日照市体育总会、莒县教育和体育局、桑园镇人民政府	日照市	11 月
601	日照市第六届运动会钓鱼比赛	日照市体育局、市体育总会、市直机关工委、市总工会	日照市	6 月
602	第十届“光威钓王杯”国际钓鱼巡回赛山东区预选赛	威海光威集团有限责任公司、《中国钓鱼》杂志	日照市	5 月
603	西湖·花仙子田园风光定向体验游	共青团东港区委、东港区教育和体育局、东港区文化旅游局、西湖镇人民政府	日照市	5 月
604	山东省少年围棋锦标赛	山东省棋类运动协会	日照市	8 月
605	山东省驻龙山儿童平衡车联赛	山东省射击自行车运动管理中心、山东自行车运动协会、日照市体育局、山海天教体局	日照市	11 月
606	山东省山地自行车比赛	山东省射击自行车运动管理中心、山东省自行车运动协会	日照市	8 月
607	2019 中国围棋大会	中国围棋协会、山东省体育局、日照市人民政府	日照市	8 月

续表

序号	赛事名称	主办单位	地点	时间
608	中国日照大青山国际太极拳大赛	山东省体育总、省老年人体育协会、日照市人民政府	日照市	5月
609	2019 第二届“泰山杯”秋季大奖赛	泰安市体育局、泰安市旅游局	泰安市	11月
610	泰安第二届国际彩色跑	山东省体育局、泰安市人民政府	泰安市	9月
611	WCBA 全国女子篮球联赛	中国篮球协会	烟台市	
612	CUA 中联艺术山东国际舞蹈体育舞蹈锦标赛全国青少赛“和谐杯”舞蹈大赛	烟台市体育总会、中联华夏艺术有限公司	烟台市	8月
613	仙境海岸· 海阳马拉松赛	中国田径协会、山东省体育局、山东广播电视台、海阳市人民政府	烟台市	6月
614	2019 东京奥运会沙滩排球世界资格赛	国际排球联合会、国家体育总局排球运动管理中心	烟台市	9月
615	烟台市足球超级联赛	山东省足球运动协会、山东鲁能泰山足球俱乐部	烟台市	12月
616	全国海钓精英邀请赛	山东省钓鱼协会、山东省休闲垂钓协会、长岛综合试验区工委管委、烟台市体育局、市海洋发展和渔业局	烟台市	9月
617	烟台国际金沙滩半程马拉松	中国田径协会、烟台经济技术开发区管委、市体育局	烟台市	3月
618	2019 全国帆船冠军赛	中国帆船帆板运动协会	烟台市	9月
619	2019 全国沙滩手球锦标赛	中国手球协会	烟台市	6月
620	2019 年中国体育彩票杯山东省沙滩排球冠军赛	山东省排球运动管理中心	烟台市	8月
621	全国少儿足球邀请赛	山东省足球运动协会、烟台市体育局、共青团烟台市委	烟台市	7月

续表

序号	赛事名称	主办单位	地点	时间
622	蓬莱葡萄酒国际马拉松	中国田径协会、蓬莱市人民政府	烟台市	10月
623	烟台市大众击剑锦标赛	烟台市体育局、烟台市体育总会	烟台市	6月
624	烟台中韩跆拳道精英赛	烟台市体育局、烟台市体育工会	烟台市	8月
625	山东省风筝锦标赛	山东省体育局、山东省风筝协会	枣庄市	6月
626	2019年山东省城市龙舟对抗赛	山东广播电视台、山东省体育总会、山东广电传媒集团	枣庄市	6月
627	第五届中国枣庄·台儿庄古城大运河国际冬泳节	国际冬泳联合会中国事务联络处、枣庄市体育局、枣庄市文化和旅游局、台儿庄区人民政府	枣庄市	1月
628	第七届中国大运河（台儿庄）河钓大赛	中国钓鱼运动协会、枣庄市体育局、台儿庄区人民政府	枣庄市	4月
629	中国大运河（台儿庄）国际龙舟赛	枣庄市体育局、枣庄市人民政府台湾事务办公室、台儿庄区人民政府	枣庄市	6月
630	第二届台儿庄古城国际轮滑节	山东省体育总会、山东省轮滑运动协会、山东省台儿庄古城旅游集团有限公司	枣庄市	7月
631	2019齐鲁赛车英雄会·枣庄站摩托车场地障碍计时赛	山东省体育局、山东省体育总会	枣庄市	11月
632	中国枣庄梅花山山顶自行车公开赛	山东省自行车运动管理中心、枣庄市体育局	枣庄市	8月
633	2019“起源地杯”国际青年足球锦标赛	淄博市人民政府	淄博市	10月
634	“鸿成杯”山东省健美操啦啦操公开赛	淄博市体育局、市教育局、市体育总会、鲁中晨报社	淄博市	11月

续表

序号	赛事名称	主办单位	地点	时间
635	2019 年“起源地杯”国际青少年足球夏令营暨第五届中国临淄蹴鞠推广大赛	淄博市人民政府	淄博市	7 月
636	全国传统射艺文化旅游节室外射箭邀请赛	淄博市体育局、淄博市体育总会	淄博市	9 月
637	国际象棋女子世界冠军赛	亚洲国际象棋联合会、国家体育总局棋牌运动管理中心（中国棋院）、中国国际象棋协会	淄博市	9 月
638	“龙鹄杯”山东省双节棍邀请赛	淄博市体育局、淄博市体育总会	淄博市	10 月
639	齐鲁名人战围棋比赛	山东省棋类运动协会	淄博市	10 月
640	2019 年 CBA 全明星周末	中国篮球协会	青岛市	1 月
641	2019 年全国游泳冠军赛	国家体育总局游泳运动管理中心	青岛市	3 月
642	2019 年全国花样游泳锦标赛	国家体育总局游泳运动管理中心，中国游泳协会	青岛市	5 月
643	2019 世界青年斯诺克锦标赛	国际比利和斯诺克联合会、中国台球协会、青岛市体育局、平度市人民政府	青岛市	7 月
644	2019 年全国冰球 U 系列锦标赛	中国冰球协会	青岛市	8 月
645	2019 年世界水上摩托锦标赛（中国站）	国际摩托艇联合会	青岛市	10 月
646	2019 年世界柔道大师赛（中国站）	国际柔道联合会、中国柔道协会、山东省体育局	青岛市	12 月
647	青岛市足协杯赛	青岛市足球协会	青岛市	2 月
648	青岛市中老年足球联赛	青岛市足球协会	青岛市	5 月
649	“我爱足球”民间争霸赛	青岛市足球协会	青岛市	6 月
650	青岛市“胜道体育—体彩市北杯”乒乓球联赛	市北区教体局	青岛市	12 月
651	青岛 GRS 草根足球区域联赛	青岛市体育局	青岛市	4 月

续表

序号	赛事名称	主办单位	地点	时间
652	首届GRS青岛体育记者足球联赛	青岛市体育局和青岛市体育记者协会	青岛市	5月
653	青岛市“追风少年·社区杯”足球邀请赛	青岛市李沧区九水街道办事处	青岛市	6月
654	2019“英派斯杯”青岛市第十八届社区健身节	青岛市全民健身领导小组	青岛市	10月
655	2019年崂山区全民健身运动会	崂山区教育和体育局	青岛市	4月
656	2019年崂山区全民健身登山节	国登山协会、青岛市全民健身领导小组	青岛市	4月
657	2019年崂山区第十一届职工沙滩运动会	崂山区总工会	青岛市	8月
658	2019年崂山区趣味运动会	崂山区全民健身领导小组	青岛市	10月
659	“青岛贵都国际大饭店”杯第十一届国际沙滩足球文化节暨2019全国沙滩足球锦标赛	青岛市体育局、市足球运动管理中心、市足球协会	青岛市	8月
660	2019中国足球协会室内五人制足球甲级联赛	中国足球协会	青岛市	3月
661	APCC·2019室外射箭冠军联赛（青岛站）	青岛市体育总会、青岛市城阳区教体局	青岛市	5月
662	全国U13青少年女子篮球公开赛总决赛	中国篮球协会	青岛市	8月
663	2019中国三对三篮球联赛（青岛赛区）	中国篮球协会、耐克体育（中国）有限公司	青岛市	6月
664	2019年第十五届斯帝卡杯全国乒乓球巡回赛	斯帝卡（北京）体育用品有限公司	青岛市	9月
665	2019年全国群众登山健身大会青岛站暨青岛市全民健身登山节活动	中国登山协会、青岛市全民健身领导小组	青岛市	4月
666	全国引体向上团体总决赛	国家体育总局社会体育指导中心	青岛市	11月
667	全国啦啦操精英赛	国家体育总局体操运动管理中心	青岛市	11月

续表

序号	赛事名称	主办单位	地点	时间
668	第八届全国全民健身操舞大赛山东赛区比赛暨山东省第九届全民健身运动会全民健身操舞大赛	山东省体育局	青岛市	6 月
669	中国足协全国室内五人制足球甲级联赛	中国足球协会	青岛市	3 月
670	“全民健身万里行—职业助公益健康齐鲁行”志愿服务启动仪式暨山东省健身教练 / 羽毛球职业技能竞赛	山东省体育局、山东省人力资源和社会保障厅、山东省总工会	青岛市	9 月
671	“广域星空杯”青少年足球邀请赛	青岛市城阳区体育发展中心	青岛市	11 月
672	山东省第十一届“百千万三大赛”城阳赛区	山东省体育总会	青岛市	7 月
673	第六届“青岛球王”城阳赛区羽毛球比赛	城阳区体育发展中心、城阳区体育总会	青岛市	9 月
674	城阳区首届象棋个人赛	城阳区体育总会	青岛市	4 月
675	城阳区第十八届“阳光城阳杯”市民运动会	城阳区人民政府	青岛市	10 月
676	“阳光城阳杯”城阳区全民健身节暨全民健身运动会	城阳区全民健身领导小组	青岛市	5 月
677	“阳光城阳杯”青少年足球邀请赛	青岛市足球协会	青岛市	5 月
678	青岛之夏中日韩青少年足球邀请赛	山东省校园足球协会、青岛市足球协会、城阳区体育发展中心	青岛市	7 月
679	“世达杯”中韩青少年足球邀请赛	青岛市城阳区体育发展中心	青岛市	11 月
680	山东省皮划艇休闲赛	山东省水上运动管理中心、山东省船艇运动协会、青岛市重大国际帆船赛事（节庆）活动组委会	青岛市	8 月
681	中国男女篮国际对抗赛	中国篮球协会	青岛市	5 月
682	全国男子手球超级联赛总决赛	中国手球协会	青岛市	6 月

续表

序号	赛事名称	主办单位	地点	时间
683	女排俱乐部精英赛	山东省排球运动管理中心	青岛市	5月
684	亚洲沙滩藤球锦标赛	亚洲藤球联合会、国家体育总局小球运动管理中心、中国藤球协会、山东省体育局	青岛市	7月
685	2019青岛球球大作战塔坦杯精英赛	巨人网络	青岛市	8月
686	CMEL中日韩邀请赛	大唐网络有限公司	青岛市	8月
687	全国大学生沙滩排球大奖赛	中国大学生体育协会、青岛西海岸新区管委	青岛市	9月
688	第十五届中国中学生沙滩排球锦标赛暨第十四届全国学生运动会沙滩排球测试赛	中国中学生体育协会、中国排球协会	青岛市	7月
689	2019 / 2020国家花样滑冰等级测试（青岛站）	中国花样滑冰协会	青岛市	10月
690	第六届“海西杯”全国青少年足球邀请赛	青岛市体育局、西海岸新区管委	青岛市	7月
691	青岛市第五届体育大会龙舟比赛	青岛市体育局、青岛市体育总会	青岛市	7月
692	“西海岸物流杯”职业拳击争霸赛	青岛市拳击运动协会	青岛市	3月
693	2019年青岛西海岸新区“海翼杯”拳击争霸赛	青岛市拳击运动协会、青岛西海岸新区体育总会	青岛市	10月
694	青岛市社区健身节总决赛暨闭幕式	青岛市全民健身领导小组	青岛市	10月
695	2019MLBJuniorPlayBall青少年棒球北方邀请赛	MLB美国职业棒球大联盟	青岛市	11月
696	“海西杯”第六届全国青少年足球邀请赛	青岛市体育局、西海岸新区管委	青岛市	7月
697	“长寿杯”“巾帼杯”全区门球交流赛	青岛市老年人体育协会	青岛市	5月
698	“翼翎杯”羽毛球混合团体赛	青岛西海岸新区羽毛球协会	青岛市	4月

续表

序号	赛事名称	主办单位	地点	时间
699	2019 年青岛西海岸新区“海瑞安保杯”35+ 男子篮球邀请赛	青岛西海岸新区篮球运动协会	青岛市	5 月
700	中国小篮球联赛西海岸赛区选拔赛	中国篮球协会	青岛市	5 月
701	西海岸新区“老尹家海参杯”羽毛球赛暨第四届“明月海藻杯”无与伦比羽毛球团体赛	青岛西海岸新区体育发展中心、青岛西海岸新区体育总会	青岛市	5 月
702	2019 年国际象棋定级赛	青岛市国际象棋协会	青岛市	3 月
703	第七届青岛国际跆拳道公开赛	青岛西海岸新区跆拳道协会	青岛市	6 月
704	“体彩杯”2019 年青岛市老年人太极拳（剑）交流活动	青岛市老年人体育协会	青岛市	6 月
705	第一届“翼翎杯”羽毛球双打比赛	青岛西海岸新区羽毛球协会	青岛市	4 月
706	“三对三”篮球比赛及百千万篮球比赛	青岛市体育局、青岛市体育总会	青岛市	8 月
707	第八届国际青少年流行舞大赛	香港五洲国际舞蹈协会、深圳罗湖区爵士舞协会	青岛市	6 月
708	青岛市第十一届“百千万三大赛”西海岸新区乒乓球比赛	青岛西海岸新区体育发展中心、西海岸新区体育总会	青岛市	6 月
709	全民健身运动会及第九届“千业杯”乒乓球团体赛	青岛西海岸新区体育发展中心、西海岸新区体育总会	青岛市	7 月
710	第八届青岛“西海岸公益联盟篮球赛”	青岛西海岸新区慈善总会、西海岸新区教育和体育局	青岛市	7 月
711	第一届“齐鲁杯”国际象棋定级赛	青岛黄岛区国际象棋协会、半岛棋牌运动俱乐部	青岛市	1 月
712	第三届青岛西海岸新区“一品良印杯”篮球赛	青岛西海岸新区篮球运动协会	青岛市	8 月
713	2019 年西海岸新区第五届“路克士超越杯”国际青少年邀请赛	青岛西海岸新区体育发展中心	青岛市	7 月

续表

序号	赛事名称	主办单位	地点	时间
714	第二十九届青岛国际啤酒节“BBQ”篮球嘉年华	青岛黄发集团主办	青岛市	8月
715	2019青岛西海岸新区青少年校园足球“YOUTHGO友思远行杯”邀请赛	青岛市教育局、青岛市体育局	青岛市	7月
716	2019年青岛“启亮杯”全国青少年篮球邀请赛	青岛西海岸新区体育总会	青岛市	8月
717	青岛西海岸第九届全民健身运动会暨第五届“青岛球王”西海岸新区羽毛球预选赛	青岛西海岸体育发展中心	青岛市	9月
718	2019青岛融创东方影都“帆协杯”青少年帆船邀请赛	青岛西海岸新区帆船帆板运动协会	青岛市	10月
719	第二届“城市传媒广场杯”西海岸新区国际象棋大赛	青岛市西海岸新区国际象棋协会	青岛市	10月
720	庆祝“新中国成立70周年”驻区高校大学生篮球比赛	青岛市黄岛区委教育工作委员会	青岛市	10月
721	第四届篮球联赛暨涌泉湾爱心慈善公益“军创杯”篮球赛	青岛西海岸新区体育发展中心、西海岸新区体育总会	青岛市	10月
722	第五届机关运动会	青岛西海岸新区机关建设领导小组	青岛市	10月
723	美丽蓝湾2019年“鑫隆杯”全区健步行活动	青岛西海岸新区教育和体育局、中共青岛市黄岛区委区直机关工作委员会、西海岸新区蓝色海湾整治行动指挥部、西海岸新区总工会、共青团青岛西海岸新区委员会	青岛市	10月
724	西海岸新区“体彩杯”学生轮滑比赛		青岛市	10月
725	2019年“奥润水务杯”全国中小学生跳棋锦标赛		青岛市	4月
726	“胶发集团杯”2019上合地方经贸合作示范区马拉松比赛	中国田径协会、青岛市体育局、胶州市人民政府	青岛市	5月

续表

序号	赛事名称	主办单位	地点	时间
727	2019 上合组织国家国际象棋团体锦标赛	总局棋牌运动管理中心、中国国际象棋协会、青岛市体育局、胶州市人民政府	青岛市	9 月
728	第五届全民健身健步行	平度市教育和体育局、市卫生健康局、市体育总会	青岛市	4 月
729	第四届登山节	青岛市全民健身领导小组、青岛市体育局、青岛市体育总会、平度市人民政府	青岛市	4 月
730	IBSF 世界青年斯诺克锦标赛	国际比利和斯诺克联合会、中国台球协会、青岛市体育局、平度市人民政府	青岛市	7 月
731	徒步嘉年华	世界休闲体育大会由世界休闲组织、人民网、山东省体育局、青岛市人民政府	青岛市	5 月
732	自行车赛	人民体育网、莱西市人民政府	青岛市	5 月
733	2019 全国室内五人制足球赛	中国足协	青岛市	7 月
734	全国第二届青年运动会射箭预赛	国家体育总局	青岛市	5 月
735	青岛（莱西）2019 世界休闲体育大会	世界休闲组织、山东省体育局、青岛市人民政府	青岛市	6 月
736	2019 年全国中国式摔跤青少年俱乐部联赛（青岛站）	国家体育总局举重摔跤柔道运动管理中心	青岛市	6 月
737	山东省第九届全民健身运动会魅力城市轮滑系列赛（莱西站）暨滑步车公开赛	山东省体育局	青岛市	7 月
738	洪门精武传奇青少年散打联赛——青岛莱西站	莱西市人民政府和北京洪英文化体育发展有限公司	青岛市	8 月
739	2019 年全国青少年田径锦标赛	国家体育总局田径运动管理中心（中国田径协会）	青岛市	8 月

续表

序号	赛事名称	主办单位	地点	时间
740	2019 年山东省攀岩俱乐部公开赛暨山东省第九届全民健身运动会攀岩比赛	山东省体育局	青岛市	6 月
741	2019“远东杯”国际帆船拉力赛	中国帆船帆板运动协会	青岛市	8 月
742	J80 级别亚洲帆船锦标赛	中国帆船帆板运动协会、亚洲 J80 帆船级别协会、青岛重大国际帆船赛事（节庆）活动组委会、青岛市体育局	青岛市	10 月
743	中国家庭帆船赛（胶州站）	中国帆船帆板运动协会	青岛市	9 月
744	上山下海第三届青岛企业帆船联赛	青岛市重大国际帆船赛事（节庆）活动组委会、青岛市体育局、青岛奥帆城市发展促进会	青岛市	6 月
745	国际名校帆船赛	青岛市重大国际帆船赛事（节庆）活动组委会、青岛市体育局、青岛奥帆城市发展促进会	青岛市	8 月
746	2019 山东省第五届帆船帆板公开赛暨青岛市第十四届帆船帆板公开赛	青岛市体育局、山东省青岛体育训练中心、青岛市教育局、青岛市体育总会	青岛市	5 月
747	2019“市长杯”青岛市第 13 届大中小学生帆船比赛		青岛市	9 月
748	中国路通 · 2019 黄河口（东营）自行车巡回赛	中国自行车运动协会、山东省体育局、东营市人民政府	东营市	6 月
749	第九届全民健身运动会定向运动比赛	山东省体育局、山东省精神文明建设委员会办公室、中共山东省委省直机关工作委员会、山东省总会、山东省教育厅、山东省民族宗教事务委员会、山东省人力资源和社会保障厅、山东省文化和旅游厅、山东省卫生健康委员会、山东省体育总会	临沂市	5 月

续表

序号	赛事名称	主办单位	地点	时间
750	“飞越齐鲁”2019 山东省滑翔伞第四届场地联赛	山东广播电视台、山东省航协	临沂市	5 月
751	山东省青少年网球排名赛	山东省小球运动联合会、山东省网球运动协会	临沂市	6 月
752	“齐风鲁韵”山东省首届健身操舞系列大赛	山东省健身操舞运动协会	济宁市	6 月
753	“中国体育彩票”山东省第九届全民健身运动会无线电测向比赛	山东省体育局、山东省教育厅、中国共产主义青年团山东省委员会、山东省妇女联合会、山东省体育总会	临沂市	6 月
754	“体彩杯”山东省省直机关第六届夕阳红健身运动会	中共山东省委省直机关工作委员会、中共山东省委老干部局、山东省体育局、山东省体育总会	济南市	6 月
755	2019 年全国毽球邀请赛	山东省小球运动联合会、山东省毽球运动协会、菏泽市体育局	菏泽市	6 月
756	2019 年 1TF 国际青少年网球巡回赛	ITF（国际网球联合会）、中国网球协会主办	济南市	6 月
757	2019 全国业余排球精英赛（淄博赛区）	国家体育总局排球运动管理中心、中国排球协会	淄博市	6 月
758	2019 年山东省户外拓展与露营交流活动	山东省无线电运动协会	淄博市	6 月
759	山东省第九届全民健身运动会航空模型比赛（雪野站）	山东省体育局	济南市	6 月
760	2019 中国三对三篮球联赛	中国篮球协会、耐克体育（中国）有限公司	济南市	6 月
761	2019PukyCBC 全国联赛	PUKY 中国	东营市	7 月
762	2019 年首届全国体育新闻工作者足球联赛山东赛区比赛	中国体育新闻工作者协会、中国体育报业总社、山东省足球运动协会	济南市	6 月
763	驻济南新闻单位够级比赛	山东省体育总会	济南市	7 月

续表

序号	赛事名称	主办单位	地点	时间
764	“中国体育彩票”山东第九届全民健身运动会	山东省体育局 山东省体育总会	临沂市	4 月
765	“点赞新时代，共舞祖国好”庆祝新中国成立 71 周年大型广场舞比赛	山东省广场舞运动协会	济南市	7 月
766	2019 年中国公园排球公开赛（山东站）	国家体育总局排球运动管理中心、中国排球协会	济宁市	7 月
767	2019 年中国公自行车及中国公路自行车联赛总决赛	中国自行车运动协会、山东省体育局、荣成市人民政府	威海市	7 月
768	2019 年全国“小铁人”夏令营（威海站）	威海市铁人三项运动协会	威海市	8 月
769	2019 全国太极拳健康工程系列活动——全国太极拳公开赛（山东站）暨山东省第九届全民健身运动会太极拳比赛	中国武术协会、山东省体育局	威海市	8 月
770	2019 伊卡洛斯中国青岛国际飞行节化装飞行大赛	山东航空产业协会、山东航空运动协会	青岛市	8 月
771	山东省第九届全民健身运动会射箭竞赛	山东省体育局	烟台市	8 月
772	山东省中老年人太极拳比赛	山东省老年人体育协会、省老年人体育活动管理服务中心	济宁市	8 月
773	山东省第九届全民健身运动会“浩沙杯”万人游泳系列赛德州站暨“德药制药杯”京津冀鲁游泳邀请赛	山东省游泳运动协会	德州市	8 月
774	山东省青少年高尔夫球运回积分赛	山东省小球运动联合会	威海市	8 月
775	“威震海疆”飞跃齐鲁 2019 山东省第四届滑翔伞场地联赛总决赛暨全国滑翔伞精英邀请赛	山东省航空运动协会、山东省学校体育协会、威海市体育局、荣成市人民政府	威海市	8 月

续表

序号	赛事名称	主办单位	地点	时间
776	第四届山东省武术精英大赛	山东省武术运动协会、济宁市体育总会	济宁市	8 月
777	“穿越齐鲁”2019 年山东省亲子趣味定向比赛	山东省无线电运动协会	济宁市	8 月
778	2019 年泉城论剑武术邀请赛	山东省武术运动协会	济南市	8 月
779	山东省青少年网球排名赛总决赛	山东省小球运动联合会、山东省网球运动协会	威海市	8 月
780	山东省第九届全民健身运动会气排球比赛（潍坊站）	山东省体育局	潍坊市	8 月
781	山东省体育集藏展暨慰侨成果展	山东省文化馆	济南市	8 月
782	2019 年第 33 届泰山国际登山节暨第 25 届全国全民健身登泰山比赛第四节登泰山万人徒步行活动	中国登山协会、商务部投资促进事务局、山东省商务厅、省文化和旅游厅、省体育局、省贸促会	泰安市	9 月
783	中国业余网球公开赛（济南站）	中国网球协会	济南市	9 月
784	潍坊“我是绳王”全民健身跳绳挑战赛分站赛（第二站）	山东省跳绳运动协会	潍坊市	10 月
785	山东省第九届全民健身运动会柔力球比赛	山东省体育局	德州市	9 月
786	省直老年人斯诺克个人公开赛	山东省老年人体育协会、省老年人体育活动管理服务中心	济南市	9 月
787	“体彩杯”山东省省直机关第六届夕阳红健身运动会门球比赛	中共山东省委机关工作委员会、中共山东省委老干部局山东省体育局、山东省体育总会	济南市	9 月
788	“穿越齐鲁”2019 年山东省红旗接力定向比赛	山东省无线电运动协会、夏津县体育中心	德州市	9 月
789	“75 派”跳绳进社区全民跳绳挑战赛	山东跳绳运动协会	济南市	9 月
790	2019 第五届全国自行车泰山挑战赛	泰安市体育局、市体育总会、旅游经济开发区管委会	泰安市	10 月

续表

序号	赛事名称	主办单位	地点	时间
791	2019 年山东省青少年定向运动锦标赛	山东省无线电运动协会、山东省学校体育协会	滨州市	9 月
792	山东省齐鲁名山越野赛第二站威海里口山站	山东省登山运动协会、威海市体育局	威海市	10 月
793	临沂市国际马拉松	中国田径协会，临沂市人民政府	临沂市	10 月
794	2019 年“中国足球发展基金会杯”首届全国体育新闻工作者足球联赛（山东·济南）赛区	中国体育新闻工作者协会、中国体育报业总社、山东省足球运动协会	济南市	9 月
795	全国 Pony 小马棒球联盟 U12 总决赛	pony 小马中国联盟、国家棒球协会	威海市	10 月
796	2019 中国体育彩票山东省第九届全民健身运动会汽车摩托车比赛	山东省体育局	东营市	10 月
797	山东省第二届齐鲁名山越野赛威海里口山站	山东省登山运动协会	威海市	10 月
798	2019 全国女排元老队气排球比赛	中国排球协会	枣庄市	10 月
799	中国淄博 2019 年第二届全国花式空竹大赛	淄博市体育局、淄博市体育总会	淄博市	10 月
800	山东省大学生网球锦标赛	山东省学校体育协会、省小球运动联合会、省网球运动协会	济南市	10 月
801	国际三国板球邀请赛	国家体育总局小球运动管理中心、山东省体育局	济南市	10 月
802	2019 年山东省青少年无线电测向锦标赛	山东省无线电运动协会、山东省学校体育协会	日照市	10 月
803	“江北水城”2019 年南北狮王争霸赛	山东省龙狮运动协会、聊城市教育和体育局	聊城市	10 月
804	“中国体育彩票杯”山东省第九届全民健身运动会航海模型竞赛暨 2019 年“我爱祖国海疆”山东青少年航海模型竞赛	山东省体育局	青岛市	10 月

续表

序号	赛事名称	主办单位	地点	时间
805	山东省学校健身气功比赛	山东省体育局、山东省教育厅	淄博市	10月
806	全省中老年人健身气功比赛	省老年人体育协会、省老年人体育活动管理服务中心	济南市	10月
807	青岛（莱西）2019 世界休闲体育大会暨 2019 第五届山东省武术大会	山东省武术院、山东省武术协会	青岛市	10月
808	2019 全国航空模型公开赛日照站	国家体育总局航管中心、中国航空运动协会、山东省体育局、山东省航空运动协会、日照市人民政府	日照市	10月
809	第二届“海看杯”全省校园足球邀请赛	山东网络广播电视台、山东省体育中心、山东省足球运动协会、山东省体育场馆协会	济南市	2月
810	第二届全国青运会东营赛区男子篮球 u16 俱乐部组预赛	中国篮球协会	东营市	3月
811	2018-2019 中国三人篮球擂台赛暨“我要上奥运”选拔赛山东赛区比赛	中国篮协	济南市	3月
812	国象棋业余棋王山东赛区预选赛“暨水浒好汉城杯”象棋英雄 108 将排位赛	山东省棋类协会、菏泽市体育局、郓城县人民政府	菏泽市	3月
813	全国青少年足球比赛（大学生组）大学生组山东省预赛	中国足协	威海市	3月
814	“中国万达”2019 黄河口（东营）国际马拉松	中国田径协会、山东省体育局、东营市人民政府	东营市	4月
815	全国校园足球男子高中东北赛区（东营）站	国家教育部	东营市	4月
816	2019 山东省围棋棋王赛暨个人锦标赛	山东省棋类运动协会	东营市	4月
817	省第九届全民健身运动会健身气功比赛暨 2019 年全省气功站点联赛（东部赛区）	山东省体育局、潍坊市人民政府	潍坊市	4月

续表

序号	赛事名称	主办单位	地点	时间
818	2019 中国足协中冠联赛大区赛	中国足球协会	东营市	4 月
819	歌尔 2019 荣成滨海国际马拉松	中国田径协会、山东省体育局、荣成市人民政府	威海市	4 月
820	山东省第九届全民健身运动会黄河入海赛车英雄会	山东省体育局	东营市	10 月
821	山东省第九届全民健身运动会万人健步（日照站）活动	山东省体育局	日照市	6 月
822	齐鲁赛车英雄会（济宁站）	山东省汽车摩托运动联合会、济宁市体育总会、汶上县人民政府办公室	济宁市	4 月
823	2019 年山东省游泳中小学生联赛分站赛	山东省游泳运动管理中心、山东省游泳运动协会	东营市	5 月
824	“体彩杯”山东省省直机关第六届夕阳红健身运动会田径比赛	中共山东省委省直机关工作委员会、中共山东省委老干部局、山东省体育局、山东省体育总会	济南市	5 月
825	山东省第九届全民健身运动会气排球比赛（兰陵站）	山东省体育局	临沂市	6 月
826	2020“齐鲁风韵”山东省首届健身操系列大赛（济宁站）	山东省健身操舞协会	济宁市	8 月
827	山东省第十六届速度轮滑锦标赛		日照市	5 月
828	“穿越齐鲁”2019 年山东省户外科技体育系列活动第一站 -- 徒步定向赛	山东省无线电运动协会	日照市	5 月
829	山东省第五届帆船帆板公开赛	青岛市体育局、山东省青岛体育训练中心、市教育局	青岛市	5 月
830	2019 中国小篮球联赛（日照赛区）山东省篮球运动协会	山东省篮球运动协会	日照市	3 月
831	飞跃齐鲁 2019 年山东省悬浮纸飞机嘉年华	山东广播电视台、山东省航空协会、山东龙冈旅游集团	济南市	5 月

续表

序号	赛事名称	主办单位	地点	时间
832	“威海南海杯”2019 年威海超级铁人三项系列赛	中国铁人三项运动协会、山东省体育局、威海市重大体育赛事组委会	威海市	9 月
833	2019 年中国威海 HOBIE 帆船亚洲锦标赛	国际 Hobic 帆船级别协会、亚洲帆船联合会、中国帆船帆板运动协会、山东省体育局、威海市重大体育赛事组委会	威海市	7 月
834	2019 徒步中国千里海岸线徒步大会	中国登山协会、山东省体育总会、威海市重大体育赛事组委会	威海市	6 月
835	2019 中国女子职业高尔夫球巡回赛暨韩亚航空高尔夫公开赛	中国高尔夫球协会	威海市	7 月
836	“齐商银行杯”2019 年中韩帆船赛	威海市重大体育赛事组委会	威海市	6 月
837	2019 年“鱼游四海杯”国际路亚精英赛暨觅龙 JOGGING 挑战赛	中国钓鱼运动协会、威海市体育局、威海市海洋发展局	威海市	9 月
838	全国海钓锦标赛	—	威海市	9 月
839	乳山丽人 18 女子半程马拉松赛	—	威海市	5 月
840	全国登山健身大会（威海站）	—	威海市	6 月
841	全国 U15 青少年锦标赛	中国棒球协会、中国中学生体育协会	威海市	8 月
842	马拉松（高密）	省田径运动管理中心、潍坊市体育局、高密市人民政府	潍坊市	10 月
843	中国城市足球联赛外围赛（山东）	北京足坛之星投资有限公司	济宁市	6 月
844	“泰山杯”2019 全国青少年跆拳道俱乐部联赛（山东站）暨 2019 年“保准牛杯”山东省青少年俱乐部联赛（青州站）	体育总局青少司、中国跆拳道协会	潍坊市	5 月

续表

序号	赛事名称	主办单位	地点	时间
845	2019 中国体育彩票“云门春杯”全国中等城市气排球比赛	全国中等城市体育协作会	潍坊市	5 月
846	中国体育彩票“青州九龙峪杯”2019 山东省第四届百县象棋团体赛	山东省棋类运动协会	潍坊市	8 月
847	第四届“青州古城过大年”潍坊市围棋公开赛	潍坊市体育总会	潍坊市	2 月
848	潍坊篮球城市超级联赛暨临朐县全民健身篮球联赛	潍坊市奎文区教育和体育局、奎文区体育事业发展中心	潍坊市	7 月
849	坊子篮球联赛（FBA）	潍坊市坊子区教育和体育局、坊子区体育事业发展中心	潍坊市	6 月
850	潍坊篮球城市超级联赛暨奎文区全民健身篮球联赛	奎文区人民政府	潍坊市	6 月
851	潍坊篮球城市超级联赛暨寒亭区全民健身夏季篮球联赛	寒亭区人民政府	潍坊市	7 月
852	潍坊篮球城市超级联赛暨寒亭区全民健身足球联赛	寒亭区人民政府	潍坊市	9 月
853	寒亭区全民健身运动会“骑行100 天，带动百万人”自行车骑行活动。	寒亭区人民政府	潍坊市	6 月
854	寒亭区全民健身运动会乒乓球联赛	寒亭区人民政府	潍坊市	5 月
855	中国·潍坊市第一届“蓝色畅想杯”全国射箭锦标赛	山东省射箭联盟、山东省射箭青训联合会	潍坊市	7 月
856	2019 年中国龙舟公开赛	国家体育总局社会体育指导中心、中国龙舟协会、潍坊市体育局、潍坊滨海经济技术开发区管委会	潍坊市	9 月
857	2019 年世界风筝帆板水翼板锦标赛暨第十一届中国潍坊滨海国际风筝帆板邀请赛	国际帆联 WS，国际风筝冲浪协会、中国帆船帆板运动协会	潍坊市	9 月

续表

序号	赛事名称	主办单位	地点	时间
858	潍城区第四届徒步大会	潍城区教体局、潍坊市潍城区徒步运动协会	潍坊市	6 月
859	潍城区第三届童威武馆武术展演	潍城区体育局、潍城区体育总会、潍城区城关街道	潍坊市	8 月
860	2019CFA 中国之队 潍坊国际青年女足锦标赛	中国足协、山东省体育局、潍坊市人民政府	潍坊市	7 月
861	中国济南冬畅游季泉水国际邀请赛	济南市人民政府	济南市	1 月
862	“起源地杯”国际青年足球锦标赛	淄博市人民政府	淄博市	10 月
863	世界风筝水翼板锦标赛暨第十一届中国潍坊滨海国际风筝冲浪邀请赛	中国帆船帆板运动协会、潍坊滨海经济技术开发区管委会	潍坊市	9 月
864	潍坊杯国际青年足球邀请赛		潍坊市	8 月
865	烟台沙滩国际马拉松	烟台经济技术开发区管委会	烟台市	1 月
866	威海铁人三项赛		威海市	9 月
867	环滨州黄河风情带国际公路自行车赛	中国自行车运动协会、山东省体育局、滨州市人民政府	滨州市	9 月
868	中国运河名城（聊城）自行车公开赛	聊城市全民健身运动会组委会	聊城市	8 月
869	“奕动水城”国际象棋嘉年华	中国国际象棋协会、聊城市教育和体育局、东昌府区人民政府	聊城市	8 月
870	沂河体育节	国际皮划艇联合会、总局水上运动管理中心、中国皮划艇协会、中国滑水潜水摩托艇运动联合会、山东省体育局、山东省水上运动管理中心、山东省船艇运动协会	临沂市	6 月
871	2019 年青岛 • 崂山 100 公里国际山地越野挑战赛	青岛市体育局、青岛市体育总会	青岛市	8 月

续表

序号	赛事名称	主办单位	地点	时间
872	2019第四届“远东杯”国际帆船拉力赛	中国帆船帆板运动协会、青岛市重大国际帆船赛事（节庆）活动组委会	青岛市	8月
873	2019第十一届青岛国际帆船周· 青岛国际海洋节	国家体育总局水上运动管理中心、青岛市人民政府	青岛市	8月
874	青岛海上马拉松	青岛市体育局、高新区管委	青岛市	11月
875	国际马拉松赛	青岛市体育局、莱西市人民政府	青岛市	10月
876	足球起源地杯国际青少年足球夏令营及蹴鞠推广大赛	国家体育总局对外交流中心	淄博市	7月
877	2019国际跳棋公开赛	国家体育总局棋牌运动管理中心	泰安市	12月
878	世界少棒联盟亚太区总决赛	LLB亚太联盟	威海市	7月
879	一带一路（中、日、韩、中国台湾）青少年棒球交流赛	威海市体育局、临港区管委	威海市	7月
880	2019年威海超级铁人三项系列赛	省体育局、威海市重大体育赛事组委会	威海市	9月
881	横渡刘公岛公开水域游泳国际邀请赛	威海市体育局	威海市	8月
882	韩亚航空高尔夫公开赛	中国高尔夫邱协会	威海市	7月
883	国际棒球邀请赛	威海市体育局	威海市	6月
884	中国国际门球公开赛	中国门球协会	威海市	9月
885	2018—2019年中国城市少儿足球联赛（济南赛区）下半赛季	全国体育运动学校联合会	济南市	3月
886	全国东西南北中羽毛球大赛大区赛	中国羽毛球协会	济南市	9月
887	2019全国城市游泳系列赛（济南站）	济南市体育局	济南市	9月
888	2019年24小时精英挑战赛赛	青岛市体育局、青岛市体育总会	青岛市	5月
889	2019年全国游泳冠军赛暨世锦赛选拔赛	国家体育总局游泳运动管理中心	青岛市	3月

续表

序号	赛事名称	主办单位	地点	时间
890	2019 年全国青年射箭锦标赛暨全国第二届青年运动会射箭预赛	国家体育总局射击射箭运动管理中心	青岛市	5 月
891	2019 全国沙滩橄榄球锦标赛	国家体育总局小球运动管理中心、中国橄榄球协会	青岛市	8 月
892	2019 第五届中国壁球俱乐部联赛总决赛	国家体育总局小球运动管理中心、中国壁球协会、山东省小球运动联合会、青岛市体育局、青岛市体育总会	青岛市	11 月
893	全国（青岛市北）青少年体育舞蹈公开赛暨俱乐部联赛	青岛市北区教体局	青岛市	8 月
894	2019CBBA 全国时尚健身大赛暨青岛健美锦标赛	青岛市北区教体局	青岛市	9 月
895	2019 年钓鱼四类积分赛	中国钓鱼协会、西海岸新区体育发展中心	青岛市	6 月
896	2019 年全国大学生沙滩排球锦标赛	中国教育部大学生体育协会排球分会、西海岸新区管委	青岛市	9 月
897	全国啦啦操联赛青岛站	国家体育总局体操运动管理中心 全国啦啦操委员会、城阳区人民政府	青岛市	6 月
898	全国全民健身操舞大赛	城阳区人民政府	青岛市	7 月
899	“傅山杯”全国象棋公开赛	淄博市体育局淄博市体育总会	淄博市	12 月
900	国际象棋女子世界冠军分区赛（中国区）	亚洲国际象棋联合会、国家体育总局棋牌运动管理中心（中国棋院）、中国国际象棋协会	淄博市	9 月
901	全国传统弓射艺比赛	淄博市体育局淄博市体育总会	淄博市	7 月

续表

序号	赛事名称	主办单位	地点	时间
902	第三届全国青少年拳击邀请赛	淄博市体育局淄博市体育总会	淄博市	11月
903	“环马踏湖”全国轮滑马拉松公开赛	国家体育总局、中国轮滑协会、山东省体育局、省轮滑协会	淄博市	9月
904	第二届全国国际象棋棋协大师总决赛	中国国际象棋协会、淄博市体育局淄博市体育总会	淄博市	1月
905	全国定向邀请赛赛	淄博市体育局淄博市体育总会	淄博市	6月
906	全国百城千村健身气功大赛 周村区第十二届全民健身节暨第九届全民健身运动会	国家体育总局健身气功管理中心	淄博市	9月
907	全国轮滑球联赛全国轮滑球阻拦赛	国家体育总局社体中心、中国轮滑协会	淄博市	9月
908	全国大众排球精英联盟分区赛	国家体育总局排球运动管理中心	淄博市	
909	中国门球赛公开赛	中国门球协会	威海市	9月
910	2019 第七届中国台儿庄河钓大赛	中国钓鱼协会、枣庄市体育局、台儿庄区人民政府	枣庄市	7月
911	第三届中国“齐鲁杯”国际标准舞山东省巡回赛东营广饶站比赛	中联艺术竞赛委	东营市	9月
912	2019“跑游山东”系列马拉松赛（利津站）	山东省体育局、山东省文化旅游厅	东营市	4月
913	老年人钓鱼活动	中国老年人体育协会主办，中国钓鱼运动协会、山东省老年人体育协会	济宁市	8月
914	2019 年全国社会体育指导员交流展示大会分站赛	国家体育总局社会体育指导中心	济宁市	10月
915	全国健身瑜伽邀请赛	新泰市教育和体育局	泰安市	9月
916	中华人民共和国第二届青少年运动会 U15 棒球选拔赛暨全国青少年棒球冠军赛	国家体育总局手曲棒垒球中心	威海市	4月

续表

序号	赛事名称	主办单位	地点	时间
917	全国 PONY 小马 14u 棒球总决赛	pony 小马中国联盟，中国棒球协会	威海市	10月
918	2019 年 HOBIE 帆船全国家庭联赛	国际 HOBIE 帆船级别协会、亚洲帆船联合会、中国帆船帆板运动协会、山东省体育局、威海市重大体育赛事组委会	威海市	6月
919	2019 徒步中国·全国徒步大会威海站	中国登山协会、市重大体育赛事组委会	威海市	6月
920	青运会网球预赛	国家网球运动管理中心	日照市	9月
921	山海 24 小时户外挑战赛	青岛西海岸新区管委、五莲县人民政府	日照市	7月
922	全国大学生定向越野赛	中国登山协会	日照市	8月
923	全国围棋大赛	日照市人民政府	日照市	8月
924	2019 中国（日照）国民休闲水上运动会	日照市人民政府	日照市	4月
925	“我爱祖国海疆”全国青少年航海模型教育竞赛活动总决赛	总局航管中心、山东省体育局、日照市人民政府	日照市	8月
926	2019 年“环青海湖”自行车联赛“岱崮地貌杯”云蒙湖站	临沂市人民政府临沂市体育局	临沂市	4月
927	健美健身全国冠军大奖赛	中国健美协会、临沂市政府	临沂市	5月
928	2019 中国板式网球巡回赛（德州站）	中国网球协会	德州市	10月
929	第三届海峡两岸（德州·庆云）八极拳交流大会	中国武术协会	德州市	8月
930	京杭大运河自行车超级挑战赛（德州站）	蓝天绿野体育文化公司	德州市	9月
931	IBF 中国职业拳击联赛（德州站）	德城区体育总会	德州市	6月
932	中国攀岩联赛（齐河站）	德州市教体局	德州市	7月
933	中国铁人三项	中国铁人三项运动协会	德州市	10月

续表

序号	赛事名称	主办单位	地点	时间
934	聊城城市定向公开赛	聊城市教体局	聊城市	12 月
935	中国足球协会室内五人制足球超级联赛第四站（滨州站）	中国足球协会	滨州市	3 月
936	中国乒乓球超级联赛（承办）	国家乒协	滨州市	8 月
937	“海派”门球全国球友技术赛	中国门球协会	菏泽市	5 月
938	“美丽乡村”全国门球公开赛	中国门球协会	菏泽市	6 月
939	2018—2019 年中国中学生跆拳道联赛分站赛、暨 2020 年世界中学生运动会选拔赛	中国中学生体育协会	青岛市	3 月
940	山东省第九届全民健身运动会五人制足球比赛	山东省体育局、潍坊市体育局、市文明办、市体育总会	潍坊市	4 月
941	山东省第九届全民健身运动会场地高尔夫比赛	山东省体育局	济南市	4 月
942	山东省第九届全民健身运动会桥牌比赛	山东省体育局	济南市	5 月
943	山东省第九届全民健身运动会台球比赛	山东省体育局	淄博市	5 月
944	山东省第九届全民健身运动会保龄球比赛	山东省体育局	济南市	5 月
945	山东省第六届风筝锦标赛	山东省体育局	枣庄市	5 月
946	山东省第九届全民健身运动会羽毛球比赛	山东省体育局	青岛市	5 月
947	山东省第九届全民健身运动会汽摩比赛	山东省体育局	东营市	5 月
948	山东省第九届全民健身运动会龙舟比赛	山东省体育局	烟台市	7 月
949	山东省第九届全民健身运动会砂板乒乓球比赛	山东省体育局	济南市	9 月
950	山东省第九届全民健身运动会国际跳棋比赛	山东省体育局	济宁市	7 月

续表

序号	赛事名称	主办单位	地点	时间
951	山东省第九届全民健身运动会击剑比赛	山东省体育局	青岛市	7 月
952	山东省第九届全民健身运动会围棋比赛	山东省体育局	淄博市	7 月
953	山东省第九届全民健身运动会 3 人制篮球比赛	山东省体育局	德州市	8 月
954	山东省第九届全民健身运动会射箭比赛	山东省体育局	烟台市	8 月
955	山东省第九届全民健身运动会跆拳道比赛	山东省体育局、山东省人力资源和社会保障厅	东营市	8 月
956	山东省第九届全民健身运动会柔力球比赛	山东省体育局	德州市	9 月
957	山东省第九届全民健身运动会地掷球比赛	山东省体育局	聊城市	10 月
958	山东省第九届全民健身运动会航海模型比赛	山东省体育局	青岛市	10 月
959	“世屹集团”杯五子棋比赛	山东省体育局、山东省棋牌运动管理中心	淄博市	10 月
960	山东省第九届全民健身运动会大众广场舞	山东省体育局	烟台市	6 月
961	山东省第九届全民健身运动会健身秧歌比赛	山东省体育局	济南市	9 月
962	山东省第九届全民健身运动会门球比赛	山东省体育局	临沂市	8 月
963	山东省第九届全民健身运动会定向比赛	山东省体育局	临沂市	6 月
964	山东省第九届全民健身运动会健身教练健身技能比赛	山东省体育局	青岛市	9 月
965	山东省第九届全民健身运动会羽毛球健身技能比赛	山东省体育局	青岛市	9 月
966	山东省第九届全民健身运动会跆拳道健身技能比赛	山东省体育局	日照市	9 月

续表

序号	赛事名称	主办单位	地点	时间
967	山东省第九届全民健身运动会幼儿园足球联赛比赛	山东省体育局	济南市	4 月
968	山东省第九届全民健身运动会 AGS 弹弓射击联赛比赛	山东省体育局	潍坊市	4 月
969	山东省第九届全民健身运动会“活力山东”马拉松系列赛比赛	山东省体育局	青岛市	4 月
970	山东省第九届全民健身运动会地标马拉松比赛	山东省体育局	济南市	4 月
971	山东省第九届全民健身运动会魅力城市轮滑邀请赛比赛	山东省体育局	青岛市	4 月
972	山东省第九届全民健身运动会 PBC 儿童平衡车联赛比赛	山东省体育局	淄博市	4 月
973	山东省第九届全民健身运动会滑板城市巡回赛比赛	山东省体育局	济南市	5 月
974	山东省第九届全民健身运动会黄河流域县（市、区）门球比赛	山东省体育局	淄博市	10 月
975	“纵横江湖”山东省龙舟大奖赛	山东省体育总会	日照市	6 月
976	山东省纪念毛泽东“发展体育运动，增强人民体质”题词发表 67 周年主题示范活动	山东省体育总会	德州市	6 月
977	“舞动齐鲁 全民健身”山东省首届健身操舞精英大赛	山东省健身操舞运动协会	济宁市	5 月
978	“永远跟党走 舞动中国梦”山东省健身操舞友谊赛	山东省健身操舞运动协会	济南市	7 月
979	“庆国庆 迎重阳”山东省首届大众广场健身操舞展演	山东省健身操舞运动协会	济南市	10 月
980	山东黄河故道椹果生态文化节暨 2019 齐鲁赛车英雄会摩托车越野场地锦标赛	山东省汽车摩托车运动联合会	德州市	6 月
981	2019 齐鲁赛车英雄会汽车运动自驾营地嘉年华（莱州站）	山东省汽车摩托车运动联合会	烟台市	7 月

续表

序号	赛事名称	主办单位	地点	时间
982	第二十二届 CUBA 中国大学生篮球联赛山东省选拔赛暨 2019 年山东省“学校体协杯”大学生篮球联赛	山东省学校体育协会	青岛市	12 月
983	山东省社会体育指导员展示大赛（太极拳）	山东省体育局	威海市	4 月
984	山东省社会体育指导员展示大赛（社区广场舞）	山东省体育局	济南市	8 月
985	山东省社会体育指导员展示大赛（柔力球）	山东省体育局	济南市	9 月
986	山东省社会体育指导员展示大赛（操舞类）	山东省体育局	淄博市	10 月
987	山东省社会体育指导员展示大赛（手拍鼓）	山东省体育局	威海市	10 月
988	山东省大众跆拳道系列赛（第一站）	山东省跆拳道运动协会	枣庄市	6 月
989	全国田径省市区分区邀请赛（山东站）	山东省田径运动协会	淄博市	7 月
990	全国青少年棒球公开赛（山东赛区）	山东省小球运动联合会	威海市	8 月
991	山东省健身气功站点联赛（东部赛区）	山东省健身气功协会	潍坊市	4 月
992	山东省健身气功站点联赛（西部赛区）	山东省健身气功协会	滨州市	5 月
993	第五届“好客山东 仙境海岸”沿海骑行大奖赛	山东省自行车运动协会	潍坊市	10 月
994	第九届全民健身运动会万人骑行	山东省自行车运动协会	滨州市	10 月
995	2019 第三届省级行业体协越野行走大会	山东省体育总会	济南市	5 月
996	第七届英雄联盟高校联赛山东省赛	腾讯科技有限公司	济南市	5 月
997	山东省全民健身毽球系列活动	山东省体育局	潍坊市	8 月

续表

序号	赛事名称	主办单位	地点	时间
998	第五届山东省王者荣耀高校电子竞技大赛	腾讯科技有限公司	青岛市	9月
999	2019年山东省第五届帆船帆板公开赛暨青岛市第十四届帆船帆板公开赛	青岛市体育局、山东省青岛体育训练中心、市教育局	青岛市	6月
1000	2019齐鲁“钓王杯”钓鱼精英赛	山东省钓鱼协会	日照市	4月
1001	2019中国好钓手钓鱼精英赛	山东省钓鱼协会	青岛市	9月
1002	山东省健身气功交流活动	青岛市体育局、莱西市人民政府	青岛市	8月
1003	省少儿围棋锦标赛比赛	淄博市体育局淄博市体育总会	淄博市	8月
1004	省百县象棋团体赛	山东省棋类运动协会	潍坊市	8月
1005	省少年象棋赛	山东省棋类运动协会	东营市	7月
1006	山东省象棋定级赛	淄博市体育局淄博市体育总会	淄博市	2月
1007	全省健身操大赛	淄博市体育局淄博市体育总会	淄博市	9月
1008	山东省健身瑜伽大赛	山东省健美运动协会、淄博市体育局、淄博市体育总会	淄博市	9月
1009	省保龄球锦标赛	淄博市体育局淄博市体育总会	淄博市	10月
1010	山东省第二届冬季全民健身运动会冰上项目和闭幕式	山东省体育局	淄博市	2月
1011	省武术之乡比赛	省武术协会	淄博市	4月
1012	全省老年人开展太极拳健身推广展示大联动活动淄博分会场	山东省老年体协	淄博市	5月
1013	全省大众排球比赛	山东省体育局山东省排球协会	淄博市	6月
1014	第五届中国枣庄、台儿庄古城国际冬泳节	国际冬泳联合会中国联络处、枣庄市体育局、台儿庄区人民政府	枣庄市	1月

续表

序号	赛事名称	主办单位	地点	时间
1015	山东省第九届全面健身运动会万人骑行活动（枣庄站）暨中国·枣庄梅花山山地自行车公开赛	山东省体育局	枣庄市	8 月
1016	山东省青少年围棋晋段赛“枣庄站”	山东省棋类管理中心	枣庄市	8 月
1017	2019 年全国青少年足球夏令营（山东站）暨“中国黄河口”国际友好城市足球锦标赛	东营市青少年足球运动协会	东营市	7 月
1018	2019 年山东省中老年门球比赛	东营市老年人体育协会、利津县教育局	东营市	9 月
1019	2019 年 CIDU 中国“黄河杯”第七届国际舞蹈公开赛暨第七届黄河三角洲舞蹈艺术节	山东中联舞蹈艺术中心、广饶县体育中心	东营市	4 月
1020	2019 黄河口（东营）全国公路自行车赛	山东省体育局、东营市人民政府	东营市	9 月
1021	全省中老年人台球比赛	山东省老年人体育活动管理服务中心	潍坊市	9 月
1022	嘉祥县第九届全民健身运动会暨“迎新杯”象棋比赛	嘉祥县体育中心	济宁市	4 月
1023	气排球走进新闻媒体	山东省气排球管理中心	济宁市	9 月
1024	山东省中学生排球联赛	山东省体育局、省教育厅、省财政厅	济宁市	7 月
1025	山东省速度轮滑公开赛	山东省体育总会	济南市	10 月
1026	山东省少儿足球邀请赛	新泰市教育和体育局	泰安市	8 月
1027	山东省第九届全民健身运动会第八届传统武术比赛	山东省体育局	聊城市	6 月
1028	山东省万人骑行	山东省自行车管理中心	泰安市	7 月
1029	山东省第九届全民健身运动会中国象棋比赛	山东省棋牌管理中心、泰安市体育局、宁阳县人民政府	泰安市	2 月

续表

序号	赛事名称	主办单位	地点	时间
1030	山东省第九届全民健身运动会（宁阳站）自行车比赛	山东省射击自行车运动管理中心、泰安市体育局 宁阳县人民政府	泰安市	7 月
1031	中欧围棋对抗赛暨山东省围棋协会双人赛	山东省棋牌管理中心、泰安市体育局、宁阳县人民政府	泰安市	12 月
1032	山东省第九届全民健身运动会自行车万人骑行活动	山东省体育局	泰安市	7 月
1033	全国老年人太极拳健身推广展示大联动主会场活动暨全省太极嘉年华	山东省体育局	日照市	5 月
1034	山东省全民健身运动会定向越野公开赛	山东省体育局	日照市	9 月
1035	山东省全民健身运动会轮滑公开赛	山东省体育局	日照市	
1036	山东省第二届冬季全民健身运动会陆地冰壶比赛	山东省体育局	德州市	1 月
1037	山东省第四届体育健身广场舞大赛（德州站）	山东省体育局、山东省广播电视台	德州市	11 月
1038	中国·德州京津冀鲁围棋赛		德州市	10 月
1039	中国·德州京津冀鲁龙舟邀请赛	德州市教育和体育局	德州市	6 月
1040	第二届京津冀鲁广场舞大赛	德州市教育和体育局、德州市体育总会	德州市	5 月
1041	山东省国际跳棋锦标赛（德州赛区）	临邑县教育和体育局	德州市	5 月
1042	山东省公开水域游泳比赛平原站	山东省游泳协会	淄博市	7 月
1043	夏津县无线电测向比赛	山东省无线电测向协会	德州市	5 月
1044	山东省汽摩联协会摩托车场地赛	山东省汽车摩托车联合会	德州市	6 月
1045	“跑游山东”码头站	山东省体育总会	滨州市	5 月
1046	山东省第九届全民健身运动会万人健步（滨州站）	山东省体育局	滨州市	5 月
1047	“百千万”三大赛象棋总决赛	山东省体育总会	滨州市	9 月

续表

序号	赛事名称	主办单位	地点	时间
1048	“跑游山东”滨城区站	山东省体育总会	滨州市	9 月
1049	“跑游山东”高新区站	山东省体育总会	滨州市	9 月
1050	“跑游山东”博兴站	山东省体育总会	滨州市	10 月
1051	山东省检察系统乒乓球比赛	滨州市体育局	滨州市	
1052	第五届山东省沿海骑行大奖赛	山东省体育总会	滨州市	11 月
1053	中国小篮球联赛（山东菏泽赛区）	山东省篮球运动协会、菏泽市体育局	菏泽市	6 月
1054	苏鲁豫皖斗鸡斗羊邀请赛	牡丹区人民政府	菏泽市	4 月
1055	四省八县羽毛球比赛	单县体育中心	菏泽市	11 月
1056	四省八县乒乓球比赛	单县体育中心	菏泽市	12 月
1057	2019 年济南市元旦全民健身系列活动启动仪式	济南市体育局	济南市	1 月
1058	济南市第二届慢骑赛	济南市自行车运动协会	济南市	1 月
1059	第七届元旦泉城单车节自行车运动系列活动	济南市自行车运动协会	济南市	1 月
1060	2019 年济南市室内田径单项精英赛（短跑、跳跃）	济南市体育局济南市体育总会	济南市	1 月
1061	“尚美杯”校际智力运动会	省跳协、市象协	济南市	1 月
1062	济南市跳绳进校园公益行系列活动（南山区）	济南市跳绳协会	济南市	3 月
1063	济南市轮转冰选拔赛	济南市体育总会	济南市	3 月
1064	2019 年济南市第九届全民健身运动会中老年人气排球比赛	济南市体育局	济南市	3 月
1065	济南市少儿象棋比赛	济南市象棋协会	济南市	3 月
1066	济南市桥牌联赛第一站	济南市桥牌协会	济南市	3 月
1067	广场跳绳舞进社区活动系列活动	济南市跳绳协会	济南市	4 月
1068	2019 年济南市第九届全民健身运动会中老年人乒乓球比赛	济南市体育局	济南市	4 月

续表

序号	赛事名称	主办单位	地点	时间
1069	济南市老年人象棋比赛	济南市象棋协会	济南市	4 月
1070	济南市成人象棋等级赛	济南市象棋协会	济南市	4 月
1071	济南市第二届云翠山爬坡赛	济南市自行车运动协会	济南市	4 月
1072	齐鲁精英赛·济南站	山东省桥牌协会	济南市	4 月
1073	济南市第六届体质达人联赛	济南市体育局	济南市	4 月
1074	济南市五人制足球联赛	济南市足球协会	济南市	4 月
1075	济南市首届高智尔球赛	济南市高智尔球协会	济南市	4 月
1076	“点亮泉城”济南市全民健身荧光跑	济南市体育局、济南电视台	济南市	4 月
1077	体彩杯济南市第十一届“毽王”争霸赛	济南市体育局	济南市	5 月
1078	2019 年济南市中小学生跳绳比赛	济南市教育局体卫艺处	济南市	5 月
1079	济南市业余篮球比赛	济南市体育局	济南市	5 月
1080	2019 年济南市第九届全民健身运动会庆“五一”百队门球赛	济南市体育局	济南市	5 月
1081	2019 年济南市第九届全民健身运动会中老年人持杖健走比赛	济南市体育局	济南市	5 月
1082	济南市第九届全民健身运动会开幕式	济南市体育局	济南市	5 月
1083	济南市足协杯（大学组）比赛	济南市足球协会	济南市	5 月
1084	济南市少儿象棋等级赛	济南市象棋协会	济南市	5 月
1085	大型太极拳表演	杨拳研究会	济南市	5 月
1086	济南市滑板公开赛	济南市轮滑协会	济南市	5 月
1087	五四青年节趣味运动会	济南市健美健身和瑜伽协会	济南市	5 月
1088	济南市桥牌联赛第二站	济南市桥牌协会	济南市	5 月
1089	第二届济南全国城市剑道邀请赛	济南市体育局	济南市	5 月
1090	第七届 13 山不间断骑行挑战赛	济南市自行车运动协会	济南市	5 月
1091	首届驻济高校跳绳比赛	济南市体育总会	济南市	6 月
1092	“玲珑轮胎杯”2019 年山东省板球锦标赛	山东省小球联合会	济南市	6 月

续表

序号	赛事名称	主办单位	地点	时间
1093	足球友谊邀请赛	济南市体育局	济南市	6 月
1094	中国象棋济南—青岛两地对抗赛	济南市象棋协会	济南市	6 月
1095	济南市首届青少年锦标赛	济南市国际象棋协会	济南市	6 月
1096	济南市第二届丁泉山地车邀请赛	济南市自行车运动协会	济南市	6 月
1097	“兄弟杯”（羽协杯）羽毛球邀请赛	济南市体育总会、济南市羽毛球协会	济南市	6 月
1098	7.16 全民游泳健身周	济南市体育局	济南市	7 月
1099	青少年棒垒球夏令营	山东琢玉体育文化有限公司	济南市	7 月
1100	济南市第九届全民健身运动会击剑联赛	济南市体育局	济南市	7 月
1101	济南市校际象棋联赛	济南市体总、济南市教委	济南市	7 月
1102	济南市少儿围棋赛	济南市围棋协会	济南市	7 月
1103	2019 年“7.16 全民游泳健身周”活动	济南市全民健身中心	济南市	7 月
1104	济南市第九届全民健身运动会健身气功大赛	济南市体育局	济南市	7 月
1105	济南市足协杯比赛（成人）	济南市足球协会	济南市	7 月
1106	济南市青少年自行车趣味赛	济南市自行车运动协会	济南市	7 月
1107	济南市第九届全民健身运动会跆拳道国学品势邀请赛	济南市体育局	济南市	8 月
1108	第四届“新城杯济南演武大会”	济南市摔跤柔道协会	济南市	8 月
1109	2019 年“8.8 全民健身日”游泳活动	国际游泳联合会	济南市	8 月
1110	2019 年济南市跳绳嘉年华	济南市体育局	济南市	9 月
1111	2019 年济南市“运动达人”全民铁人三项系列挑战赛	槐荫区体育局	济南市	9 月
1112	济南市少儿象棋初级定级赛	济南市象棋协会	济南市	9 月
1113	太乙门武术比赛	济南市太乙门武术研究会	济南市	
1114	济南市中小学羽毛球联赛	济南市体育局、济南市体育总会	济南市	10 月
1115	2019 年济南市板球联赛	济南市体育总会	济南市	10 月

续表

序号	赛事名称	主办单位	地点	时间
1116	2019年济南市第九届全民健身运动会中老年人羽毛球比赛	济南市体育局	济南市	10月
1117	济南市第九届全民健身运动会闭幕式暨骨关节活力操比赛	济南市体育局	济南市	10月
1118	济南市第二届国际少儿足球邀请赛	济南市体育局	济南市	10月
1119	济南业余网球挑战赛	济南市网球协会	济南市	10月
1120	济南市健美健身锦标赛暨瑜伽肚皮舞大赛	济南市健美健身和瑜伽协会	济南市	10月
1121	济南市桥牌联赛第四站	济南市桥牌协会	济南市	10月
1122	2019年—2020年中国城市少儿足球联赛（济南赛区）	全国体育运动学校联合会	济南市	10月
1123	JESG济南市第五届电子竞技联赛	济南市电子竞技运动协会	济南市	10月
1124	济南市首届环玫城100公里挑战赛	济南市自行车运动协会	济南市	10月
1125	2019年济南市首届广场绳舞大赛	济南市跳绳协会	济南市	11月
1126	济南市业余羽毛球挑战赛	济南市体育局	济南市	11月
1127	济南市业余游泳挑战赛	济南市体育局	济南市	11月
1128	济南市少儿象棋总决赛暨等级赛	济南市象棋协会	济南市	11月
1129	济南市围棋升段赛	济南市围棋协会	济南市	11月
1130	济南市乒协会员大赛（单打）	济南市乒协	济南市	11月
1131	2019年济南市第五届登山徒步大会	济南市登山协会	济南市	11月

续表

序号	赛事名称	主办单位	地点	时间
1132	“体彩杯”济南市棒垒球秋季联赛	济南市棒垒协会	济南市	11月
1133	2019 年“校长杯”板球推广大赛	济南市板球协会	济南市	12月
1134	济南市趣味家庭节比赛	济南市体育局	济南市	12月
1135	济南市象棋棋王总决赛	济南市体总	济南市	12月
1136	济南市桥牌联赛总决赛	济南市桥牌协会	济南市	12月
1137	济南市第二届冬季全民健身运动会	济南市体育局	济南市	12月
1138	济南市羽毛球群众业余积分赛	济南市羽毛球协会	济南市	6月
1139	山东省百县篮球比赛济南赛区预赛	济南市体育局、济南市体育总会	济南市	7月
1140	山东省千乡乒乓球比赛济南赛区预赛	济南市体育局、济南市体育总会	济南市	7月
1141	山东省万人象棋比赛济南赛区预赛	济南市体育局、济南市体育总会	济南市	7月
1142	2019 船东杯帆船赛春季赛	青岛奥帆城市发展促进会、青岛市帆船运动管理中心	青岛市	5月
1143	2019 第三届青岛企业帆船联赛	青岛市体育局	青岛市	6月
1144	2019 船东杯帆船赛秋季赛	青岛奥帆城市发展促进会、青岛市帆船运动管理中心	青岛市	9月
1145	青岛足协杯赛	青岛市足球协会	青岛市	2月
1146	青岛超级杯赛	青岛市足球协会	青岛市	12月
1147	青岛五人制足球比赛（足协杯、沙滩赛）	青岛市足球协会	青岛市	4月
1148	青岛中老年业余足球联赛（A、B组）	青岛市足球协会	青岛市	4月

续表

序号	赛事名称	主办单位	地点	时间
1149	青岛俱乐部冠军联赛	青岛市足球协会	青岛市	7 月
1150	“我爱足球”青岛海选赛	青岛市足球协会	青岛市	8 月
1151	2019 年市民越野比赛	青岛市全民健身领导小组	青岛市	1 月
1152	2019 年元旦青岛市全民健身健康跑	青岛市全民健身领导小组	青岛市	1 月
1153	2019 全市体育健身广场舞赛	青岛市体育局	青岛市	6 月
1154	2019 年青岛市毅行健身大会	青岛市体育局、青岛市体育总会	青岛市	6 月
1155	2019 年青岛市全民健身日活动（畅游汇泉湾）	青岛市全民健身领导小组	青岛市	8 月
1156	2019 年青岛市社区健身节	青岛市全民健身领导小组	青岛市	8 月
1157	2019 年青岛市沙滩体育节	青岛市全民健身领导小组	青岛市	9 月
1158	2019 年青岛市第五届体育大会	青岛市体育局、青岛市体育总会	青岛市	4 月
1159	2019 年青岛市“体彩杯”“青岛球王”足球系列赛	青岛市体育局、青岛市体育总会	青岛市	4 月
1160	2019 年青岛市“体彩杯”“青岛球王”篮球系列赛	青岛市体育局、青岛市体育总会	青岛市	4 月
1161	组织全国持杖健走大联动青岛分会场活动	青岛市老年体协	青岛市	11 月
1162	全国登山节—市南区分会场	青岛市体育局	青岛市	4 月
1163	2019 年青岛马拉松	青岛市体育局	青岛市	5 月
1164	青岛市全民健身运动会闭幕式	青岛市体育局	青岛市	12 月
1165	青岛（市北）城市定向赛、音乐健康跑		青岛市	9 月
1166	青岛（市北）第三届青少年棒垒球春季、秋季联赛	青岛市北区鲸鲨棒垒球俱乐部	青岛市	6 月
1167	第五届市北乒乓球联赛	青岛市北区乒乓球运动协会	青岛市	10 月
1168	参加青岛市全民健康跑	青岛市体育局	青岛市	1 月
1169	参加青岛市第十一届“百千万”篮球比赛	青岛市体育局、市体育总会	青岛市	8 月

续表

序号	赛事名称	主办单位	地点	时间
1170	参加青岛市“我是球王”羽毛球比赛	青岛市体育局、市体育总会	青岛市	8 月
1171	市第十一届“百千万”乒乓、象棋赛	青岛市体育局、市体育总会	青岛市	9 月
1172	组织参加市第十八届社区健身节	青岛市体育局、市体育总会	青岛市	11 月
1173	2019 年全国群众登山健身大会青岛站	青岛市体育总会、城阳区人民政府	青岛市	4 月
1174	青岛市龙舟赛	青岛市体育局、市体育总会、高新区管委	青岛市	6 月
1175	青岛、黄岛、胶州三地高水平羽毛球赛	胶州市体育总会	青岛市	2 月
1176	青岛市气排球赛	青岛市体育局、莱西市人民政府	青岛市	4 月
1177	青岛市健身气功赛	青岛市体育局、莱西市人民政府	青岛市	5 月
1178	青岛市钓鱼邀请赛	青岛市体育局、莱西市人民政府	青岛市	5 月
1179	淄博市行政审批局“庆三八”趣味运动会	淄博市体育局淄博市行政审批局	淄博市	3 月
1180	山东省第八届全民健身运动会 2018 年淄博市孝妇河湿地公园健步走暨“山东省全民健身月”启动仪式	淄博市体育局、市直机关工委、市公安局、市卫计委	淄博市	4 月
1181	淄博市舞动乡村健身技能培训班	淄博市体育局淄博市妇联	淄博市	
1182	淄博市全民健身日系列活动	淄博市体育局	淄博市	8 月
1183	淄博市迎新年“健康淄博”健身跑（走）活动	淄博市卫计委、团市委、市体育局体育局	淄博市	12 月
1184	淄博市直机关健身气功展演比赛	市委市直机关工委、市总工会、市卫健委、团市委、市妇联、市红十字会、市体育局	淄博市	8 月
1185	淄博市第九届全民健身运动会（49 项）	淄博市体育局淄博市体育总会	淄博市	5 月

续表

序号	赛事名称	主办单位	地点	时间
1186	淄博市第三届智力运动会(12项)	淄博市体育局、淄博市教育局、淄博市体育总会	淄博市	4月
1187	足球起源地杯足球锦标赛	淄博市人民政府	淄博市	10月
1188	市老年人创新项目展演	淄博市老年体协	淄博市	9月
1189	枣庄市第九届全民健身运动会	枣庄市体育局、枣庄市直机关工委、山亭区人民政府	枣庄市	4月
1190	2019年运河龙舟大赛	枣庄市体育局、枣庄市人民政府台湾事务办公室、台儿庄区人民政府	枣庄市	6月
1191	山东枣庄月亮湾太极拳公开赛	枣庄市体育局、山亭区人民政府、枣庄市体育总会	枣庄市	10月
1192	东营市第一届冬季全民健身运动会	东营市体育局	东营市	1月
1193	全国老年人太极拳推广展示大联动东营主会场活动	东营市体育局、市老年人体育协会	东营市	5月
1194	2019年东营市足球超级联赛	东营市足球运动协会	东营市	3月
1195	全市老年人太极拳比赛	东营市体育局、市老年人体育协会	东营市	5月
1196	全市老年人门球比赛	东营市体育局、市体育总会办公室、市老年人体育协会	东营市	8月
1197	全市老年人健身球操比赛	东营市体育局、东营市体育总会办公室、东营市老年人体育协会	东营市	8月
1198	全市老年人健身项目创新展演	东营市体育局、东营市体育总会办公室	东营市	11月
1199	“中国体育彩票”东营市第九届全民健身运动会	东营市体育局	东营市	6月
1200	芝罘区街道社区球类联赛	芝罘区体育总会	烟台市	3月
1201	第三届“国际瑜伽日”大型户外瑜伽展演	芝罘区体育运动服务中心	烟台市	6月

续表

序号	赛事名称	主办单位	地点	时间
1202	全民健身日大型展演	芝罘区体育总会	烟台市	8 月
1203	第二届“兴业银行杯”双人团体赛	莱山区体育总会、兴业银行烟台分行	烟台市	3 月
1204	莱山区“区长杯”小学生校园足球联赛	莱山教体局、莱山区体育总会	烟台市	5 月
1205	中国劲酒杯团体赛	莱山区体育总会、中国劲酒	烟台市	5 月
1206	第九届全民健身运动会	烟台市体育局、烟台市体育总会	烟台市	4 月
1207	牟平区第二届滨海健身节	牟平区体育总会	烟台市	4 月
1208	牟平区第五届中小学阳光体育节	牟平区体育总会	烟台市	6 月
1209	牟平区门球比赛	牟平区体育总会、牟平区老年体协	烟台市	4 月
1210	牟平区“迎春杯”乒乓球比赛	牟平区体育总会、牟平区乒乓球协会	烟台市	4 月
1211	全省青少年手球锦标赛	山东省体育局、蓬莱市体育总会	烟台市	5 月
1212	蓬莱市第五届健步走	市委宣传部、市直机关工委、市体育运动服务中心	烟台市	5 月
1213	全国柔力球比赛	中国老年体协、省老年体协、烟台市政府	烟台市	10 月
1214	“渤海燃气杯”篮球赛	烟台市文明办、市直机关工委、市总工会、团市委、市教育体育局、市卫生健康局、市体育运动服务中心	烟台市	7 月
1215	2019 年龙口市机关运动会暨全民健身月启动仪式	龙口市机关工委、龙口市体育总会	烟台市	5 月
1216	2019 年 8 月 8 日全民健身日广场活动展演	龙口市体育总会	烟台市	8 月
1217	2019 年龙口市足球俱乐部联赛	龙口市体育总会	烟台市	10 月
1218	招远市第九届全民健身运动会围棋升段赛	招远市体育总会、市体育运动服务中心	烟台市	4 月

续表

序号	赛事名称	主办单位	地点	时间
1219	2019年栖霞市钓鱼比赛	栖霞市人民政府	烟台市	9月
1220	全民健身运动会开幕式暨全民健身月启动仪式	莱阳市委、市政府	烟台市	5月
1221	“我和我的祖国”体育舞蹈比赛	中共莱阳市委宣传部、市文化和旅游局、市文学和艺术界联合会、市教育和体育局、市广播电视台	烟台市	7月
1222	绿色健步活动	市直机关工委、市文化和旅游局、市体育运动服务中心	烟台市	5月
1223	奥林匹克日长跑活动	中国奥委会	烟台市	6月
1224	2019卡尔美· 仙境海岸海阳马拉松	中国田径协会、山东省体育局、海阳市人民政府	烟台市	6月
1225	海阳市国际武术节	海阳市宣传部、体育运动服务中心、市文化和旅游局	烟台市	7月
1226	全民健身日项目展演	海阳市体育总会	烟台市	8月
1227	全市篮球比赛	烟台市直机关工委、市广播电视台、市体育运动服务中心	烟台市	10月
1228	足协杯赛	海阳市宣传部、机关工委、体育总会、电视 台、足协	烟台市	6月
1229	第三节城市轮滑邀请赛	烟台市体育运动服务中心、市广播电视台	烟台市	6月
1230	2019年“香港怡隆杯”山东海阳海钓邀请赛	烟台市钓鱼运动协会、烟台市休闲垂钓协会	烟台市	12月
1231	2019东京奥运会沙排世界资格赛		烟台市	9月
1232	2019山东长岛全国海钓精英邀请赛	长岛县人民政府	烟台市	9月
1233	长岛县第九届全民健身运动会暨2019年全县综合运动会	长岛综合试验区工委管委	烟台市	8月
1234	2019年全国沙滩手球锦标赛	中国手球协会	烟台市	6月

续表

序号	赛事名称	主办单位	地点	时间
1235	御花园门球俱乐部第四届会员联谊赛	烟台高新区老年人体育协会、烟台御花园门球俱乐部	烟台市	10 月
1236	“明波杯”第三届“谁是棋王”巅峰对决	山东棋类运动协会、烟台市体育总会	烟台市	9 月
1237	“云峰对决”环球功夫大师争霸赛	山东省莱州中华武校	烟台市	5 月
1238	潍坊市迎春骑行活动	潍坊市体育局、市体育总会	潍坊市	3 月
1239	潍坊市“坚持骑行 100 天”活动	潍坊市体育局、市体育总会	潍坊市	5 月
1240	潍坊市第六届龙舟赛	潍坊市体育局、市体育总会	潍坊市	6 月
1241	潍坊市“恒信”杯 2019 临朐九山乡村游山地马拉松邀请赛“交通银行”庆“七一”长跑五进活动	潍坊市文明办、市体育局、市体育总会、临朐县旅游局、临朐县九山镇政府	潍坊市	6 月
1242	2019 潍坊市足球运动协会“友谊杯”足球赛	潍坊市体育局、潍坊市体育总会	潍坊市	6 月
1243	潍坊市第九届全民健身运动会	潍坊市体育局、潍坊市文明办、潍坊市体育总会	潍坊市	8 月
1244	沿海骑行大奖赛潍坊站比赛	山东省体育总会指导，山东省射击自行车运动管理中心、山东省自行车运动协会、潍坊市体育总会	潍坊市	9 月
1245	冬季室内五人制足球比赛	坊子区体育总会、潍坊市体育彩票管理中心	潍坊市	12 月
1246	潍坊市扶贫日公益骑行活动	中共潍坊市委宣传部、中共潍坊市委市直机关工作委员会、潍坊市生态环境局	潍坊市	6 月
1247	全市“健康潍坊”门球联赛	潍坊市老年人体育活动管理服务中心	潍坊市	4 月
1248	全市第二十届运动会	潍坊市人民政府	潍坊市	5 月

续表

序号	赛事名称	主办单位	地点	时间
1249	“服务进站 健身养老”绩效考核暨全市第十二届中老年人健身活动网络(电视)大赛	潍坊市老年人体育活动服务中心、市老年体协和市老干部活动中心	潍坊市	10月
1250	迎新年健身跑	曲阜市教育和体育局	济宁市	1月
1251	市足协第二届贺岁杯青少年足球邀请赛	济宁市足协	济宁市	3月
1252	2019 济宁市全民健身日主题活动	济宁市政府	济宁市	8月
1253	太极拳“六进”系列活动	济宁市体育总会	济宁市	3月
1254	最美济宁城市定向赛	山东省户外运动协会	济宁市	9月
1255	第二届朝圣之路挑战赛	济宁市自行车运动协会	济宁市	1月
1256	2019 年济宁市中小学生乒乓球联赛	济宁市乒乓球协会	济宁市	12月
1257	第二届济宁国际青少年乒乓球邀请赛	济宁市乒乓球协会	济宁市	12月
1258	济宁市第九届全民健身运动会	济宁市体育局	济宁市	6月
1259	鸳鸯门太极拳推手邀请赛	邹城市精武太极拳俱乐部	济宁市	7月
1260	泰安市第九届全民健身运动会	泰安市人民政府	泰安市	10月
1261	泰安市广场舞比赛	泰安市体育局	泰安市	10月
1262	2019 年泰安市中小学生运动会健美操、体育舞蹈比赛	泰安市教育局、泰安市体育局	泰安市	7月
1263	2019 年东平县“钓协杯”竞技钓鱼选拔赛	东平县钓鱼协会	泰安市	6月
1264	泰山区“公益体彩杯”首届轮滑大赛	泰山区轮滑协会	泰安市	4月
1265	威海市第九届全民健身运动会	威海市体育局	威海市	5月
1266	威海市 2019 年篮球联赛	威海市体育局	威海市	7月
1267	威海市 2019 年排球联赛	威海市教育局、威海市体育局	威海市	4月
1268	“中国体育彩票杯”2019 年威海市足球锦标赛	威海市体育局	威海市	9月

续表

序号	赛事名称	主办单位	地点	时间
1269	MLB JUNIOR PLAY BALL 威海赛区比赛	MLB 中国发展联盟	威海市	5 月
1270	全国第十五个冬泳日活动	威海市体育局	威海市	1 月
1271	威海市第二届冬季全民健身运动会	威海市体育局	威海市	1 月
1272	“威海南海杯”2019 年威海铁人三项世界杯赛	威海市体育局	威海市	9 月
1273	“舒华杯”2019 年环翠区沙滩铁人三项赛	环翠区教育和体育局	威海市	8 月
1274	威海市第十一届千乡乒乓球预赛	环翠区教育和体育局	威海市	4 月
1275	“威海东部滨海新城杯”第四届山东省沿海骑行大奖赛	山东省体育总会	威海市	9 月
1276	2019“双十一”全国持杖行走日暨全国老年人健步走大联动	中国登山协会、中国老年人体育协会	威海市	11 月
1277	威海市全民健身运动会棒垒球比赛	威海市体育局	威海市	3 月
1278	“鲁缘太极杯”第二届中国威海国际太极·温泉康养大会	威海市体育局、市文化和旅游局、市卫生健康委员会	威海市	9 月
1279	少儿平衡车大赛	日照文旅集团	日照市	10 月
1280	日照市第九届全民健身运动会	日照市体育局、市体育总会	日照市	1 月
1281	日照市“长松杯”第二十九届老年人门球比赛	日照市体育局	日照市	4 月
1282	日照市“迎三八”全民健身进家庭老年人“夫妻组合”门球赛	日照市体育局	日照市	3 月
1283	山东省第十一届“千乡乒乓球”总决赛	山东省体育总会	日照市	9 月
1284	“安泰·卡尔美杯”国际青少年足球文化节	日照市东港区人民政府	日照市	7 月
1285	日照市足协杯赛	日照市足球协会	日照市	11 月

续表

序号	赛事名称	主办单位	地点	时间
1286	日照市中学生运动会啦啦操比赛	日照市体育局、市体育总会	日照市	4 月
1287	日照市第二届少儿啦啦操精英赛	日照市啦啦操协会	日照市	10 月
1288	2019 中国（日照）大青山第七届国际太极拳大赛	山东省体育总会、山东省老年人体育协会、日照市人民政府	日照市	5 月
1289	日照市第九届大众跆拳道锦标赛暨精英赛	日照市体育总会	日照市	4 月
1290	日照市新年祈福迎日出冬泳表演赛	日照市冬泳协会	日照市	1 月
1291	日照市“中大体育杯”定向越野比赛	日照市体育局、日照市体育总会	日照市	9 月
1292	日照市围棋少年定级赛	日照市象棋协会	日照市	3 月
1293	2019 年山东省少年围棋锦标赛	山东省棋类运动协会	日照市	8 月
1294	山东省第十一届“万人象棋”日照赛区	日照市体育局 日照市体育总会	日照市	6 月
1295	日照市第二十九届“长松杯”老年人门球赛	日照市体育局、市老干部局、市老年体协	日照市	4 月
1296	2019 年迎春门球赛	日照市老体协门球工作委员会	日照市	1 月
1297	元旦祈福万平口团体健身气功展演赛	日照市健身气功推广管理协会	日照市	1 月
1298	2019 年全国健身气功站点联赛	国家体育总局健身气功管理中心、日照市人民政府	日照市	9 月
1299	万平口迎春节大型活动展演、健身气功团体赛	健身气功推广管理协会	日照市	1 月
1300	举办日照市健身气功单项团体比赛	日照市体育局、日照市体育总会	日照市	7 月
1301	日照高校足球比赛	日照市体育局、日照市体育总会	日照市	9 月
1302	日照“新世界杯”高校啦啦操大赛	日照市体育局、市直机关工委、市总工会、市教育局	日照市	9 月

续表

序号	赛事名称	主办单位	地点	时间
1303	中国体育彩票 2019“齐鲁钓王”精英赛	山东省钓鱼协会、日照市体育局、日照市体育总会、莒县教育和体育局、桑园镇人民政府	日照市	6 月
1304	“戬谷杯”2019 年日照市乒乓球团体赛	日照市乒乓球运动协会	日照市	1 月
1305	2019“红色之旅、沂蒙骑行”系列赛	山东省体育总会	临沂市	4 月
1306	2019 中国摩托艇巡回赛（临沂站）	国家体育总局水上运动管理中心、中国滑水潜水摩托艇运动联合会、临沂市人民政府	临沂市	9 月
1307	第六届横渡沂河大奖赛	临沂市人民政府	临沂市	8 月
1308	2019 第七届中国（临沂·河东）百里沂河水陆马拉松赛	临沂市人民政府	临沂市	9 月
1309	2019“锦绣兰山体彩杯”迎国庆龙舟邀请赛	临沂市人民政府	临沂市	9 月
1310	“划遍临沂”皮划艇联赛	临沂市人民政府、临沂市体育局	临沂市	5 月
1311	2019 年春季信鸽 300、500、700、1000 公里单关排名赛	临沂市体育总会	临沂市	3 月
1312	2019“我要走”全国徒步联动日蒙山站	中国登山协会	临沂市	5 月
1313	临沂莒南鸡龙河铁人三项赛	临沂市体育总会	临沂市	6 月
1314	2019 临沂苍马山越野挑战赛	临沂市体育局	临沂市	1 月
1315	德州市第八届全民健身运动会	德州市委市直机关工委、市委教育工委、市总工会、市教育和体育局	德州市	6 月
1316	德州市第四届职工羽毛球比赛	德州市总工会	德州市	6 月
1317	德州市第四届职工气排球比赛	德州市总工会	德州市	10 月
1318	德州市职工篮球联赛	德州市总工会	德州市	9 月
1319	山东省第十一届万人象棋德州赛区决赛	德州市教育与体育局、德州市体育总会	德州市	7 月

续表

序号	赛事名称	主办单位	地点	时间
1320	山东省第十一届千乡乒乓球德州赛区决赛	德州市教育和体育局、德州市体育总会	德州市	7 月
1321	山东省第十一届百县篮球德州赛区决赛	德州市教育和体育局、德州市体育总会	德州市	7 月
1322	德州市速度轮滑联赛—德州站	德州市轮滑运动协会	德州市	7 月
1323	2019（山东德州）夏津黄河故道 50 公里越野赛	中国登山协会、德州市长跑协会	德州市	9 月
1324	“嘉诚杯”德州市第四届半程马拉松比赛	德州市长跑协会	德州市	10 月
1325	英雄出少年·街舞大赛	德州市体育总会	德州市	8 月
1326	德州街舞文化艺术节	德州市街舞运动协会	德州市	8 月
1327	2019 德州春季广场舞大赛	德州广场舞协会	德州市	5 月
1328	德州市第五届广场舞大赛	德州市委宣传部、市文化和旅游局、市城市管理局	德州市	9 月
1329	2019 中国板式网球巡回赛	中国网球协会	德州市	10 月
1330	第 14 届德州市围棋甲乙级联赛	德州市体育总会	德州市	8 月
1331	“天元围棋学校杯”德州市第 21 届围棋锦标赛	德州市体育总会	德州市	12 月
1332	2019 年山东省中老年人气排球比赛	山东省老年人体育协会、省老年人体育活动管理服务中心	德州市	7 月
1333	德州市 10 万人广场舞大赛	德州市教体局、德州市老年体协	德州市	11 月
1334	德州市创新项目展演	德州市教育和体育局电化教育馆	德州市	11 月
1335	“国窖 1573 杯”龙舟比赛	聊城市教育和体育局	聊城市	8 月
1336	聊城市第九届全民健身运动会武术比赛	聊城市教育和体育局	聊城市	8 月
1337	柔酒大师杯”2019 聊城业余男子篮球联赛	聊城市教体局	聊城市	5 月
1338	聊城市围棋联赛	聊城市教体局	聊城市	8 月

续表

序号	赛事名称	主办单位	地点	时间
1339	2019 聊城市青少年足球联赛暨聊城足协青超联赛	聊城市足协	聊城市	1 月
1340	2019 年“三旗激光杯”聊城市象棋联赛	聊城市教体局	聊城市	7 月
1341	聊城市国际象棋联赛	聊城市教育和体育局	聊城市	9 月
1342	“邮储银行之约”聊城市乒乓球团体联赛	聊城市教育和体育局	聊城市	10 月
1343	滨州市第二届冬季全民健身运动会	滨州市体育局	滨州市	1 月
1344	“体彩杯”滨州市第 40 届乒协会员联赛	滨州市乒乓球协会	滨州市	10 月
1345	滨州市职工乒乓球比赛	滨州市总工会	滨州市	4 月
1346	滨州市第九届全民健身运动会系列活动	滨州市体育局	滨州市	5 月
1347	滨州市职工太极拳比赛	滨州市总工会	滨州市	9 月
1348	滨州市职工定向越野比赛	滨州市总工会	滨州市	10 月
1349	滨州市职工健美操比赛	滨州市总工会	滨州市	10 月
1350	“体育彩票·明湖杯”滨州市第三届冬泳锦标赛	滨州市体育总会、滨州市游泳协会	滨州市	12 月
1351	2019—2020 赛季“花冠鲁雅香”杯菏泽市篮球联赛	菏泽市体育局	菏泽市	11 月
1352	菏泽市 2019 谁是棋王系列赛	菏泽市体育局	菏泽市	3 月
1353	菏泽市第一届少儿智力运动会围棋、国际象棋普及大赛	菏泽市体育局、菏泽市教育局	菏泽市	6 月
1354	“水浒传酒”杯山东省第十一届万人象棋赛（郓城赛区）	郓城县总工会、郓城县教育和体育局	菏泽市	5 月
1355	“中国体育彩票”菏泽市第九届全民健身运动会象棋比赛暨 2019 年菏泽市新春象棋擂台赛	菏泽市体育局	菏泽市	5 月
1356	“诚磊食品贺岁杯”菏泽市象棋快棋赛	菏泽市体育局	菏泽市	2 月

续表

序号	赛事名称	主办单位	地点	时间
1357	2019菏泽市“谁是棋王”象棋系列赛暨第一届“中央檀府杯”象棋大赛	菏泽市体育局	菏泽市	2月
1358	“湖西会盟”菏泽市四县区象棋对抗赛第二站	菏泽市象棋协会、菏泽市单县体育发展中心	菏泽市	1月
1359	2019菏泽市“三八妇女节”体育舞蹈表演活动	菏泽市体育局、菏泽市妇联	菏泽市	3月
1360	“中国体育彩票”2019年健身气功站点联赛	菏泽市体育局	菏泽市	9月
1361	2019年菏泽市围棋春季赛	菏泽市体育局、菏泽市教育局	菏泽市	3月
1362	2019—2020中国三人篮球擂台赛暨“我要上奥运”选拔赛（菏泽赛区）	中国篮球协会	菏泽市	4月
1363	“中国体育彩票杯”2019年菏泽市中小学生五人制足球联赛	菏泽市体育局、菏泽市教育局	菏泽市	4月
1364	2019“中国体育彩票”第六届山东省体育舞蹈公开赛暨第二届山东舞蹈联赛	菏泽市体育局、牡丹区人民政府	菏泽市	4月
1365	第十四届菏泽“牡丹杯”全国老年台球比赛	菏泽市体育局	菏泽市	4月
1366	2019菏泽市门球赛（单、双、三人）	菏泽市体育局	菏泽市	6月
1367	2019年菏泽市老年门球选拔赛	菏泽市老年体育协会、市老年门球协会	菏泽市	5月
1368	2019菏泽市业余足球甲级联赛	菏泽市体育局	菏泽市	10月
1369	2019年第四届“恒大地产”杯驻城乒乓球比赛	新浪网菏泽频道	菏泽市	8月
1370	2019菏泽市第三届演武大会	菏泽市体育局	菏泽市	7月
1371	菏泽市棋类公益普及活动（国际象棋三）	菏泽市体育局、菏泽市教育局	菏泽市	5月
1372	2019年“龙胄·牡丹杯”美丽中国·全球门球大赛（菏泽站）	中国门球协会	菏泽市	4月

续表

序号	赛事名称	主办单位	地点	时间
1373	“中国体育彩票”2019 年健身气功站点联赛（郓城）赛区	菏泽市健身气功协会	菏泽市	11月
1374	“中国体育彩票”菏泽市第九届全民健身运动会	菏泽市体育局	菏泽市	3月
1375	2019 年“中国体育彩票杯”菏泽市中小学生体育联赛排球比赛	菏泽市体育局、菏泽市教育局	菏泽市	8月
1376	菏泽市第五届大众健身交流展演活动	菏泽市体育局	菏泽市	8月
1377	“智绘中国梦 弈动牡丹城”菏泽市第一届少儿智力运动会	菏泽市体育局、菏泽市教育局、牡丹区人民政府、菏泽开发区管委会、菏泽高新区管委会	菏泽市	7月
1378	2019 菏泽市“会员杯”老年门球第三季度积分赛	菏泽市体育局	菏泽市	9月
1379	2019—2020 赛季“花冠鲁雅香”杯菏泽市篮球联赛	菏泽市体育局	菏泽市	11月
1380	2019 菏泽市全民健身冬泳畅游活动	菏泽市体育局	菏泽市	12月
1381	2019 城市足球超级联赛（菏泽曹州 VS 营口超越）	北京足坛之星体育文化有限公司	菏泽市	7月
1382	菏泽市第二届传统武术联赛	菏泽市体育局	菏泽市	10月
1383	历下区越野挑战赛	历下区体育局	济南市	9月
1384	“中国体育彩票杯”山东省第九届全民健身运动会国际象棋比赛（总决赛）	山东省体育局	济南市	10月
1385	历城区第九届全民健身运动会暨庆三八节趣味运动会	区文明办、区直机关工委、区妇联、区体育局	济南市	3月
1386	济南市第九届全民健身运动会	济南市政府	济南市	4月
1387	山东省第十一届百县篮球比赛济南赛区预赛	济南市体育局和济南市体育总会	济南市	8月
1388	“体彩杯”山东省第十一届千乡乒乓球比赛济南赛区预选赛	济南市体育局和济南市体育总会	济南市	8月

续表

序号	赛事名称	主办单位	地点	时间
1389	山东省第十一届象棋万人赛济南赛区预赛	济南市体育局、济南市体育总会	济南市	9 月
1390	济南长清第一届大学生文化艺术节	中共济南市委宣传部、中共济南市委教育工作委员会	济南市	4 月
1391	长清区第九届全民健身运动会	济南市长清区人民政府	济南市	8 月
1392	庆八一篮球邀请赛	长清区人民政府	济南市	7 月
1393	运动信鸽比赛	长清区人民政府	济南市	9 月
1394	街头篮球擂台赛	长清区人民政府	济南市	9 月
1395	庆国庆全区教职工篮球比赛	长清区人民政府	济南市	9 月
1396	“中国体育彩票”济南市章丘区首届冬季全民健身运动会暨“庆元旦、迎新春”系列活动	章丘区教体局、区总工会、区直机关工委、区妇联、共青团区委	济南市	1 月
1397	“中国体育彩票”济南市章丘区春节、元宵节体育健身系列活动	章丘区教体局	济南市	2 月
1398	“中国体育彩票”济南市章丘区第八届全民健身运动会	章丘区教育和体育局	济南市	5 月
1399	济南市第二届冬季全民健身运动会	济南市体育局	济南市	12 月
1400	“国井 扳倒井”杯平阴县第九届全民健身运动会	平阴县人民政府、平阴县教育体育局、平阴县体育总会	济南市	1 月
1401	济阳区第九届全民健身运动会	济阳区教体局、区总工会、区扶贫办联合会	济南市	5 月
1402	“争创世界一流园区、助力优化营商环境”系列活动之——“活力高新”济南高新区羽毛球比赛	高新区总工会、高新区教育体育办公室、	济南市	6 月
1403	鲁中国际武术邀请赛	莱芜区文体新局	济南市	8 月
1404	2019 中国体育彩票全国象棋业余棋王赛“梦之蓝”杯山东赛区济南市钢城区预选赛	济南市钢城区文化体育新闻出版局、钢城区体育总会	济南市	3 月
1405	“凤凰建工· 金亚竹丝杯”首届乒乓球团体赛	景文乒乓球馆	济南市	10 月

续表

序号	赛事名称	主办单位	地点	时间
1406	2019 年市南区全民健身运动大会	市南区全民健身领导小组	青岛市	5 月
1407	市南区全民 RS 级帆船比赛	市南区全民健身领导小组	青岛市	10 月
1408	体彩杯市南区全民健身运动会	青岛市市南区人民政府	青岛市	10 月
1409	市南区全民健身冬季公开水域比赛		青岛市	11 月
1410	市北区第七届全民健身运动会	市北区全民健身领导小组	青岛市	5 月
1411	李沧区第十一届“百千万”三大赛	青岛市体育局、青岛市体育总会	青岛市	5 月
1412	“百千万”系列崂山区	青岛市体育局、青岛市体育总会	青岛市	5 月
1413	崂山区健身操大赛	崂山区全民健身领导小组	青岛市	7 月
1414	崂山区沙滩运动会	崂山区总工会	青岛市	9 月
1415	崂山区趣味运动会	崂山区全民健身领导小组	青岛市	10 月
1416	青岛西海岸新区“百千万”乒乓球比赛	青岛西海岸新区体育发展中心、西海岸新区体育总会	青岛市	6 月
1417	“青岛球王”系列赛西海岸新区选拔赛	青岛体育发展中心、体育总会	青岛市	10 月
1418	2019 西海岸新区机关干部运动会	西海岸新区区机关建设工作小组	青岛市	10 月
1419	城阳区第十八届市民运动会	城阳区人民政府	青岛市	10 月
1420	青岛市“百县篮球赛”城阳赛区选拔赛暨	青岛市体育局、市体育总会	青岛市	6 月
1421	“青岛球王”城阳赛区羽毛球赛	城阳区体育发展中心、城阳区体育总会	青岛市	9 月
1422	即墨社区篮球赛	青岛市体育局、青岛市体育总会	青岛市	8 月
1423	胶州市自行车比赛	青岛市体育局和青岛市体育总会	青岛市	11 月

续表

序号	赛事名称	主办单位	地点	时间
1424	胶州市象棋邀请赛		青岛市	5 月
1425	胶州市空竹比赛	青岛市体育局、体育总会	青岛市	11 月
1426	胶州市第三届机关运动会	胶州市机关建设工作领导小组	青岛市	10 月
1427	胶州市职工台球比赛		青岛市	12 月
1428	庆元旦胶州秧歌比赛	胶州市人民政府	青岛市	5 月
1429	青岛市“百千万”三人制篮球赛平度预选赛	平度市教育和体育局、平度市体育总会	青岛市	7 月
1430	青岛市“百千万”象棋比赛平度预选赛	平度市教育和体育局、平度市体育总会	青岛市	7 月
1431	平度市“百千万”全民健身乒乓球预选赛	平度市教育和体育局、平度市体育总会	青岛市	7 月
1432	莱西市全市健身气功比赛	莱西市体育中心	青岛市	6 月
1433	莱西全市门球赛	莱西市体育中心	青岛市	10 月
1434	全市广场舞健身球比赛	莱西市体育中心	青岛市	10 月
1435	张店区第九届全民健身运动会	淄博市体育局，淄博市体育总会	淄博市	3 月
1436	淄川区全民健身运动会（14 项）	淄川区教体局、淄川区体育总会	淄博市	1 月
1437	山东省第十一届千乡乒乓球淄川区初赛	山东省体育总会	淄博市	5 月
1438	山东省第十一届万人象棋淄川区初赛	淄川区教体局、淄川区体育总会	淄博市	9 月
1439	山东省第十一届万百县篮球淄川区初赛	淄川区教体局、体育总会	淄博市	6 月
1440	淄川区第二届“南寨书院”杯围棋天元赛	淄川区教体局、淄川区体育总会	淄博市	10 月
1441	美丽博山健康跑	博山区教体局	淄博市	5 月

续表

序号	赛事名称	主办单位	地点	时间
1442	周村区直机关干部运动会	周村区直机关工委、周村区体育事业服务中心	淄博市	10月
1443	庆五一武术比赛	淄博市查拳研究会、周村体育总会	淄博市	5月
1444	庆国庆武术比赛	周村体育总会	淄博市	10月
1445	周村区毽球比赛	周村体育总会	淄博市	6月
1446	毽球邀请赛	周村体育总会	淄博市	9月
1447	中北电器杯周村羽协迎新春友谊赛	周村体育总会	淄博市	1月
1448	纪念周村羽协成立 12 周年羽毛球友谊赛	周村体育总会	淄博市	4月
1449	第三届“胜利杯”篮球赛	周村区教育和体育局	淄博市	9月
1450	临淄区 2019 年全民健身运动会	临淄区教体局、临淄区卫健局、区体育事业发展中心	淄博市	4月
1451	沂源县全民健身运动会（24 项）	沂源县教体局沂源县体育总会	淄博市	3月
1452	薛城区第九届全民健身运动会	薛城区教育体育局或体育中心	枣庄市	3月
1453	2019 年薛城区门球积分联赛	薛城区教育体育局或体育中心	枣庄市	2月
1454	2019 万方杯篮球赛	薛城区教育体育局或体育中心	枣庄市	7月
1455	薛城区游泳邀请赛	薛城区教育体育局或体育中心	枣庄市	8月
1456	薛城区第七届“工运杯”职工乒乓球比赛	薛城区总工会	枣庄市	10月
1457	薛城区职工趣味运动会	枣庄教育体育局或体育中心	枣庄市	11月
1458	峄城区第九届全民健身运动会	峄城区教育局和体育局	枣庄市	4月
1459	2019 年台儿庄区象棋争霸赛	台儿庄区体育事业发展中心、台儿庄区体育总会	枣庄市	2月

续表

序号	赛事名称	主办单位	地点	时间
1460	2019年台儿庄区超越文体贺岁杯足球比赛	台儿庄区体育事业发展中心、台儿庄区体育总会	枣庄市	2月
1461	2019年台儿庄区全民健身运动会职工篮球比赛	台儿庄区体育事业发展中心、台儿庄区体育总会	枣庄市	10月
1462	山亭区第九届全民健身运动会	中共山亭区委宣传部、山亭区教体局	枣庄市	4月
1463	三八环鸣翠湖健步行	河口区体育局	东营市	3月
1464	“庆三八”利津妇女健身运动会	利津县妇联利津县教育局	东营市	3月
1465	河口区政协“庆五一”象棋邀请赛	河口区体育局	东营市	4月
1466	河口区首届篮球俱乐部联赛	河口区体育局	东营市	4月
1467	河口区职工趣味运动会	河口区体育局	东营市	4月
1468	垦利区第九届全民健身运动会	垦利区教育局	东营市	5月
1469	广饶县中老年太极拳健身展演	广饶县体育局县老体协	东营市	5月
1470	“中国体育彩票杯”广饶县第九届全民健身运动会	广饶县体育局县体育总会办公室	东营市	5月
1471	东营区第九届全民健身运动	东营区体育局	东营市	6月
1472	东营城南龙舟争霸赛	东营区教育局东营区文旅局	东营市	6月
1473	河口区蓝色经济开发区职工运动会	河口区体育局	东营市	6月
1474	河口区职工篮球赛	河口区体育局	东营市	6月
1475	东营市第十一届千乡乒乓球广饶赛区预赛	广饶县体育局县体育总会办公室	东营市	6月
1476	东营市第十一届万人象棋广饶赛区预赛	广饶县体育局县体育总会办公室	东营市	6月
1477	2019.广饶县二十届门球升降级比赛	广饶县体育局县老体协	东营市	10月
1478	东营城市篮球联赛城市篮球赛	东营区体育局	东营市	11月
1479	广饶县全民健身乒乓球联赛	广饶县体育局、广饶正罡健身俱乐部	东营市	11月
1480	烟台市第六届业余足球联赛	烟台市体育总会	烟台市	3月

续表

序号	赛事名称	主办单位	地点	时间
1481	第七届“八一杯”驻军对抗赛	烟台市体育总会	烟台市	8 月
1482	第九届全民健身运动会航空模型比赛	烟台市体育总会	烟台市	10 月
1483	龙湖葡醍海湾 烟台市首届沙滩比基尼健体大奖赛	烟台市健美协会	烟台市	7 月
1484	山东省第五届沿海骑行大奖赛	山东省体总、省自行车协会、烟台市体育局、	烟台市	9 月
1485	烟台市第四届沙滩趣味健身赛	市体育局、市体育总会	烟台市	7 月
1486	烟台市第五届大众健身挑战赛	烟台市体育局、烟台市体育总会	烟台市	9 月
1487	周村区空竹比赛	周村体育总会	淄博市	9 月
1488	周村区第一届机器人编程大赛	周村体育总会	淄博市	3 月
1489	山东省第三届冬季全民健身运动会	山东省体育局	烟台市	12 月
1490	中国烟台第十三届“和谐杯”国际体育舞蹈公开赛	烟台市体育总会、中联华夏艺术有限公司	烟台市	8 月
1491	烟台市第 37 届公开水域游泳比赛	烟台市体育局、市体育总会	烟台市	7 月
1492	峡山区庆“五一”第三届职工乒乓球比赛	峡山区总工会	潍坊市	4 月
1493	庆祝新中国成立 70 周年“天成杯”职工篮球赛	潍坊峡山区总工会、峡山区教体局	潍坊市	9 月
1494	第四届全民运动会	峡山生态经济开发区管理委员会	潍坊市	11 月
1495	2019 年“中国体育彩票杯”安丘市中小学生体育联赛	安丘市教体局、安丘市体育事业发展中心	潍坊市	10 月
1496	昌乐县第九届全民健身运动会	昌乐县体育局、体育总会；昌乐县总工会	潍坊市	3 月
1497	全民健身潍坊高新区妇女职工羽毛球联赛	潍坊高新区总工会潍坊高新区体育局	潍坊市	3 月
1498	全民健身中小学组乒乓球联赛	潍坊高新体育局	潍坊市	3 月
1499	2019 潍坊高新区足球联赛	潍坊高新区体育局	潍坊市	3 月
1500	全民健身潍坊高新区健步大赛	潍坊高新区体育局	潍坊市	5 月

续表

序号	赛事名称	主办单位	地点	时间
1501	2019年第十届高新区篮球联赛	高新区教育局	潍坊市	6月
1502	潍坊乒乓球俱乐部邀请赛	潍坊精英体育发展有限公司	潍坊市	10月
1503	潍坊高新区全民运动会	潍坊高新区管委会	潍坊市	10月
1504	2019潍坊高新区足协杯赛	潍坊高新区教育（体育局）	潍坊市	9月
1505	“新时代文明实践”2019年寿光市全民迎新健康跑	寿光市马拉松运动协会	潍坊市	1月
1506	中国城市足球联赛锦标赛	北京足坛之星公司寿光市体育局	潍坊市	8月
1507	寿光市第三届少儿围棋比赛	寿光市体育局	潍坊市	5月
1508	寿光市“世界无车日”自行车骑行活动	寿光市体育局	潍坊市	9月
1509	昌邑市全民健身迎春跑	昌邑市体育局	潍坊市	1月
1510	昌邑市职工庆新春系列活动（象棋、乒乓球比赛）	昌邑市总工会昌邑市体育局	潍坊市	2月
1511	潍坊市全民健身月暨“文山潍水”2019昌邑市国际半程马拉松赛	潍坊市体育局昌邑市人民政府	潍坊市	4月
1512	昌邑市第三届篮球联赛	昌邑市体育局	潍坊市	7月
1513	昌邑市全民健身月暨“奔健康”生态健步走比赛	昌邑市总工会、昌邑市体育局、市疾病预防控制中心	潍坊市	6月
1514	诸城市“庆五一”职工台球比赛	诸城市体育局	潍坊市	4月
1515	诸城市市直机关登山比赛	诸城市体育局	潍坊市	5月
1516	全市职工乒乓球比赛	诸城市体育局	潍坊市	6月
1517	全市老年门球联赛诸城区赛	诸城市体育局	潍坊市	6月
1518	诸城市拔河比赛	诸城市体育局	潍坊市	6月
1519	诸城市第七届篮球联赛	诸城市体育局	潍坊市	7月
1520	诸城市庆“八·一”老年人台球比赛	诸城市体育局	潍坊市	7月
1521	诸城市市直小学生篮球技巧赛	诸城市体育局	潍坊市	9月
1522	诸城市中小学生足球联赛	诸城市体育局	潍坊市	10月

续表

序号	赛事名称	主办单位	地点	时间
1523	“中国体育彩票杯”2019 年潍坊市中小学体育联赛篮球比赛	潍坊市体育局、潍坊市教育局、潍坊市财政局联合	潍坊市	10 月
1524	2019 年“康寿杯”老年人乒乓球友谊比赛	潍坊市教育和体育局、市体育总会	潍坊市	10 月
1525	中国龙舟公开赛（山东 . 潍坊站）	总局社会体育指导中心、中国龙舟协会、潍坊市体育局、潍坊市体育总会、潍坊滨海经济技术开发区管委会	潍坊市	9 月
1526	青岛市“百千万”三人制篮球赛平度预选赛	平度市体育总会	青岛市	5 月
1527	青岛市“百千万”象棋比赛平度预选赛	平度市体育总会	青岛市	6 月
1528	“青岛球王杯”羽毛球平度预选赛	平度市体育总会	青岛市	7 月
1529	平度市“百千万”全民健身乒乓球预选赛	平度市体育总会	青岛市	7 月
1530	平度市第五届广场舞大赛	平度市体育总会	青岛市	8 月
1531	平度市“XX 杯”趣味自行车踏频赛	平度市体育总会	青岛市	1 月
1532	平度市第四届“XX 杯”足球联赛	平度市体育总会	青岛市	1 月
1533	平度市“XX 杯”全民健身乒乓球比赛	平度市体育总会	青岛市	11 月
1534	莱西市各镇办门球赛	莱西市体育中心	青岛市	4 月
1535	莱西市全市镇办乒乓球男女混合团体赛	莱西市体育中心	青岛市	4 月
1536	扑克够级比赛	莱西市体育中心	青岛市	5 月
1537	莱西市全市健身气功比赛	莱西市体育中心	青岛市	6 月
1538	莱西全市门球赛	莱西市体育中心	青岛市	10 月
1539	莱西市象棋比赛	莱西市体育中心	青岛市	9 月
1540	全市广场舞健身球比赛	莱西市体育中心	青岛市	10 月

续表

序号	赛事名称	主办单位	地点	时间
1541	张店区第九届全民健身运动会（29 项）	张店区全民健身领导小组	淄博市	3 月
1542	淄川区全民健身运动会（14 项）	淄川区教体局、淄川区体育总会	淄博市	1 月
1543	山东省第十一届千乡乒乓球淄川区初赛	淄川区教体局、淄川区体育总会	淄博市	5 月
1544	山东省第十一届万人象棋淄川区初赛	淄川区教体局、淄川区体育总会	淄博市	5 月
1545	山东省第十一届万百县篮球淄川区初赛	淄川区教体局、淄川区体育总会	淄博市	6 月
1546	淄川区第二届“南寨书院”杯围棋天元赛	淄川区教体局、淄川区体育总会	淄博市	8 月
1547	美丽博山健康跑	博山区教体局	淄博市	5 月
1548	博山区职工羽毛球锦标赛	博山区教体局	淄博市	4 月
1549	博山区武术比赛	博山区教体局	淄博市	4 月
1550	“百千万”篮球比赛	博山区教体局	淄博市	5 月
1551	“百千万”乒乓球比赛	博山区教体局	淄博市	5 月
1552	“百千万”象棋比赛	博山区教体局	淄博市	5 月
1553	博山区钓鱼比赛	博山区教体局	淄博市	6 月
1554	博山区登山比赛	博山区教体局	淄博市	6 月
1555	博山区空竹表演赛	博山区教体局	淄博市	8 月
1556	博山区围棋锦标赛	博山区教体局	淄博市	9 月
1557	博山区太极拳比赛	博山区教体局	淄博市	11 月
1558	博山区广场舞比赛	博山区教体局	淄博市	7 月
1559	博山区健身秧歌比赛	博山区教体局	淄博市	7 月
1560	周村区直机关干部运动会	周村区直机关工委、周村区体育事业服务中心	淄博市	10 月
1561	庆五一武术比赛	淄博市查拳研究会、周村体育总会	淄博市	5 月
1562	庆国庆武术比赛	周村体育总会	淄博市	10 月

续表

序号	赛事名称	主办单位	地点	时间
1563	周村区毽球比赛	周村体育总会	淄博市	6 月
1564	毽球邀请赛	周村体育总会	淄博市	9 月
1565	中北电器杯周村羽协迎新春友谊赛	周村体育总会	淄博市	5 月
1566	纪念周村羽协成立 12 周年羽毛球友谊赛	周村体育总会	淄博市	4 月
1567	周村区第二届羽毛球联赛	周村体育总会	淄博市	5 月
1568	山东省胜利在握羽毛球团体赛	周村体育总会	淄博市	9 月
1569	周村羽协俱乐部邀请赛	周村体育总会	淄博市	9 月
1570	“江湖杯”乒乓球比赛	周村体育总会	淄博市	4 月
1571	“奥霖杯”乒乓球比赛	周村体育总会	淄博市	5 月
1572	“昌赫杯”乒乓球比赛	周村体育总会	淄博市	7 月
1573	“北方家具杯”乒乓球比赛	周村体育总会	淄博市	9 月
1574	“尚客优杯”丘兵球比赛	周村体育总会	淄博市	11 月
1575	“我的 199 乒盟”A 系列乒乓球月赛、总决赛	周村体育总会	淄博市	3 月
1576	周村区空竹比赛	周村体育总会	淄博市	8 月
1577	周村区第一届机器人编程大赛	周村体育总会	淄博市	3 月
1578	周村区篮球联赛	周村体育总会	淄博市	5 月
1579	“金周窗帘杯”三对三	周村体育总会	淄博市	7 月
1580	第三届“胜利杯”篮球赛	周村区工会、教育体育局、周村体育总会	淄博市	8 月
1581	“新志达杯”篮球邀请赛	周村体育总会	淄博市	9 月
1582	临淄区 2019 年全民健身运动会	临淄区人民政府	淄博市	4 月
1583	沂源县全民健身运动会（24 项）	沂源县教体局沂源县体育总会	淄博市	3 月
1584	薛城区第九届全民健身运动会	薛城区教育体育局或体育中心	枣庄市	3 月
1585	2019 年薛城区门球积分联赛	薛城区教育体育局或体育中心	枣庄市	2 月
1586	2019 万方杯篮球赛	薛城区教育体育局或体育中心	枣庄市	7 月

续表

序号	赛事名称	主办单位	地点	时间
1587	薛城区游泳邀请赛	薛城区教育体育局或体育中心	枣庄市	8月
1588	薛城区乒乓球职工运动会	薛城区总工会	枣庄市	10月
1589	薛城区职工趣味运动会	教育体育局或体育中心	枣庄市	11月
1590	峄城区第九届全民健身运动会	峄城区教育局和体育局	枣庄市	4月
1591	2019年台儿庄区象棋争霸赛	台儿庄区体育事业发展中心、台儿庄区体育总会	枣庄市	2月
1592	2019年台儿庄区超越文体贺岁杯足球比赛	台儿庄区体育事业发展中心、台儿庄区体育总会	枣庄市	2月
1593	2019年台儿庄区全民健身运动会职工篮球比赛	台儿庄区体育事业发展中心、台儿庄区体育总会	枣庄市	10月
1594	山亭区第九届全民健身运动会	中共山亭区委宣传部山亭区教体局	枣庄市	4月
1595	三八环鸣翠湖健步行	河口区体育局	东营市	3月
1596	“庆三八”利津妇女健身运动会	利津县妇联利津县教育局	东营市	3月
1597	河口区政协“庆五一”象棋邀请赛	河口区体育局	东营市	4月
1598	河口区首届篮球俱乐部联赛	河口区体育局	东营市	4月
1599	河口区职工趣味运动会	河口区体育局	东营市	4月
1600	垦利区第九届全民健身运动会	垦利区教育局	东营市	5月
1601	广饶县中老年太极拳健身展演	广饶县体育局县老体协	东营市	5月
1602	“中国体育彩票杯”广饶县第九届全民健身运动会	广饶县体育局县体育总会办公室	东营市	5月
1603	东营区第九届全民健身运动	东营区体育局	东营市	6月
1604	东营城南龙舟争霸赛	东营区教育局东营区文旅局	东营市	6月
1605	河口区蓝色经济开发区职工运动会	河口区体育局	东营市	6月
1606	河口区职工篮球赛	河口区体育局	东营市	6月
1607	东营市第十一届千乡乒乓球广饶赛区预赛	广饶县体育局县体育总会办公室	东营市	6月

续表

序号	赛事名称	主办单位	地点	时间
1608	东营市第十一届万人象棋广饶赛区预赛	广饶县体育局县体育总会办公室	东营市	6月
1609	2019. 广饶县二十届门球升降级比赛	广饶县体育局县老体协	东营市	10月
1610	东营城市篮球赛	东营区体育局	东营市	11月
1611	广饶县全民健身乒乓球联赛	广饶县体育局广饶正罡健身俱乐部	东营市	11月
1612	市第六届业余足球联赛	烟台市体育总会	烟台市	3月
1613	第七届“八一杯”驻军对抗赛	烟台市体育总会	烟台市	8月
1614	第九届全民健身运动会航空模型比赛	烟台市体育总会	烟台市	10月
1615	龙湖葡醍海湾烟台市首届沙滩比基尼健体大奖赛	烟台市健美协会	烟台市	7月
1616	山东省第五届沿海骑行大奖赛	山东省体总、山东省自行车协会、烟台市体育局、烟台市体育总会	烟台市	9月
1617	烟台市第四届沙滩趣味健身赛	烟台市体育局、市体育总会	烟台市	7月
1618	烟台市第五届大众健身挑战赛	烟台市体育局、市体育总会	烟台市	9月
1619	烟台市第三届冬季运动会	烟台市体育局、市体育总会	烟台市	12月
1620	中韩第七届国际舞蹈公开赛	烟台市体育总会	烟台市	8月
1621	2019CUA 中联艺术烟台第三届“牡丹花”明星舞蹈大赛	烟台市体育舞蹈协会	烟台市	12月
1622	烟台市第 37 届公开水域游泳比赛	烟台市体育局、市体育总会	烟台市	7月
1623	峡山湖万人健步行活动	峡山生态经济开发区管理委员会	潍坊市	4月
1624	峡山区庆“五一”第二届职工乒乓球比赛	峡山区群团办（总工会）峡山区教体局	潍坊市	4月
1625	峡山区庆“十一”职工篮球赛	峡山区群团办（总工会）峡山区教体局	潍坊市	9月

续表

序号	赛事名称	主办单位	地点	时间
1626	第四届全民运动会	峡山生态经济开发区管理委员会	潍坊市	11 月
1627	健身表演	坊子区体育局	潍坊市	9 月
1628	足球联赛	安丘市体育局	潍坊市	4 月
1629	篮球联赛	安丘市体育局	潍坊市	7 月
1630	乒乓球联赛	安丘市体育局	潍坊市	10 月
1631	昌乐县第九届全民健身运动会	昌乐县体育局、体育总会、昌乐县总工会	潍坊市	1 月
1632	昌乐足球邀请赛	昌乐县体育局	潍坊市	2 月
1633	山东省第十一届百县篮球（昌乐赛区）比赛	昌乐县体育局、体育总会	潍坊市	6 月
1634	中小学生体育联赛（篮球、足球、排球、乒乓球）	寒亭区人民政府	潍坊市	9 月
1635	全民健身潍坊高新区妇女职工乒乓球联赛	潍坊高新区体育局	潍坊市	3 月
1636	全民健身潍坊高新区妇女职工羽毛球联赛	潍坊高新区总工会、潍坊高新区体育局	潍坊市	3 月
1637	全民健身中小学组乒乓球联赛	潍坊高新体育局	潍坊市	3 月
1638	2019 潍坊高新区足球联赛	潍坊高新区体育局	潍坊市	3 月
1639	潍坊“球迷杯”国球会友大赛	潍坊高新区体育局	潍坊市	5 月
1640	全民健身潍坊高新区男职工羽毛球联赛	潍坊高新区总工会、潍坊高新区体育局	潍坊市	5 月
1641	全民健身潍坊高新区健步大赛	潍坊高新区体育局	潍坊市	5 月
1642	2019 年第十届高新区篮球联赛	高新区教育局	潍坊市	6 月
1643	潍坊第四届“秀尔杯”家庭乒乓球联赛	潍坊精英体育发展有限公司	潍坊市	8 月
1644	潍坊乒乓球俱乐部邀请赛	潍坊精英体育发展有限公司	潍坊市	10 月
1645	潍坊高新区全民运动会	潍坊高新区管委会	潍坊市	10 月
1646	2019 潍坊高新区足协杯赛	潍坊高新区教育（体育局）	潍坊市	9 月

续表

序号	赛事名称	主办单位	地点	时间
1647	2019 潍坊高新区 5 人制足球联赛	潍坊高新区教育（体育局）	潍坊市	12月
1648	“新时代文明实践”2019 年寿光市全民迎新健康跑	寿光市马拉松运动协会	潍坊市	1月
1649	寿光市捷力 100 自行车挑战赛	寿光市体育局	潍坊市	5月
1650	寿光市全民健身日万人健身活动	寿光市体育局	潍坊市	8月
1651	中国城市足球联赛锦标赛	北京足坛之星公司、寿光市体育局	潍坊市	8月
1652	寿光市第三届少儿围棋比赛	寿光市体育局	潍坊市	5月
1653	寿光市“世界无车日”自行车骑行活动	寿光市体育局	潍坊市	9月
1654	昌邑市全民健身迎春跑	昌邑市体育局	潍坊市	1月
1655	昌邑市职工庆新春系列活动（象棋、乒乓球比赛）	昌邑市总工会昌邑市体育局	潍坊市	2月
1656	潍坊市全民健身月暨“文山潍水”2019 昌邑市国际半程马拉松赛	潍坊市体育局昌邑市人民政府	潍坊市	4月
1657	“庆五一”全市昌邑市职工羽毛球比赛	昌邑市总工会昌邑市体育局	潍坊市	5月
1658	昌邑市第三届篮球联赛	昌邑市体育局	潍坊市	7月
1659	山东省第十届“百县篮球、千乡乒乓球、万人象棋”选拔赛（昌邑赛区）	昌邑市体育局	潍坊市	4月
1660	昌邑市全民健身月暨“奔健康”生态健步走比赛	昌邑市总工会、昌邑市体育局、市疾病预防控制中心	潍坊市	6月
1661	山东省第十一届“百千万”三大赛（潍坊赛区）奎文区初赛	区体育局、区体育总会	潍坊市	5月
1662	诸城市全民健身游泳大赛	诸城市体育局	潍坊市	3月
1663	诸城市第九届全民健身运动会	诸城市体育局	潍坊市	4月
1664	诸城市“庆五一”职工台球比赛	诸城市体育局	潍坊市	4月
1665	诸城市市直机关登山比赛	诸城市体育局	潍坊市	5月
1666	诸城市老年人钓鱼比赛	诸城市体育局	潍坊市	5月

续表

序号	赛事名称	主办单位	地点	时间
1667	全市职工乒乓球比赛	诸城市体育局	潍坊市	6 月
1668	全市老年门球联赛诸城区赛	诸城市体育局	潍坊市	6 月
1669	百县篮球比赛（潍坊赛区）诸城初赛	诸城市体育局	潍坊市	6 月
1670	诸城市拔河比赛	诸城市体育局	潍坊市	6 月
1671	诸城市第七届篮球联赛	诸城市体育局	潍坊市	7 月
1672	诸城市庆“八·一”老年人台球比赛	诸城市体育局	潍坊市	7 月
1673	诸城市市直小学生篮球技巧赛	诸城市体育局	潍坊市	9 月
1674	“庆国庆· 迎重阳”老年人台球比赛	诸城市体育局	潍坊市	9 月
1675	诸城市中小学生足球联赛	诸城市体育局	潍坊市	10 月
1676	诸城市中学生篮球比赛	诸城市体育局	潍坊市	10 月
1677	老年乒乓球友谊赛	诸城市体育局	潍坊市	10 月
1678	中国龙舟公开赛（山东·潍坊站）	国家体育总局社体中心中国龙舟协会	潍坊市	9 月
1679	沂水县　第九届全民健身运动会	沂水县体育办	临沂市	4 月
1680	沂南县　第九届全民健身运动会	沂南县体育局、体育总会	临沂市	5 月
1681	郯城县　第九届全民健身运动会	郯城县体育办郯城县体育总会	临沂市	4 月
1682	平邑县　第九届全民健身运动会	平邑县体育中心、体育总会	临沂市	4 月
1683	蒙阴县　第九届全民健身运动会	蒙阴县体育运动中心	临沂市	4 月
1684	临沭县　第九届全民健身运动会	临沭县体育中心	临沂市	8 月
1685	兰陵县　第九届全民健身运动会	兰陵县体育中心	临沂市	6 月
1686	费县　第九届全民健身运动会	费县体育局	临沂市	4 月
1687	河东区　第九届全民健身运动会	河东区教体局、体育总会	临沂市	5 月
1688	罗庄区　第九届全民健身运动会	罗庄区体育中心罗庄区体育总会	临沂市	5 月
1689	兰山区　第九届全民健身运动会	兰山体育办	临沂市	8 月

续表

序号	赛事名称	主办单位	地点	时间
1690	第二届全国马术公开赛	日照市体育局、莒县人民政府	日照市	11月
1691	莒县 第九届全民健身运动会	莒县教体局	日照市	4月
1692	五莲县 第九届全民健身运动会	五莲县体育总会	日照市	1月
1693	东昌府区 第九届全民健身运动会	东昌府区旅游局	聊城市	6月
1694	中国日照第七届大青山国际太极拳大赛系列活动	山东省体育总会、省老年人体育协会、日照市人民政府	日照市	5月
1695	山东省“小茶山”首届围棋邀请赛	日照市体育局	日照市	1月
1696	2019 中国日照第四届海钓节	休闲垂钓协会、山东省体育总会、日照市人民政府、	日照市	11月
1697	2019 年全国海钓锦标赛	山东省钓鱼协会、威海市体育局、威海市海洋发展局、威海南海新区管理委员会	威海市	9月
1698	2019 中国岚山第四届捷安特全国单车耐力赛	日照市自行车运动协会、山东骑行文化传播有限公司	日照市	5月
1699	东港区 第九届全民健身运动会	东港区教体局	日照市	4月
1700	乳山市第九届运动会	乳山市教体局	威海市	10月
1701	乳山市市直机关拔河比赛	乳山市机关工委	威海市	12月
1702	乳山市全市老年人台球比赛	乳山市教体局	威海市	3月
1703	环樱花湖健步走	威海市文化和旅游局、卫生健康局	威海市	7月
1704	荣成市 第九届全民健身运动会	荣成市教育和体育局、荣成市体育总会	威海市	6月
1705	第六届新南海人趣味运动会	威海南海新区社会事务管理局	威海市	10月

续表

序号	赛事名称	主办单位	地点	时间
1706	南海新区第五届龙舟邀请赛	威海南海新区社会事务管理局	威海市	6 月
1707	南海新区第五届篮球邀请赛	威海南海新区社会事务管理局	威海市	3 月
1708	环翠区 第九届全民健身运动会	环翠区体育局	威海市	
1709	2019 年威海市冰雪铁人三项赛	威海市体育局	威海市	1 月
1710	2019 年新年登高健身大会	威海市体育局	威海市	1 月
1711	文登区 第九届全民健身运动会	文登区体育局	威海市	8 月
1712	宁阳县 第九届全民健身运动会	宁阳县教育和体育局	泰安市	4 月
1713	“健康仪阳”山地车越野赛举办	肥城市体育发展中心和仪阳街道办事处	泰安市	4 月
1714	2019 公益体彩肥城市“农商银行杯”十里桃花健步走大会	泰安市政府	泰安市	3 月
1715	新泰市直机关第四届运动会	中共新泰市委市直机关工委、新泰市教育和体育局	泰安市	9 月
1716	新泰市 第九届全民健身运动会	新泰市教育和体育局	泰安市	4 月
1717	岱岳区 第九届全民健身运动会	岱岳区政府	泰安市	7 月
1718	泰山区“全民健身月”启动仪式	泰山区政府	泰安市	5 月
1719	邹城市 第九届全民健身运动会	邹城市政府	济宁市	4 月
1720	鱼台县 第九届全民健身运动会	鱼台县教育体育局	济宁市	5 月
1721	兖州区 第九届全民健身运动会	体育运动服务中心	济宁市	6 月
1722	汶上县第二届跆拳道比赛	汶上县体育中心	济宁市	5 月
1723	2019 年任城区中小学生棋类比赛	任城区教育和体育局	济宁市	11 月
1724	任城区离退休老干部趣味运动会	任城区教育和体育局	济宁市	11 月
1725	任城区 第九届全民健身运动会	任城区教育和体育局	济宁市	4 月
1726	任城区区直机关运动会	任城区教育和体育局	济宁市	5 月
1727	2019 年任城区农民运动会	任城区教育和体育局	济宁市	5 月
1728	任城区女干部职工趣味运动会	任城区教育和体育局	济宁市	1 月
1729	曲阜市百姓儒学节系列活动	曲阜市教育和体育局	济宁市	12 月

续表

序号	赛事名称	主办单位	地点	时间
1730	曲阜市 第九届全民健身运动会	曲阜市教育和体育局	济宁市	6 月
1731	“奋进梁山、激情奔跑”迎新春环湖越野赛	梁山县教体局、总工会县直机关工委	济宁市	1 月
1732	金乡县 第九届全民健身运动会	金乡县教育和体育局	济宁市	4 月
1733	2019 年第四届山东武术大赛	山东省武术协会、济宁市体育总会	济宁市	8 月
1734	嘉祥县 第九届全民健身运动会	嘉祥县体育中心	济宁市	4 月
1735	青州市 第九届全民健身运动会	青州市体育局青州市体育总会	潍坊市	4 月
1736	潍城区 第九届全民健身运动会	潍城区体育局、潍城区体育总会	潍坊市	6 月
1737	沂水县第九届全民健身运动会	沂水县体育办	临沂市	4 月
1738	莒南县第九届全民健身运动会	莒南县教育和体育局莒南县体育总会	临沂市	4 月
1739	高新区第九届全民健身运动会	高新区教育体育局	临沂市	3 月
1740	经开区第九届全民健身运动会	经开区文体旅游办和经开区体育总会	临沂市	2 月
1741	临港区第九届全民健身运动会	教育体育局、体育总会	临沂市	4 月
1742	蒙山旅游度假区第九届全民健身运动会	临沂市体育局、体育总会	临沂市	4 月
1743	临沂市第九届全民健身运动会临沂市少儿围棋比赛	临沂市体育总会	临沂市	6 月
1744	中国体育彩票山东省第九届全民健身运动会	山东省体育局	济南市	6 月
1745	2019 年禹城市全民健身运动会	禹城市体育中心	德州市	5 月
1746	德城区第九届全民健身运动会	市委市直机关工委、市委教育工委、市总工会、市教育和体育局、德州经济技术开发区管委会	德州市	5 月
1747	山东省百县篮球德州赛区德城区选拔赛	德州市体育局、市体育总会	德州市	7 月
1748	山东省千乡乒乓球德州赛区德城区选拔赛	德州市体育局、市体育总会	德州市	6 月

续表

序号	赛事名称	主办单位	地点	时间
1749	山东省万人象棋德州赛区德城区选拔赛	德州市体育局、市体育总会	德州市	6月
1750	德城区国际象棋赛	德城区体育总会	德州市	7月
1751	德州第五届 DBL 冬季篮球联赛	德州启峰篮球运动中心	德州市	12月
1752	德城区游泳大奖赛		德州市	2月
1753	临邑县第九届全民健身运动会	临邑县教育和体育局	德州市	4月
1754	陵城区第九届全民健身运动会	陵城区机关工委、区总工会区教育和体育局	德州市	4月
1755	2019 宁津县“体育彩票杯”	宁津县教育和体育局	德州市	3月
1756	平原县第九届全民健身运动会	平原县教育和体育局	德州市	5月
1757	2019年禹城市第九届全民健身运动会	禹城市体育中心	德州市	3月
1758	齐河县职工乒乓球赛	齐河县教体局	德州市	4月
1759	齐河县春季信鸽大奖赛	齐河县教体局	德州市	4月
1760	齐河县职工羽毛球赛	齐河县教体局	德州市	5月
1761	齐河县第九届全民健身运动会	齐河县教育和体育局	德州市	5月
1762	武城县第九届全民健身运动会	县教体局、工会、机关工委	德州市	6月
1763	庆云县第九届全民健身运动会	县教育体育局	德州市	5月
1764	夏津县第九届全民健身运动会	夏津县委宣传部	德州市	6月
1765	乐陵市第九届全民健身运动会	乐陵市教育和体育局、市体育总会	德州市	1月
1766	高唐县第九届全民健身运动会	高唐县体育局高唐县体育总会	聊城市	1月
1767	2019 区第九届全民健身运动会	东昌府区全民健身运动会组委会	聊城市	1月
1768	全民健身运动会	莘县县委莘县人民政府	聊城市	4月
1769	冠县第九届全民健身运动会	冠县人民政府 冠县体育局	聊城市	1月
1770	迎新年冬泳展示活动	阳谷县体育局	聊城市	1月
1771	全县青少年乒乓球比赛	阳谷县体育局	聊城市	1月
1772	全县中老年人乒乓球比赛	阳谷县体育局	聊城市	3月

续表

序号	赛事名称	主办单位	地点	时间
1773	阳谷县第九届全民健身运动会	阳谷县体育局	聊城市	4 月
1774	邹平市第二届冬季全民健身运动会暨“体彩杯”邹平市第二十届少儿围棋考级定段赛	邹平市教体局、邹平市体育总会	滨州市	7 月
1775	博兴县迎新春六县（区）象棋团体友谊赛	象棋协会	滨州市	1 月
1776	邹平元旦冬泳赛	邹平市泳协	滨州市	1 月
1777	博兴县乒协会员双打暨老年单打乒乓球比赛	博兴县乒乓球协会	滨州市	2 月
1778	滨州经济技术开发区第九届农民威风锣鼓、健身秧歌大赛	滨州经济技术开发区管委会	滨州市	2 月
1779	2019 年邹平市老年人妇女门球赛	邹平市老年体协	滨州市	3 月
1780	博兴县庆“三八”欢乐运动会	妇联、教育和体育局	滨州市	3 月
1781	“天地缘杯”乡镇月赛	山东省棋类运动协会	滨州市	3 月
1782	羽毛球俱乐部贺新春团体赛	邹平市羽协	滨州市	3 月
1783	滨州市沾化区第十六届全民健身运动会	沾化区教育和体育局	滨州市	3 月
1784	邹平市第六届足球联赛	邹平市教体局邹平市体育总会	滨州市	9 月
1785	第七届邹平市市直机关健身运动会	邹平市市直机关工委	滨州市	4 月
1786	邹平市职工运动会	邹平市党委机关	滨州市	4 月
1787	邹平市庆五一羽毛球邀请赛	邹平市羽协	滨州市	4 月
1788	博兴县全民健身运动会	山东省体育局	滨州市	4 月
1789	“体彩杯”邹平市第二十一届少儿围棋考级定段赛	邹平市教体局、邹平市体育总会	滨州市	5 月
1790	无棣县第 34 届钓鱼比赛	无棣县体育总会	滨州市	5 月
1791	2019 年全市老年人象棋比赛	邹平市老年体协	滨州市	5 月
1792	鬼步舞联谊赛	邹平市广场舞协会	滨州市	5 月
1793	滨州市沾化区“象协杯”象棋比赛	沾化区教育和体育局	滨州市	5 月
1794	滨州市沾化区“见贤杯”少儿围棋赛	沾化区教育和体育局	滨州市	5 月

续表

序号	赛事名称	主办单位	地点	时间
1795	滨州市沾化区“全民健身月”启动仪式暨趣味运动会	沾化区教育和体育局	滨州市	5 月
1796	滨州市沾化区“启航杯”单车骑行赛	沾化区教育和体育局	滨州市	5 月
1797	2019 全民健身运动会	阳信县教育和体育局	滨州市	5 月
1798	滨城区全民健身运动会	中共滨城区委办公室、滨城区人民政府办公室、滨城区直机关工委 、滨城区教育和体育局	滨州市	5 月
1799	滨城区中小学生运动会	教体局	滨州市	5 月
1800	第二届游泳大赛	邹平市教体局邹平市体育总会	滨州市	5 月
1801	太极拳健身气功表演赛	邹平市教体局邹平市体育总会	滨州市	5 月
1802	第四届北海经济开发区全民健身运动会		滨州市	5 月
1803	邹平市全民健身运动会羽毛球团体比赛	邹平市教体局邹平市体育总会	滨州市	5 月
1804	滨州市沾化区“足协杯”五人制足球赛	山东省足球运动协会	滨州市	6 月
1805	全民健身第五届象棋锦标赛	滨州市文体局	滨州市	6 月
1806	邹平市全民健身运动会羽毛球单项比赛	邹平市教体局邹平市体育总会	滨州市	6 月
1807	博兴县篮球俱乐部联赛	滨州市篮球协会	滨州市	6 月
1808	2019 年全市老年人健身球比赛	邹平市老年体协	滨州市	7 月
1809	邹平市第八届全民健身运动会乒乓球赛	邹平市教育和体育局	滨州市	7 月
1810	邹平笼式足球锦标赛	邹平市足协	滨州市	8 月
1811	惠民县全民健身日暨太极拳、健身气功展演	惠民县教体局	滨州市	8 月
1812	滨州市沾化区“全民健身日”启动仪式暨技能展演	沾化区教育和体育局	滨州市	8 月
1813	滨州市沾化区篮球俱乐部邀请赛	沾化区教育和体育局	滨州市	8 月

续表

序号	赛事名称	主办单位	地点	时间
1814	2019 年全民健身运动会	阳信县教育和体育局	滨州市	8 月
1815	夏季公开水域游泳邀请赛	邹平市泳协	滨州市	8 月
1816	羽毛球俱乐部单项赛	邹平市羽协	滨州市	8 月
1817	邹平市第八届全民健身运动会暨“体彩杯”第四届围棋锦标赛	邹平市教体局、邹平市体育总会	滨州市	8 月
1818	2019 年全市老年人比赛	邹平市老年体协	滨州市	9 月
1819	“庆国庆、迎重阳”老年人系列活动展演	滨州市老干部局、滨州市文体局、滨州市人力资源和社会保障局、滨州市民政局	滨州市	9 月
1820	2019 年全市老年人太极拳（剑）比赛	邹平市老年体协	滨州市	9 月
1821	惠民县教育系统教职工篮球赛	惠民县教体局	滨州市	9 月
1822	2019 年全民健身运动会	阳信县教育和体育局	滨州市	9 月
1823	“体彩杯”邹平县第八届全民健身运动会第五届轮滑邀请赛	邹平市教体育邹平市体育总会	滨州市	9 月
1824	邹平市总工会“庆国庆”全市职工羽毛球比赛	邹平市总工会	滨州市	9 月
1825	2019 年庆国庆足球邀请赛	博兴县教育和体育局	滨州市	9 月
1826	无棣县第 35 届钓鱼比赛	体育总会	滨州市	10 月
1827	邹平市第五届体育舞蹈锦标赛	邹平市教体局邹平市体育总会	滨州市	10 月
1828	博兴县优秀社会体育指导站项目展示	社体指导员协会	滨州市	10 月
1829	邹平市第四届室内五人制足球锦标赛	邹平市足协	滨州市	10 月
1830	滨州市沾化区“冬枣杯”乒乓球邀请赛	沾化区教育和体育局	滨州市	10 月
1831	博兴乒协会员排名赛	博兴县乒乓球协会	滨州市	10 月
1832	全国业余棋王赛	中国象棋协会	滨州市	10 月

续表

序号	赛事名称	主办单位	地点	时间
1833	羽毛球俱乐部联赛团体赛	邹平市羽协	滨州市	10 月
1834	邹平市冬季全民健身运动会暨篮球俱乐部年度总决赛	邹平市教体局邹平市体育总会	滨州市	12 月
1835	博兴县“庆元旦”三人制篮球赛	篮球协会	滨州市	1 月
1836	滨州市沾化区第三届冬季全民健身运动会	沾化区教育和体育局	滨州市	1 月
1837	2019 年全民健身运动会冬泳比赛	阳信县教育和体育局	滨州市	12 月
1838	邹平市第三届冬季全民健身运动会双板滑雪比赛	邹平市教体局、邹平市体育总会	滨州市	12 月
1839	第三届北海经济开发区冬季运动会	北海经济开发区管委会	滨州市	12 月
1840	邹平市乒协俱乐部排位赛	邹平乒乓球协会	滨州市	1 月
1841	博兴县乒协会员团体赛	博兴县乒乓球协会	滨州市	5 月
1842	2019 年滨州市“市长杯”校园足球赛	滨州市教育局	滨州市	9 月
1843	2019 年博兴县“县长杯”校园足球赛	博兴县教育和体育局	滨州市	11 月
1844	无棣县首届农民运动会	无棣县委、县人民政府	滨州市	9 月
1845	惠民县第六届八人制足球联赛	惠民县教体局	滨州市	9 月
1846	惠民县老年门球赛	惠民县教体局	滨州市	10 月
1847	牡丹区元宵节全民健身大展演	牡丹区人民政府	菏泽市	2 月
1848	牡丹区全民健身月启动仪式	牡丹区教育和体育局	菏泽市	4 月
1849	菏泽郓城县“大福源杯”象棋精英邀请赛暨将帅棋院 2019“谁是棋王”郓城启动赛	郓城县体育管理中心	菏泽市	1 月
1850	郓城县周公炮武术展演	郓城县体育管理中心	菏泽市	1 月
1851	郓城县第四届民间传统武术之佛汉拳展演大会	郓城县体育管理中心	菏泽市	2 月
1852	郓城县第九届全民健身运动会开幕式	郓城县教体局、县文化和旅游局、县总工会	菏泽市	4 月

续表

序号	赛事名称	主办单位	地点	时间
1853	斗鸡斗羊全国邀请赛	菏泽市体育局	菏泽市	4 月
1854	山东省第十一届“百县篮球”比赛成武预选赛	菏泽市体育局	菏泽市	5 月
1855	成武县围棋赛	成武县体育局	菏泽市	6 月
1856	山东省第十一届“千乡乒乓球”比赛成武预选赛	菏泽市体育局	菏泽市	7 月
1857	全民健身运动会	菏泽市体育局	菏泽市	8 月
1858	山东省第十一届“万人象棋”成武预选赛	菏泽市体育局	菏泽市	8 月
1859	成武县 2019 年广场舞大赛	成武县教体局成武县文旅局	菏泽市	12 月
1860	菏泽市围棋邀请赛	成武县教体局	菏泽市	12 月
1861	巨野县第九届全民健身运动会	巨野县教体局	菏泽市	5 月
1862	东明县全民健身运动会	东明县体育局	菏泽市	4 月
1863	东明县中学生篮球联赛	东明县体育局	菏泽市	10 月
1864	鄄城县第九届全民健身运动会启动仪式	鄄城县教体局、鄄城县总工会	菏泽市	4 月
1865	9.9 老年门球比赛	鄄城县教体局鄄城县老干局	菏泽市	10 月
1866	5.1 职工篮球赛	鄄城县教体局鄄城县总工会	菏泽市	5 月
1867	鄄城县中小学生足球联赛	鄄城县教体局	菏泽市	7 月
1868	鄄城县第二届农民运动会启动仪式	鄄城县人民政府	菏泽市	9 月
1869	单县“三八”妇女运动会	单县妇联	菏泽市	3 月
1870	单县“县长杯”青少年足球联赛		菏泽市	3 月
1871	单县全民健身运动会	单县人民政府	菏泽市	3 月
1872	2019“跑游山东”系列马拉松赛（利津站）	山东省体育局、山东省文化旅游厅	东营市	4 月
1873	2019 年青岛蓝谷半程马拉松比赛	青岛市体育局、青岛市体育总会、即墨区人民政府	青岛市	5 月

续表

序号	赛事名称	主办单位	地点	时间
1874	2019 卡尔美·仙境海岸海阳马拉松	中国田径协会、山东省体育局、海阳市人民政府	烟台市	6 月
1875	“宋香园杯”2019 临朐九山乡村游爱情马拉松赛	临朐县委组织部、宣传部、县文化和旅游局、县教育和体育局、县文化和旅游产业发展中心	潍坊市	10 月
1876	2019 第七届潍坊“滨海旅游杯”半程马拉松赛	潍坊市体育局、潍坊市文明办、潍坊市体育总会	潍坊市	9 月
1877	济南市莱芜区“建行杯”全国第四届万步有约健走激励大赛	莱芜区文体新局	济南市	9 月
1878	“文山潍水”2019 昌邑市国际半程马拉松赛	山东省田径运动协会、潍坊市体育局、昌邑市人民政府	潍坊市	4 月
1879	2019 年山东省健身气功站点联赛（东部赛区）	山东省体育局、潍坊市人民政府	潍坊市	4 月
1880	2019 年世界国际象棋青少年锦标赛	世界国际象棋联合会、国家体育总局棋牌运动管理中心、山东省体育局、潍坊市人民政府主办	潍坊市	9 月
1881	“云涛肥料杯”2019 潍坊（峡山）国际乡野马拉松赛	中国田径协会、省田径运动管理中心、潍坊海关、潍坊峡山区管委会	潍坊市	10 月
1882	2019 中国龙舟公开赛（山东·潍坊站）	国家体育总局社会体育指导中心、中国龙舟协会、潍坊市体育局、潍坊滨海经济技术开发区管委会	潍坊市	9 月
1883	潍坊市第二十届运动会	潍坊市体育局、市体育总会	潍坊市	5 月
1884	“中国体育彩票杯”2019 年“健康潍坊”门球联赛	潍坊市体育局、市体育总会市老体协	潍坊市	4 月
1885	寿光市第九届全民健身运动会健身气功比赛	寿光市体育事业发展中心	潍坊市	8 月
1886	2019 年“港景肥牛杯”潍坊市中老年羽毛球锦标赛	潍坊市羽毛球协会、潍坊市老年体协	潍坊市	12 月

续表

序号	赛事名称	主办单位	地点	时间
1887	潍坊市中小学生体育联赛	潍坊市体育局、潍坊市教育局	潍坊市	4 月
1888	潍坊市第四届广场舞大赛	中共潍坊市委宣传部和潍坊市文化和旅游局	潍坊市	8 月
1889	2019 年潍坊市第六届龙舟大赛	潍坊市体育局、潍坊市体育总	潍坊市	6 月
1890	潍坊首届农民运动会	潍坊市体育局	潍坊市	10 月
1891	潍坊市足球月系列活动	潍坊市人民政府	潍坊市	7 月
1892	2019AGS 全国弹弓射击联赛潍坊安丘大奖赛站	山东省体育局、山东奇策体育器材有限公司	潍坊市	4 月
1893	AGS 弹弓射击联赛安丘站比赛	山东省体育局	潍坊市	4 月
1894	2019 年首届“安丘跆协杯”山东省跆拳道邀请赛	潍坊市跆拳道协会	潍坊市	10 月
1895	山东省第九届全民健身运动会“魅力城市”轮滑系列赛·高密站暨山东省“五龙河之约”长板俱乐部邀请赛	山东省体育局	潍坊市	12 月
1896	中国体育彩票 2019 年（第十一届）高新区中小学生乒乓球联赛	高新市体育事业发展中心	潍坊市	3 月
1897	潍坊高新区 2019 中小学生足球联赛	高新区教育局	潍坊市	3 月
1898	2019 年潍坊高新区中小学田径运动会	高新区教育局	潍坊市	5 月
1899	2019 中国潍坊“滨海旅游”杯第二届全国特色小城镇篮球邀请赛	中国城市和小城镇改革发展中心	潍坊市	3 月
1900	2019 山东省国际象棋个人锦标赛	山东省棋类运动协会	潍坊市	4 月
1901	诸城市 2019 年中学生篮球比赛	诸城市教育局和体育局	潍坊市	11 月
1902	中小学生足球联赛	高密市青少体育产业发展有限公司、山东省轮滑协会	潍坊市	9 月

续表

序号	赛事名称	主办单位	地点	时间
1903	潍坊高新区乒乓球联赛	滨海区社会事业局主办	潍坊市	3 月
1904	潍坊高新区足球联赛	滨海区文化体育和旅游局、社会事业局主办	潍坊市	3 月
1905	潍坊高新区田径联赛	滨海区文化体育和旅游局、社会事业局主办	潍坊市	5 月
1906	潍坊高新区篮球联赛	滨海区滨海区文化体育和旅游局、区工会主办	潍坊市	3 月
1907	“中国体育彩票杯”2019 年寿光市中小学生体育联赛	寿光市教育和体育局、市财政局、市体育事业发展中心	潍坊市	3 月
1908	2019 年山东省“中国体育彩票杯”大中小学生体育联赛篮球比赛（高中男子组）	山东省体育局、山东省教育厅、山东省财政厅	潍坊市	7 月
1909	峡山区 2019 年中小学生秋季田径运动会	主办：高新区教育局，承办：高新区足球协会	潍坊市	10 月
1910	潍坊市坊子五人制足球俱乐部联赛（FF5）	坊子区教体局、坊子区体育事业发展中心	潍坊市	10 月
1911	潍坊市坊子篮球联赛（FBA）	潍坊市坊子区教育局、体育局、体育事业发展中心	潍坊市	6 月
1912	潍坊市坊子乒乓球俱乐部联赛	坊子区体育事业发展中心	潍坊市	11 月
1913	2019 年山东省“中国体育彩票杯”大中小学生体育联赛篮球比赛（女子初中组）	山东省体育局、山东省教育局、山东省财政厅	潍坊市	8 月
1914	2019 年山东省“中国体育彩票杯”大中小学生体育联赛篮球比赛（女子高中组）	山东省体育局、山东省教育局、山东省财政厅	潍坊市	8 月
1915	2019“广电网络杯”坊子区第九届全民健身运动会冬季系列赛跆拳道邀请赛	坊子区全民健身工作领导小组、坊子区体育事业发展中心	潍坊市	11 月
1916	昌邑市 2019 年中小学生体育联赛	潍坊市外国语学校和市实验中学	潍坊市	5 月

续表

序号	赛事名称	主办单位	地点	时间
1917	2019 年昌乐县第九届全民健身运动会武术比赛暨昌乐县武术协会第二届武术比赛		潍坊市	3 月
1918	“佳西奥杯”潍坊市第四届少儿游泳大赛	潍坊市游泳中心	潍坊市	8 月
1919	全民健身月启动仪式	山东省篮球运动管理中心	潍坊市	5 月
1920	昌乐县第九届全民健身运动会	昌乐县体育事业发展中心	潍坊市	11 月
1921	2019 年“庆元旦”奎文区全民健身运动会围棋邀请赛	潍坊市奎文区体育局、潍坊市奎文区体育总会	潍坊市	12 月
1922	2019 年潍坊市青少年围棋锦标赛暨奎文区全民健身运动会围棋升级升段邀请赛	潍坊市奎文区教育、体育局	潍坊市	5 月
1923	奎文区全民健身运动会 2019 年秋季青少年围棋升级升段邀请赛	潍坊市奎文区教育、体育局	潍坊市	9 月
1924	2019 年奎文区全民健身运动会山东省第十一届千乡乒乓球（奎文初赛）暨中小学生体育联赛乒乓球比赛	潍坊市奎文区教育、体育局	潍坊市	4 月
1925	2019 年奎文区全民健身运动会暨中小学生体育联赛国际象棋比赛	潍坊市奎文区教育、体育局	潍坊市	5 月
1926	奎文区全民健身运动会暨中小学生体育联赛羽毛球比赛	潍坊市奎文区教育、体育局	潍坊市	5 月
1927	中国体育彩票潍坊市第九届全民健身运动会五人制足球赛	潍坊市体育局、潍坊市文明办、潍坊市体育总会	潍坊市	7 月
1928	山东省第九届全民健身运动会（潍坊赛区）国际象棋比赛	山东省体育局	潍坊市	7 月
1929	潍坊市第九届全民健身运动会国际象棋比赛	潍坊市文明办、潍坊市体育局、潍坊市体育总会	潍坊市	7 月
1930	2019 年奎文区全民健身运动会首届国际跳棋比赛	潍坊市文明办、潍坊市体育局、潍坊市体育总会	潍坊市	7 月

续表

序号	赛事名称	主办单位	地点	时间
1931	奎文区 2019 年中小学生体育联赛	寒亭区政府、教体局、体育事业发展中心	潍坊市	4 月
1932	2019 年泰安市中小学生体育联赛	泰安市体育局、泰安市教育局	泰安市	4 月
1933	“君悦山”泰山足球小将校园冠军赛	泰安市教育局、体育局、泰安日报社	泰安市	3 月
1934	泰安市第二十一届运动会暨第九届全国全民健身运动会青少年组比赛	泰安市人民政府	泰安市	10 月
1935	第 33 届泰山国际登山比赛暨第 24 届全国全民健身登泰山比赛	中国登山协会、山东省体育局	泰安市	9 月
1936	2019 中国攀岩联赛山东泰安站比赛	国家体育总局登山运动管理中心、中国登山协会	泰安市	6 月
1937	2019“中国体育彩票杯”山东省女子跆拳道锦标赛	山东省体育局	泰安市	4 月
1938	“多威杯”2019 全国少年 (U16) 田径锦标赛	总局田径运动管理中心、省体育局、泰安市人民政府	泰安市	9 月
1939	中华人民共和国第二届青年运动会竞走决赛	国家体育总局田径运动管理中心、中国田径协会	泰安市	6 月
1940	中华人民共和国第二届全国青年运动会女子篮球 U16 体校组预赛	中国篮球协会	泰安市	5 月
1941	中华人民共和国第二届青年运动会女子篮球 U16 体校组附加赛	中国篮球协会	泰安市	5 月
1942	2019“泰山小将”“泰安旅游经济开发区杯”泰安市中学生冬季越野跑比赛	泰安市体育局、泰安市教育局、泰安市旅游经济开发区	泰安市	12 月
1943	2019“中国体育彩票杯”山东省男子拳击冠军赛	山东省拳击跆拳道运动管理中心、山东省拳击协会	泰安市	11 月
1944	2019 年山东省一小时交通圈青少年体育竞赛跆拳道项目（西区）比赛	山东省拳击跆拳道运动管理中心、省跆拳道运动协会	泰安市	11 月

续表

序号	赛事名称	主办单位	地点	时间
1945	2019 全国青少年网球积分排名系列赛·yonex“郑洁杯”青少年网球比赛（泰安站）	中国网协	泰安市	5 月
1946	2019 年“泰安旅游经济开发区杯”“泰山文明之光”第二届国际彩色跑	山东省体育局、泰安市人民政府	泰安市	9 月
1947	泰山国际马拉松	中国田径协会、山东省体育局、泰安市人民政府	泰安市	10 月
1948	泰安市全民健身月活动启动仪式	泰山区人民政府	泰安市	5 月
1949	宁阳环彩山· 蟠龙山徒步活动	泰安市体育局和宁阳县人民政府	泰安市	4 月
1950	山东省第九届全民健身运动会万人骑行赛“ 绿景 • 桃李春风杯”宁阳站		泰安市	9 月
1951	山东省全民健身冬季越野长跑——宁阳站比赛	山东省体育局	泰安市	12 月
1952	蟋蟀世界杯暨宁阳坐标“蟋蟀原乡”户外定向挑战赛	宁阳县委、县政府	泰安市	9 月
1953	山东省第三届钓鱼文化节	中国钓鱼运动协会、山东省钓鱼协会	泰安市	10 月
1954	2019“新泰杯”中国国际跳棋公开赛	中国国际跳棋协会	泰安市	12 月
1955	“御湖湾杯”2019 新泰市国际马拉松	新泰市人民政府	泰安市	11 月
1956	新泰市首届城市定向挑战	新泰市教育和体育局	泰安市	7 月
1957	2019 年“卓越财富广场杯”新泰市第五届环滨湖新区健步走比赛	新泰市人民政府	泰安市	5 月
1958	山东省第九届全民健身运动会万人骑行（肥城站）	山东省体育局	泰安市	7 月
1959	山东省第三届冬季全民健身运动会	山东省体育局	东营市	12 月

续表

序号	赛事名称	主办单位	地点	时间
1960	公益体彩肥城市第九届全民健身运动会开幕式	肥城体育发展中心	泰安市	4 月
1961	公益体彩肥城市第九届全民健身运动会		泰安市	4 月
1962	2019 年公益体彩肥城市“农商银行杯”十里桃花健步走		泰安市	3 月
1963	肥城市 2019“兴业银行杯”金牛山户外徒步大会		泰安市	12 月
1964	首届黄河（山东惠民）国际马拉松比赛		滨州市	10 月
1965	滨城区马拉松全 国邀请赛		滨州市	11 月
1966	山东省青少年定向运动锦标赛		滨州市	9 月
1967	黄河故道 50 公里越野比赛		德州市	9 月
1968	2019 年中国板式网球巡回赛（德州站）		德州市	10 月
1969	2019 年山东省健身气功站点联赛（西部赛区）		滨州市	5 月
1970	山东省全民健身运动会体育健身广场舞大赛（德州站）		德州市	9 月
1971	全市门球比赛		德州市	7 月
1972	全市第四届气排球比赛		德州市	6 月
1973	山东省第十一届万人象棋德州赛区决赛		德州市	7 月
1974	山东省第十一届千乡乒乓球德州赛区决赛		德州市	6 月
1975	山东省第十届百县篮球德州赛区决赛		德州市	7 月
1976	德州市第五届广场舞大赛		德州市	9 月
1977	全民健身运动会柔力球比赛	济宁市体育局	济宁市	6 月
1978	济宁曲阜十二小时超级马拉松	曲阜市人民政府、市教育和体育局、市体育活动中心	济宁市	4 月

续表

序号	赛事名称	主办单位	地点	时间
1979	济宁鱼台县龙虾节龙舟赛	济宁市体育局、鱼台县政府	济宁市	6 月
1980	济宁太白湖健步行	济宁市体育局、济宁太白湖新区管委会	济宁市	6 月
1981	超强争锋国际搏击对抗赛	聊城市教育和体育局、东昌府区武术协会	聊城市	12 月
1982	临清市职工运动会	临清市委宣传部、市总工会、市教育和体育局	聊城市	10 月
1983	临清市职工群众徒步走活动	临清市委宣传部、市总工会、市教育和体育局	聊城市	4 月
1984	2019 年高唐县第九届全民健身运动会暨“财富广场京优客·安全生产杯”篮球赛	高唐县安全生产委员会	聊城市	6 月
1985	2019 年高唐县农商银行杯城市马拉松精英邀请赛	高唐县人民政府	聊城市	9 月
1986	2019 日照国际马拉松	中国田径协会、山东省体育局、日照市人民政府	日照市	10 月
1987	2020 中国山地马拉松系列赛——山东五莲站	中国登山协会	日照市	9 月
1988	中国 BMX 小轮车联赛分站赛	中国自行车运动协会、山东省体育局	日照市	6 月
1989	山东省青少年公路自行车锦标赛（冠军赛）	山东省射击自行车运动管理中心	日照市	7 月
1990	山东省青少年山地自行车锦标赛（冠军赛）	山东省射击自行车运动管理中心	日照市	8 月
1991	山东省青少年小轮车锦标赛（冠军赛）	山东省射击自行车运动管理中心	日照市	5 月
1992	山东省青少年场地自行车锦标赛（冠军赛）	山东省射击自行车运动管理中心	日照市	10 月
1993	山东“中国体育彩票杯沙排锦标赛	山东省排球运动管理中心	日照市	7 月
1994	山东城市网球巡回赛	山东省小球运动管理中心	日照市	11 月

续表

序号	赛事名称	主办单位	地点	时间
1995	山东省青年攀岩锦标赛（五莲黑虎山）	山东省拳击跆拳道运动管理中心	日照市	11月
1996	山东省青少年场地自行车锦标赛	山东省射击自行车运动管理中心	日照市	9月
1997	驻龙山自行车主题公园平衡车公开赛	山东省射击自行车运动管理中心	日照市	11月
1998	“中国体育彩票杯”日照市中小学生游泳联赛	日照市体育局、日照市教育局	日照市	6月
1999	2019年“磨心砺志”夏令营	日照市体育局、市扶贫办照市教育局、市财政局	日照市	7月
2000	东港区青少年羽毛球锦标赛	东港区教育和体育局	日照市	3月
2001	东港区青少年乒乓球锦标赛	东港区教育和体育局	日照市	4月
2002	东港区青少年田径锦标赛	东港区教育和体育局	日照市	4月
2003	东港区青少年航模锦标赛	东港区教育和体育局	日照市	10月
2004	东港区青少年篮球锦标赛	东港区教育和体育局	日照市	11月
2005	岚山区中小学生足球联赛	岚山区教育和体育局	日照市	10月
2006	岚山区中学生篮球联赛	岚山区教育和体育局	日照市	11月
2007	莒县中小学生田径运动会	莒县教育和体育局	日照市	4月
2008	莒县中小学生乒乓球联赛	莒县教育和体育局	日照市	4月
2009	莒县中小学生足球联赛	莒县教育和体育局	日照市	7月
2010	山海天中小学生田径联赛	山海天教育和体育局	日照市	3月
2011	山海天中小学生乒乓球联赛	山海天教育和体育局	日照市	4月
2012	山海天中小学生篮球联赛	山海天教育和体育局	日照市	12月
2013	山海天中小学生排球联赛	山海天教育和体育局	日照市	5月
2014	山海天中小学生足球联赛	山海天教育和体育局	日照市	11月
2015	山东省全民健身舞动海看广场舞大赛日照赛区	山东省体育局、日照市体育局	日照市	9月

续表

序号	赛事名称	主办单位	地点	时间
2016	日照市第十届全民健身运动会轮滑比赛	日照市体育局	日照市	5 月
2017	日照市第六届运动会暨“金马杯”第九套广播体操比赛	日照市体育局、日照市体育总会	日照市	9 月
2018	日照市国家体育锻炼标准达标测试赛	日照市体育局、市体育总会	日照市	9 月
2019	日照市第九届全民健身运动会万人健步行	山东省体育局、日照市全民健身工作领导小组	日照市	5 月
2020	“中大体育杯”日照市第六届运动“山东康谷杯”社会体育指导员技能大赛	日照市体育局、日照市体育总会	日照市	6 月
2021	东港区第九届全民健身运动会广场舞比赛	东港区教育和体育局	日照市	4 月
2022	东港区第九届全民健身运动会青少年围棋比赛	东港区教体局	日照市	6 月
2023	全国体育舞蹈公开赛	全国体育舞蹈联合会	济南市	8 月
2024	山东省橄榄球比赛	山东省体育局、威海体育训练中心	威海市	7 月
2025	全国航空模型公开赛	国家体育总局航空无线电模型运动管理中心、中国航空运动协会、山东省航空运动协会	威海市	9 月
2026	2019 中国（日照）海钓节	中国休闲垂钓协会、山东省体育局、山东省精品旅游促进会、日照市人民政府	日照市	11 月
2027	小茶山围棋团体赛	日照市体育总会	日照市	1 月
2028	全国老年人持杖健走户外越野体验赛	中国老年人体育协会	日照市	6 月
2029	日照市第六届运动会青少年组足球比赛暨 2019 年日照市中小学足球联赛	日照市体育局、日照市教育局	日照市	7 月

续表

序号	赛事名称	主办单位	地点	时间
2030	百县篮球（三人制）山东省第十一届“百县篮球”日照赛区	日照市体育局、日照市体育总会、日照市残疾人联合会	日照市	6月
2031	青少年跆拳道 2019 年全国青少年跆拳道俱乐部联赛山东站“日照跆协”	体育总局青少司、中国跆拳道协会	日照市	5月
2032	少儿围棋 2019 年山东省少年围棋锦标赛赛事规程（日照赛区）	山东省棋类运动协会	日照市	8月
2033	足球赛（小学组）岚山区首届小学生足球联赛	岚山教体局	日照市	6月
2034	足协杯 2019 日照市第六届足协杯赛	岚山教体局、日照市足球协会	日照市	11月
2035	第三届健身气功站点联赛	日照市健身气功推广管理协会	日照市	5月
2036	山东省日照市全民健身冬季越野长跑（东港站）比赛	山东省体育局	日照市	12月
2037	日照市第六届运动会大众登山活动	日照市体育局、日照市体育总会	日照市	6月
2038	日照市“长松杯”老年人门球赛	体育局、市老干部局、市老年体协	日照市	4月
2039	日照市庆“五一”武术太极文化大展演活动	日照市文旅集团、日照市太极拳协会	日照市	5月
2040	全区中小学生乒乓球联赛“中大体育杯”日照市中小学生乒乓球联赛	开发区社会事业局文体中心	日照市	5月
2041	全区群众气排球比赛日照市第六届运动会气排球精彩 | 山东省第九届全民健身运动会气排球比赛（日照站）	日照市体育局、市体育总会开发区社会事业局文体中心	日照市	6月
2042	开发区召开春季田径运动会	开发区社会事业局文体中心	日照市	4月
2043	日照市中学生田径运动会、2019 年日照市中小学生运动会	日照市教育局、日照市体育局	日照市	4月

续表

序号	赛事名称	主办单位	地点	时间
2044	日照市青少年排球联赛	开发区社会事业局文体中心	日照市	5月
2045	日照市青少年乒乓球联赛	开发区社会事业局文体中心	日照市	5月
2046	2019 日照“安泰·卡尔美杯”国际青少年足球文化节	日照市东港区人民政府	日照市	7月
2047	中国小篮球联赛山东日照赛区比赛	山东省篮球运动协会	日照市	5月
2048	2019 年全国老年人太极拳健身推广展示大联动	中国老年人体育协会	日照市	5月
2049	日照市中学生健美操比赛	日照市体育局	日照市	5月
2050	开发区“千乡乒乓球”比赛	开发区社会事业局文体中心	日照市	9月
2051	2019 年世界定向排位赛暨定向亚洲杯（日照站）	国际定向运动联合会、国家体育总局航空无线电模型运动管理中心、中国无线电和定向运动协会、山东省体育局、日照市人民政府	日照市	10月
2052	山东省第十一届百县篮球赛暨“龙腾盛饰杯”莒县初赛区篮球比赛	莒县体育局	日照市	5月
2053	全国啦啦操比赛	全国啦啦操委员会、日照市体育局	日照市	12月
2054	“海滨山岳行单车，活力日照新骑迹”2019 年中国日照第四届捷安特全国单车耐力赛	日照市自行车运动协会、山东骑行文化传播有限公司	日照市	5月
2055	山海天旅游度假区全民健身2020 年机关运动会	山海天教体局	日照市	5月
2056	“中国体育彩票”2019 年东港区“庆五一”第九届全民健身运动会广场舞比赛	东港区教育和体育局、河山镇人民政府	日照市	4月
2057	2019 日照市岚山区“弘熠体育杯”乒乓球联赛	日照市岚山区体育局	日照市	7月

续表

序号	赛事名称	主办单位	地点	时间
2058	2019 年全市政府办公室系统趣味运动会	日照市体育局	日照市	10 月
2059	2019 年交通银行沃德杯广场舞大赛日照赛区	交通银行日照分行	日照市	8 月
2060	羽毛球友谊赛	日照市体育运动学校	日照市	6 月
2061	日照市市区老年人冬季门球友谊赛	日照市老年体协	日照市	12 月
2062	“鸿翔酒水”杯象棋交流赛	日照市象棋协会	日照市	2 月
2063	茶乡锣鼓大赛	日照市岚山区人民政府	日照市	12 月
2064	2019 全国啦啦操冠军赛	国家体育总局体操运动管理中心、山东省体育局、日照市人民政府	日照市	12 月
2065	中国（日照）大青山第七届国际太极拳大赛	山东省体育总会、省老年人体育协会、日照市人民政府	日照市	5 月
2066	“多彩莒里 健步有约”健步走活动	莒县县委、莒县教育和体育局	日照市	4 月
2067	2019 年日照“海岸足球”杯第二届全国少儿足球邀请赛	日照财金海岸足球俱乐部	日照市	7 月
2068	2019 年日照市审计机关职工运动会	日照市审计局工会	日照市	9 月
2069	东北亚围棋邀请赛	中国围棋协会	日照市	8 月
2070	全国沙滩排球巡回赛	中国排球协会	日照市	8 月
2071	全国大学生沙滩排球公开赛	中国大学生体育协会	青岛市	9 月
2072	全国游泳锦标赛	总局游泳中心	日照市	10 月
2073	全国帆船冠军赛（49er 和诺卡拉级）	中国帆船帆板运动协会	日照市	
2074	全国龙舟拔河公开赛	中国龙舟协会	日照市	6 月
2075	全国航空模型公开赛（岚山站）	中国航空模型运动协会	日照市	10 月
2076	中国（日照）海钓节（岚山）	休闲垂钓协会、山东省体育总会、日照市人民政府	日照市	10 月

续表

序号	赛事名称	主办单位	地点	时间
2077	中国大学生沙滩排球大奖赛	中国大学生体育协会、青岛西海岸新区管委	青岛市	9 月
2078	山东省定向越野锦标赛（国际级定向运动赛事）	山东省无线电定向运动协会	日照市	10 月
2079	山东五段王围棋赛	山东省围棋协会	日照市	2 月
2080	山东省围棋升段赛	山东省围棋协会	日照市	6 月
2081	日照市科技体育节	日照市体育局、日照市教育局、日照市科协	日照市	6 月
2082	中国围棋大会（赛）	日照市体育局	日照市	8 月
2083	2019 中国网球青少年巡回赛日照站	中国网球协会	日照市	4 月
2084	2019ITF 国际元老网球巡回赛	国际网球联合会	日照市	7 月
2085	中国业余网球俱乐部联赛	中国网球协会	日照市	8 月
2086	中网青少年巡回赛 U12（日照站）	北京中国网球公开赛体育推广有限公司	日照市	4 月
2087	山东网球锦标赛	山东省网球运动协会	烟台市	4 月
2088	2019 年全国少年足球特色学校足球联赛（全少联赛）	山东省教育厅、山东省体育局	青岛市	10 月
2089	2020 年山东省少年围棋锦标赛（日照）	山东省棋类运动协会	日照市	6 月
2090	第六届沿海骑行大奖赛	山东省体育总会	日照市	11 月
2091	山东省第 20 届“乒协杯”乒乓球比赛	山东省乒乓球协会	日照市	4 月
2092	2019 山东城市网球巡回赛日照站	省小球运动管理中心	日照市	3 月
2093	山东省青少年网球排名赛日照站	山东省小球运动联合会、山东省网球运动协会	日照市	4 月
2094	2019 年山东省跆拳道俱乐部联赛暨枣庄市第六届大众跆拳道锦标赛	山东省体育总会、山东省跆拳道运动协会	枣庄市	4 月
2095	日照市第十八届跆拳道晋级大赛（公益赛）	日照市跆拳道协会	日照市	12 月

续表

序号	赛事名称	主办单位	地点	时间
2096	“穿越齐鲁”定向越野比赛	山东省无线电和定向协会	日照市	5月
2097	2019第六届日照市足协杯赛	日照市东港区政府	日照市	11月
2098	2019交通银行沃德杯广场舞大赛日照赛区	交通银行日照分行	日照市	8月
2099	2019年“舞动中国”全国排舞锦标赛	体育总局体操运动管理中心、全国排舞广场舞推广中心	日照市	12月
2100	日照市首届《点赞新时代．共舞祖国好》广场舞大赛	日照市广场舞协会	日照市	9月
2101	第四届茅台王子杯广场舞山东赛区	贵州茅台酱香酒营销有限公司	日照市	8月
2102	第二届趣头条杯广场舞大赛日照赛区海选赛	全民广场健身操舞推广委员会	日照市	8月
2103	日照市第六届运动会广场舞比赛	日照市体育局、日照市体育总会、日照市总工会	日照市	7月
2104	日照市第六届运动会暨“金马杯”第九套广播体操比赛	日照市体育局、日照市体育总会、日照市总工会	日照市	9月
2105	济宁银行杯广场舞大赛	济宁银行枣庄分行、齐鲁晚报·齐鲁壹点	济宁市	11月
2106	庆三八 太极运动风采大赛	日照市健身气功推广管理协会	日照市	3月
2107	2019年全国健身气功站点联赛半决赛	国家体育总局健身气功管理中心、日照市人民政府	日照市	9月
2108	日照市健身气功易筋经集体赛	日照市体育局	日照市	8月
2109	全民健身运动健身气功比赛	日照市健身气功推广管理协会	日照市	4月
2110	庆国庆日照市第三届健身气功团体赛	日照市体育局	日照市	10月
2111	市全民健身技能比赛	日照市健身气功推广管理协会	日照市	1月
2112	山东省友好城市毽球邀请赛日照站	市体育局	日照市	8月

续表

序号	赛事名称	主办单位	地点	时间
2113	日照市第十八届跆拳道晋级大赛（公益赛）	日照市跆拳道协会	日照市	12月
2114	2019 年蹦床教练员、裁判员技能大赛	日照市体育局	日照市	6月
2115	日照市第九届大众跆拳道锦标赛	日照市体育总会	日照市	5月
2116	日照市第十二届太极拳比赛	日照市武术运动协会	日照市	5月
2117	日照市武式太极拳运动协会举办首届太极拳比赛	日照市太极拳协会	日照市	10月
2118	日照市春季“体彩杯”少儿围棋升段赛	日照市围棋协会	日照市	4月
2119	2019 全国围棋定段赛	日照市围棋协会	日照市	8月
2120	2019 中国围棋大会	日照市围棋协会	日照市	8月
2121	2019 年日照市冬季升段赛	日照市围棋协会	日照市	1月
2122	2019 第二届环日照骑行耐力赛	日照市体育总会、日照市自行车协会	日照市	9月
2123	捷力 100 日照站	山东省骑行文化传播有限公司	日照市	5月
2124	万人骑行日照站	日照市自行车协会	日照市	12月
2125	日照市“迎三八”全民健身进家庭老年人“夫妻组合”门球比赛	日照市老年体协	日照市	3月
2126	“长松杯”第二十九届老年人门球比赛暨第九届全民健身运动会门球比赛	日照市老年体协	日照市	4月
2127	山东省够级锦标赛	山东省够级运动工作委员会	日照市	1月
2128	“山海大象杯”首届够级大赛	日照市够级协会	日照市	1月
2129	日照市第六届运动会高校组定向越野比赛	日照市体育局、日照市体育总会、日照市总工会	日照市	9月
2130	庆元旦定向越野比赛	日照市体育局	日照市	1月
2131	日照市武式太极拳运动协会成功举办 2019 年首届站桩比赛	日照市体育总会	日照市	6月

续表

序号	赛事名称	主办单位	地点	时间
2132	2019 中国（日照）大青山第七届国际 太极拳比赛	日照市武式太极拳协会	日照市	5 月
2133	2019 年山东省少年象棋锦标赛	日照市象棋协会	日照市	7 月
2134	日照市象棋青少年定级赛	日照市象棋协会	日照市	1 月
2135	日照市“小茶山”杯围棋团体赛	日照市象棋协会	日照市	1 月
2136	2019 中国体育彩票全国业余棋王赛山东赛区日照市暨“桃花源杯”象棋少年赛	山东省棋类运动协会	日照市	10 月
2137	全国象棋业余棋王赛暨“鸿翔酒水”杯象棋交流赛	日照市体育总会	日照市	2 月
2138	日照市青少年羽毛球精英赛	日照市羽毛球球运动协会	日照市	1 月
2139	“迎新春·倾城霸王花”杯首届日照市女子羽毛球比赛	日照市羽毛球球运动协会	日照市	1 月
2140	2019 健康中国年、东方羽校杯日照市青少年羽毛球邀请赛	日照市羽毛球球运动协会	日照市	3 月
2141	“中大体育杯”日照市第六届运动会、残运会乒乓球比赛暨“润生堂大药房杯”山东省第十一届千乡乒乓球日照赛区预赛	日照市体育总会	日照市	6 月
2142	日照市首届大学生野战运动大赛	日照市高校体育协会	日照市	5 月
2143	日照市第六届运动会暨第六届残疾人运动会	日照市体育局	日照市	9 月
2144	2019RUBL 第四届日照高校大学生篮球联赛	日照市高校体育协会	日照市	10 月
2145	日照之光 2019 健美健身全明星邀请赛	日照市体育总工会	日照市	8 月
2146	2019“安泰杯”日照市第一届小学生网球联赛	日照市教体局	日照市	11 月
2147	第三届市直机关网球赛	日照市体育局、机关工委	日照市	5 月
2148	日照市首届红土网球比赛	日照市网球协会	日照市	10 月
2149	春节团拜—冬泳耐力挑战赛	日照市冬泳协会	日照市	11 月

续表

序号	赛事名称	主办单位	地点	时间
2150	元宵节—冬泳耐力挑战赛	日照市冬泳协会	日照市	2 月
2151	日照市第二届冬泳文化节	日照市冬泳协会	日照市	12 月
2152	庆祝建军节畅游黄海比赛	日照市冬泳协会	日照市	9 月
2153	庆祝中华人民共和国成立 71 周年黄海畅游赛	日照市冬泳协会	日照市	9 月
2154	日照市三对三篮球比赛	日照市蓝球运动协会	日照市	6 月
2155	日照市第九届“篮协”杯篮球联赛	日照市篮球运动协会	日照市	10 月
2156	中国小篮球山东赛区决赛	山东省篮球运动协会	日照市	5 月
2157	2019 中国（日照）国民休闲水上运动会暨中国（日照）第四届海钓节	日照市体育局	日照市	11 月
2158	2019 日照“深潜艇进”世界名校赛艇邀请赛	山东广播电视台、日照市体育局、日照城投集团	日照市	10 月
2159	2020 年全国广场舞培训大赛	国家体育总局社体中心、中国广场舞推广委员会、日照市人民政府	日照市	8 月
2160	英雄本色之拳力联盟大赛暨山东标准赛事举牌女郎大奖赛第一站	山东省体育总会、山东广播电视台、山东省拳击协会	日照市	12 月
2161	2019 年中国 BMX 小轮车联赛第四站比赛	中国自行车运动协会、山东省体育局	日照市	6 月
2162	2019 年中国 BMX 小轮车联赛第五站比赛	中国自行车运动协会、山东省体育局	日照市	6 月
2163	2019 年全国健身气功站点联赛北部赛区半决赛、总决赛	国家体育总局健身气功管理中心、中国健身气功协会、日照市人民政府	日照市	9 月
2164	中华人民共和国第二届青年运动会帆船项目 29er 级决赛暨 2019 年全国帆船锦标赛（49er）	中国帆船帆板运动协会、山东省体育局、日照市人民政府	日照市	7 月
2165	2020 总裁绿道中国企业家首届休闲海钓大赛	日照市岚山区人民政府、中企体育	日照市	11 月

续表

序号	赛事名称	主办单位	地点	时间
2166	2019 山东城市网球巡回赛总决赛	日照安泰体育产业发展有限公司	日照市	11 月
2167	2019 年日照市第二届全国马术公开赛	山东省体育总会、山东广播电视台	日照市	11 月
2168	2019 年全国青少年体育冬夏令营（山东站）暨日照市乒乓球冬令营	国家体育总局、山东省体育局	日照市	11 月
2169	山东省 2019 年青少年 BMX 小轮车锦标赛	山东省射击自行车运动管理中心	日照市	5 月
2170	山东省 2019 年青少年公路自行车冠军赛	山东省射击自行车运动管理中心	日照市	7 月
2171	山东省大学生排球锦标赛暨沙滩排球锦标赛	山东省体育局	青岛市	7 月
2172	山东省 2019 年青少年山地自行车冠军赛	山东省射击自行车运动管理中心	日照市	8 月
2173	山东省 2019 年青少年 BMX 小轮车冠军赛	山东省射击自行车运动管理中心	临沂市	8 月
2174	2019 年度山东省男甲组排球冠军赛	山东省体育局	淄博市	5 月
2175	2019 年度山东省女乙组排球冠军赛	山东省体育局	东营市	11 月
2176	日照市 2019 安泰杯小学生网球联赛赛	日照市教育局、日照市体育局	日照市	11 月
2177	2019 年中国（日照）国际休闲海钓赛、2019 年中国（日照）海水筏钓大赛、2019 年第四届中国（日照）亲子游钓节	山东省体育局、日照市体育局	日照市	2 月
2178	2020 日照市级第二届冬季全民健身滑雪赛	日照市体育局	日照市	1 月
2179	“雅居乐杯”第七届亚洲沙滩手球锦标赛	亚洲手球联合会	威海市	4 月

续表

序号	赛事名称	主办单位	地点	时间
2180	山东省第九届全民健身运动会暨“江南城杯”威海南海新区第五届龙舟邀请赛	山东省体育局、山东省体育总会	威海市	6 月
2181	乳山丽人 18 女子半程马拉松赛	中国田径协会、人民网、乳山市人民政府	威海市	5 月
2182	“歌尔”2019 荣成滨海国际马拉松	中国田径协会、山东省体育局、荣成市人民政府	威海市	5 月
2183	“玲珑轮胎杯”2019 年威海国际棒球邀请赛	山东省小球运动联合会、威海市体育局、威海市临港技术开发区管委	威海市	7 月
2184	“威海南海杯”2019 年威海铁人三项世界杯赛	中国铁人三项运动协会、山东省体育局	威海市	9 月
2185	2019 中国· 环翠山地自行车公开赛	中国自行车运动协会、山东省体育局	威海市	10 月
2186	2019 全国徒步大会 5.19 持杖行走 威海站	中国登山协会、威海市体育局、环翠区人民政府	威海市	5 月
2187	“双十一”全国持杖行走日暨全国老年人健步走大联动(威海站)	中国登山协会、中国老年人体育协会	威海市	11 月
2188	“一带一路”中英（威海）武术文化论坛	威海市体育局、威海市教育局	威海市	9 月
2189	龙口市国际马拉松赛	中国田径协会、龙口市人民政府	烟台市	10 月
2190	第十六届烟台国际武术节	烟台市体育局、烟台市武术协会、烟台市文化和旅游局	烟台市	8 月
2191	长岛环岛马拉松	长岛综合试验区 永辉体育	烟台市	5 月
2192	第三届山东·枣庄月亮湾太极拳公开赛		枣庄市	10 月
2193	跑游山东 2019 中国大运河（台儿庄）半程马拉松赛	枣庄市台儿庄体育事业发展中心、区体育总会	枣庄市	10 月
2194	“好客山东”全国中老年红色文体健身旅游文化节	山东省体育局、枣庄市体育发展服务中心、市体育总会	枣庄市	9 月

续表

序号	赛事名称	主办单位	地点	时间
2195	山东省第九届全民健身运动会场地高尔夫球系列赛（滕州站）	山东省体育局、滕州市体育发展服务中心、市体育总会	枣庄市	6 月
2196	山东省第九届全民健身运动会魅力城市轮滑系列赛暨滕州市全民健身轮滑邀请赛	山东省体育局、滕州市体育发展服务中心、市体育总会	枣庄市	8 月
2197	山东省少年围棋锦标赛枣庄赛区	山东省棋类运动协会	枣庄市	8 月
2198	抱犊崮登山比赛	枣庄市体育局、枣庄市总工会、枣庄市体育总会	枣庄市	4 月
2199	环岩马湖半程马拉松公开赛	枣庄市体育局、枣庄市总工会、枣庄市体育总会	枣庄市	10 月
2200	薛城区燕山篮球联赛	薛城区教育和体育局	枣庄市	11 月
2201	峄城区第九届全民健身运动会暨第三届“篮协杯”篮球比赛	峄城区总工会、峄城区区直机关工委、区教育和体育局	枣庄市	7 月
2202	临沂国际马拉松赛	中国田径协会、山东省体育局、临沂市人民政府	临沂市	7 月
2203	2019 年 CBBA 情系沂蒙庆华健身杯中国健美冠军赛	山东省健美运动协会、临沂市体育局、临沂市体育总会	临沂市	6 月
2204	第八届中国沂河龙舟争霸赛	临沂市人民政府、	临沂市	6 月
2205	临沂美丽乡村迷你马拉松系列分站赛	临沂市体育局、申办县区人民政府、体育主管部门	临沂市	3 月